KB025089

표현을 확장하고 폭발시키는

마그마 벵골어

회화 사전

신민호

MAGMA
ম্যাগমা বাংলা কথোপকথন অভিধান
BENGALI

문예림

EASY LEARNING BENGALI CONVERSATION DICTIONARY

마그마 벵골어 회화 사전

초판 1쇄 인쇄 2023년 10월 26일
초판 1쇄 발행 2023년 11월 10일

지은이 신민호
펴낸이 서덕일
펴낸곳 도서출판 문예림

출판등록 1962.7.12 (제 406-1962-1호)
주소 경기도 파주시 회동길 366 3층 (10881)
전화 (02)499-1281~2 **팩스** (02)499-1283
대표전자우편 info@moonyelim.com **통합홈페이지** www.moonyelim.com
카카오톡 문의 @문예림 검색 채팅 상담

ISBN 978-89-7482-930-8 (13730)

머리말

벵골어(বাংলা, 방라)는 벵골인의 언어이다.

방글라데시와 인도의 서벵골 주, 트리푸라 주, 아삼 주 등에서 공용어로 쓰이고 있다. 또한, 벵골어는 여러 인도어 가운데 최초로 소설 · 희곡 · 송시와 같은 서양문학 양식을 받아들여 발달된 언어로 세계에서 일곱 번째로 많이 사용되는 언어이다.

아시아인 최초로 노벨문학상을 수상한 라빈드라나트 타고르는 그의 모국어인 벵골어로 집필한 시집 《기탄잘리》로 1913년 노벨문학상을 받았다.

벵골어는 한국어와 어순이 같고 많은 단어가 비슷한 발음과 의미로 사용되고 있다. 또한 자음과 모음의 조합으로 단어가 완성된다는 공통점이 있다.

한국과 방글라데시의 교류가 점차 활발해지면서 방글라데시에 관심을 갖고 벵골어를 배우고자 하는 필요가 있어 이 책을 구상하게 되었다.

한국에서 많은 사람이 벵골어를 배우고 싶어 하지만 학원에 가는 것도, 개인 과외도 쉽지 않은 상황에서 벵골어를 좀 더 쉽고 효율적으로 습득하는데 도움이 되고자 하는 마음으로 이 책의 시작과 끝을 마무리한다.

신민호

목차

PART 0 벵골어 모음

1. 벵골어 알파벳과 발음 ····· 8
2. 벵골어 문법 ····· 18

PART 1 인사 표현

1. 일상적인 인사 ····· 47
2. 초면 인사 ····· 48
3. 소개할 때의 인사 ····· 50
4. 오래만에 만났을 때의 인사 ····· 51
5. 헤어질 때의 인사 ····· 52
6. 감사와 사과의 인사 ····· 54
7. 축하와 환영의 인사 ····· 56

PART 2 화술 표현

1. 말문을 틀 때 ····· 59
2. 질문과 설명 ····· 59
3. 의문 ····· 60
4. 맞장구 ····· 64
5. 되물음 ····· 65

PART 3 의견 표현

1. 의견과 견해 ····· 69
2. 주의와 타이름 ····· 70
3. 충고와 의무 ····· 71
4. 제안과 권유 ····· 72
5. 부탁과 도움 ····· 72
6. 지시와 명령 ····· 73
7. 추측과 확신 ····· 74
8. 허가와 양해 ····· 75
9. 희망과 의지 ····· 76

PART 4 감정 표현

1. 기쁨과 즐거움 ····· 79
2. 걱정과 긴장 ····· 79
3. 슬픔과 우울함 ····· 80
4. 귀찮음과 불편 ····· 81
5. 망각, 후회와 실망 ····· 81
6. 감탄과 칭찬 ····· 82
7. 격려와 위로 ····· 83
8. 좋아함과 싫어함 ····· 84

PART 5 사교 표현

1. 약속과 초대 ····· 89
2. 방문 ····· 90
3. 식사 ····· 91
4. 전화 ····· 92

PART 6 화제 표현

1. 개인 신상 ····· 99
2. 가족 관계 ····· 100
3. 데이트 ····· 101
4. 결혼 ····· 102
5. 취미와 여가 ····· 103
6. 공연 관람 ····· 105
7. 스포츠와 레저 ····· 105
8. 날씨와 계절 ····· 106

PART 7 일상 표현

1. 하루 생활 ····· 111
2. 레스토랑 ····· 112
3. 대중 교통 ····· 115
4. 은행 ····· 117
5. 우체국 ····· 120
6. 이발과 미용 ····· 122
7. 세탁소 ····· 123
8. 부동산과 관공서 ····· 124

PART 8 긴급 표현

1. 난처한 상황 ····· 129
2. 분실과 도난 ····· 131
3. 병원 ····· 132
4. 약국 ····· 137

PART 9 여행 표현

1. 비행기 ····· 141
2. 공항 ····· 145
3. 숙박 ····· 146
4. 길 안내 ····· 148
5. 관광 ····· 149
6. 뻗마 대교 ····· 150
7. 쇼핑 ····· 152

PART 10 비즈니스 관련 표현

1. 구인과 취직 ····· 157
2. 사무실 ····· 159
3. 회의 ····· 160
4. 상담 ····· 161
5. 납품과 클레임 ····· 163

PART 부록 동사 & 부사

벵골어-한국어 ····· 166
한국어-벵골어 ····· 211

PART 0

벵골어 모음

1. 벵골어 알파벳과 발음
2. 벵골어 문법

1. 벵골어 알파벳과 발음

자음 ব্যঞ্জনবর্ণ

벵골어는 37개의 자음이 있다.

정상형	영어 발음	한글 발음	정상형	영어 발음	한글 발음
ক	kô	꺼	ধ	dhô	더ㅎ
খ	khô	커	ন	nô	너
গ	gô	거	প	pô	뻐
ঘ	ghô	거ㅎ	ফ	phô	퍼
ঙ	ngô	응	ব	bô	버
চ	chô	쩌	ভ	bhô	버ㅎ
ছ	chhô	처	ম	mô	머
জ	jô	저	য	zô	저
ঝ	jhô	저ㅎ	র	rô	러 (R)
ঞ	ñô	느	ল	lô	러 (L)
ট	tô	터	শ	shô	셔
ঠ	thô	터ㅎ	ষ	shô	셔
ড	dô	더	স	sô	서
ঢ	dhô	더ㅎ	হ	hô	허
ণ	nô	너	ক্ষ	khhô	커ㅎ
ত	tô	떠	য়	yô	어
থ	thô	떠ㅎ	ড়	rhô	러ㅎ
দ	dô	더	ঢ়	rhhô	러ㅎㅎ
			ৎ	t	떠

▶ ঘ ঝ ঠ ঢ থ ধ ভ ক্ষ ড় ঢ় 등의 자음은 발음할 때 'ㅎ'이 들어갔지만 문장을 쓸 때는 그렇게 쓰지 않습니다. 그래도 이런 자음들이 있는 단어를 읽을 때마다 발음은 'ㅎ'이 있는 것처럼 하면 된다.

▶ 이 37개 자음 외 벵골어에 더 자음 3개 (ং, ঃ, ঁ) 있습니다. 이 자음들은 다른 자음 모음랑 같이 사용합니다. 혼자 사용 안합니다.

▶ 사용 방법: রং(렁), নিঃশ্বাস(니스샤스), পাঁচ(빤쯔)–코발음

모음 স্বরবর্ণ

벵골어에는 11개의 모음이 있다. 벵골어 모음은 자음과 함께 사용하기도 하고 모음만 따로 사용하기도 한다. 단, 자음과 함께 쓸 때와 모음 혼자 쓸 때 그 쓰임새에 따라 모양이 다르다.

가끔 단어의 첫째 철자로 쓸 때와 단어의 마지막 철자로 쓸 때는 모음만 쓸 때의 모양으로 쓰인다. 자음과 모음 함께 사용하여 발음한다.

모음만 쓸 때	영어 발음	한글 발음	자음과 함께 쓴모음	영어 발음	한글 발음
অ	ô / o	어	자음과 함게 안씁니다	ô and o	어
আ	a	아	া	a	아
ই	i	이	ি	i	이
ঈ	i / ee	이	ী	i / ee	이
উ	u	우	ু	u	우
ঊ	u /oo	우	ূ	u /oo	우
ঋ	ri	리	ৃ	ri	리
এ	e / ê	에	ে	e / ê	에
ঐ	ôi / oi	오이	ৈ	ôi / oi	오이
ও	u / o	오	ো	u / o	오
ঔ	ôu / ou	오우	ৌ	ôu / ou	오우

▶ 벵골어에서 아래 모음들도 사용합니다.
ʃ, ৢ, ́

▶ **사용 방법과 발음 :**

ব্যবহার (babohar/배버하르) – 사용

গ্রহণ (grohon/그러헌) – 받다

সর্ব (sorbo/서르버) – 모두

자음과 모음의 발음

	া [a] 아	ি [i] 이	ী [i] 이	ু [u] 우	ূ [u] 우	ৃ [ri] 리	ে [e] 에	ৈ [oi] 오이	ো [o] 오	ৌ [ou] 오우
ক [ko] 꺼	কা 까	কি 끼	কী 끼	কু 꾸	কূ 꾸	কৃ 끄리	কে 께	কৈ 꾀	কো 꼬	কৌ 꼬우
খ [kho] 커	খা 카	খি 키	খী 키	খু 쿠	খূ 쿠	খৃ 크리	খে 케	খৈ 쾨	খো 코	খৌ 코우
গ [go] 거	গা 가	গি 기	গী 기	গু 구	গূ 구	গৃ 그리	গে 게	গৈ 괴	গো 고	গৌ 고우
ঘ [gho] ㄱ허	ঘা 가	ঘি 기	ঘী 기	ঘু 구	ঘূ 구	ঘৃ 그리	ঘে 게	ঘৈ 괴	ঘো 고	ঘৌ 고우
চ [cho] 쩌	চা 짜	চি 찌	চী 찌	চু 쭈	চূ 쭈	চৃ 쯔리	চে 쩨	চৈ 쬐	চো 쪼	চৌ 쪼우
ছ [chh] 처	ছা 차	ছা 치	ছী 치	ছু 추	ছূ 추	ছৃ 츠리	ছে 체	ছৈ 최	ছো 초	ছৌ 초우
জ [jo] 저	জা 자	জি 지	জী 지	জু 주	জূ 주	জৃ 즈리	জো 조	জৈ 죄	জো 조	জৌ 조우
ঝ [jho] 저허	ঝা 자	ঝি 지	ঝী 지	ঝু 주	ঝূ 주	ঝৃ 즈리	ঝে 제	ঝৈ 죄	ঝো 조	ঝৌ 조우
ট [to] 터	টা 타	টি 티	টী 티	টু 투	টূ 투	টৃ 트리	টে 테	টৈ 퇴	টো 토	টৌ 토우
ঠ [tho] ㅌ허	ঠা 타	ঠি 티	ঠী 티	ঠু 투	ঠূ 투	ঠৃ 트리	ঠে 테	ঠৈ 퇴	ঠো 토	ঠৌ 토우
ড [do] 더	ডা 다	ডি 디	ডী 디	ডু 두	ডূ 두	ডৃ 드리	ডে 데	ডৈ 되	ডো 도	ডৌ 도우
ঢ [dho] ㄷ허	ঢা 다	ঢি 디	ঢী 디	ঢু 두	ঢূ 두	ঢৃ 드리	ঢে 데	ঢৈ 되	ঢো 도	ঢৌ 도우
ণ [no] 너	ণা 나	ণি 니	ণী 니	ণু 누	ণূ 누	ণৃ 느리	ণে 네	ণৈ 뇌	ণো 노	ণৌ 노우
ত [to] 떠	তা 따	তি 띠	তী 띠	তু 뚜	তূ 뚜	তৃ 뜨리	তে 떼	তৈ 뙤	তো 또	তৌ 또우

থ [tho] 터	থা 타	থি 티	থী 티	থু 투	থূ 투	থৃ 트리	থে 테	থৈ 퇴	থো 토	থৌ 토우
দ [do] 더	দা 다	দি 디	দী 디	দু 두	দূ 두	দৃ 드리	দে 데	দৈ 되	দো 도	দৌ 도우
ধ [dho] ㄷ허	ধা 다	ধি 디	ধী 디	ধু 두	ধূ 두	ধৃ 드리	ধে 데	ধৈ 되	ধো 도	ধৌ 도우
ন [no] 너	না 나	নি 니	নী 니	নু 누	নূ 누	নৃ 느리	নে 네	নৈ 뇌	নো 노	নৌ 노우
প [po] 뻐	পা 빠	পি 삐	পী 삐	পু 뿌	পূ 뿌	পৃ 쁘리	পে 뻬	পৈ 뾔	পো 뽀	পৌ 뽀우
ফ [pho] 퍼	ফা 파	ফি 피	ফী 피	ফু 푸	ফূ 푸	ফৃ 프리	ফে 페	ফৈ 푀	ফো 포	ফৌ 포우
ব [bo] 버	বা 바	বি 비	বী 비	বু 부	বূ 부	বৃ 브리	বে 베	বৈ 뵈	বো 보	বৌ 보우
ভ [bho] ㅂ허	ভা 바	ভি 비	ভী 비	ভু 부	ভূ 부	ভৃ 브리	ভে 베	ভৈ 뵈	ভো 보	ভৌ 보우
ম [mo] 머	মা 마	মি 미	মী 미	মু 무	মূ 무	মৃ 므리	মে 메	মৈ 뫼	মো 모	মৌ 모우
য [jo] 저	যা 자	যি 지	যী 지	যু 주	যূ 주	যৃ 즈리	যে 제	যৈ 죄	যো 조	যৌ 조우
র [ro] 러	রা 라	রি 리	রী 리	রু 루	রূ 루	রৃ 리	রে 레	রৈ 뢰	রো 로	রৌ 로우
ল [lo] 러	লা 라	লি 리	লী 리	লু 루	লূ 루	লৃ 르리	লে 레	লৈ 뢰	লো 로	লৌ 로우
শ [sho] 셔	শা 샤	শি 시	শী 시	শু 수	শূ 수	শৃ 스리	শে 세	শৈ 쇠	শো 소	শৌ 소우
ষ [sho] 셔	ষা 샤	ষি 시	ষী 시	ষু 수	ষূ 수	ষৃ 스리	ষে 세	ষৈ 쇠	ষো 소	ষৌ 소우
স [so] 서	সা 사	সি 시	সী 시	সু 수	সূ 수	সৃ 스리	সে 세	সৈ 쇠	সো 소	সৌ 소우
হ [ho] 허	হা 하	হি 히	হী 히	হু 후	হূ 후	হৃ 흐리	হে 헤	হৈ 호이	হো 호	হৌ 호우

복합 자모 1

벵골어 합성		한글	벵골어 합성		한글
ক+ক=ক্ক	ধাক্কা dhakka	밀기	ত+ত=ত্ত	উত্তর uttor	대답, 북쪽
ক+ট=ক্ট	অক্টোবর october	10월	ত+থ=ত্থ	উত্থান uthhan	오르기
ক+ত=ক্ত	বক্তা bokta	연사	ত+ন=ত্ন	পত্নী pothni	아내
ক+র=ক্র	ক্রমিক kromik	순차	ত+ব=ত্ব	মাতৃত্ব matritto	어머니임
ক+ল=ক্ল	ক্লান্ত klanto	피곤한	ত+ম=ত্ম	আত্মীয় attio	친척
ক+স=ক্স	অক্সিজেন oxygen	산소	ত+র=ত্র	ত্রাস tras	무섭게 하는
গ+ধ=গ্ধ	দগ্ধ dogdho	탄	দ+ঘ=দ্ঘ	উদ্ঘাটন udghaton	발견
গ+ন=গ্ন	নগ্ন nogno	벌거벗은	দ+দ=দ্দ	খদ্দের khodder	구매자
গ+ল=গ্ল	গ্লানি glani	싫증	দ+ম=দ্ম	পদ্ম poddo	연꽃
গ+ম=গ্ম	যুগ্ম jugmo	쌍	দ+ধ=দ্ধ	বৃদ্ধ bridho	노인
ঙ+ক=ঙ্ক	আতঙ্ক atongko	무서움	দ+ব=দ্ব	বিদ্বান biddan	배우는 사람
ঙ+খ=ঙ্খ	শৃঙ্খলা sringkhola	훈련	দ+ভ=দ্ভ	উদ্ভব udvob	생성 초기의
ঙ+গ=ঙ্গ	অঙ্গ anggo	부분	ধ+র=ধ্র	ধ্রুব dhrubo	확고한
ণ+ব=ণ্ব	তণ্বী Tonni	젊은 처녀	চ+চ=চ্চ	উচ্চ uchho	높이
ণ+ম=ণ্ম	হিরণ্ময় hirommoy	값, 비싼	চ+ছ=চ্ছ	ইচ্ছা ichha	욕망

চ+ছ+ব=চ্ছ্ব	উচ্ছ্বাস uchhas	넘쳐 흐름	ন+ঠ=ন্ঠ	লন্ঠন lunthon	강탈
জ+জ=জ্জ	সজ্জা sojja	장식	ন+ড=ন্ড	গন্ডার gondar	코뿔소
জ+জ+ব=জ্জ্ব	উজ্জ্বল ujjol	밝은	ন+ত=ন্ত	জীবন্ত jobonto	살아 있는
জ+ঞ=জ্ঞ	জ্ঞান gean	지혜	ন+ত+ব=ন্ত্ব	সান্ত্বনা santona	위로
ঞ+চ	কিঞ্চিৎ kinchit	아주 조금	ন+থ=ন্থ	গ্রন্থ grontho	책
ঞ+ছ=ঞ্ছ	অবাঞ্ছিত obanchito	원하지 않는	ন+দ=ন্দ	আনন্দ anondo	즐거움
ঞ+জ	গুঞ্জন gunjon	살랑거리는 소리	ন+ধ=ন্ধ	সন্ধান sondhan	검색
ড+ড=ড্ড	উড্ডীন uddin	날기	ন+ন=ন+ন	অন্ন onno	밥
ণ+ট=ণ্ট	কণ্টক kontok	가시	ন+ব=ন্ব	অন্বয় onnoy	일치
ণ+ঠ=ণ্ঠ	লণ্ঠন lonthon	전등	ন+ম=ন্ম	জন্ম jonmo	탄생
ণ+ড=ণ্ড	ভণ্ড vondo	위선자	ন+দ+ব=ন্দ্ব	দন্দ্ব	갈등
ণ+ণ=ণ্ণ	বিষণ্ণ bishonno	우울하는	প+ট=প্ট	চেপ্টা chapta	평평한
ধ+ব=ধ্ব	ধ্বনি dhoni	소리	প+ত=প্ত	তপ্ত topto	뜨거운

복합 자모 2

벵골어 합성		한글	벵골어 합성		한글
প+ন=প্ন	স্বপ্ন sopno	꿈	শ+ব=শ্ব	বিশ্বাস bisshas	믿음
প+প=প্প	চপ্পল choppol	슬리퍼	শ+ল=শ্ল	শ্লীলতা slilota	공손함
প+ল=প্ল	প্লাবন plabon	홍수	ষ+ক=ষ্ক	পরিষ্কার poriskar	깨끗한
প+স=প্স	লিপ্সা lipsa	탐욕	ষ+ট=ষ্ট	বৃষ্টি bristi	비
ফ+ল=ফ্ল	ফ্লোরিডা florida	플로리다	ষ+ঠ=ষ্ঠ	নিষ্ঠা nistha	신뢰
ব+দ=ব্দ	শব্দ shobdo	단어, 소리	ষ+ণ=ষ্ণ	তৃষ্ণা trisna	갈망
ব+ধ=ব্ধ	লব্ধ lobdho	얻는	ষ+প=ষ্প	পুষ্প puspo	꽃
ব+ব=ব্ব	আব্বা abba	어버지	ষ+ফ=ষ্ফ	নিষ্ফল nisfol	요과가 없는
ব+দ=ব্দ	অব্দ obdo	연대	ষ+ম=ষ্ম	গ্রীষ্ম grismo (grisso)	여름
ব+ল=ব্ল	ব্লগ blog	블로그	স+ক=স্ক	পুরস্কার poroskar	상
ভ+র=ভ্র	শুভ্র	와이트	স+খ=স্খ	স্খলন kholon	수락
ম+ন=ম্ন	নিম্ন nimno	아래 위치한	স+ট=স্ট	স্টার star	별
ম+ফ=ম্ফ	লম্ফ lomfo	뛰기	স+ত=স্ত	ব্যস্ত basto	바쁜
ম+ব=ম্ব	অবিলম্ব obilombo	늦지 않고	স+থ=স্থ	স্থান sthan	장소

ম+ভ=ম্ভ	অসম্ভব osomvob	불가능한	স+ন=স্ন	স্নেহ sneho	애정
ম+ম=ম্ম	আম্মা amma	어머니	স+প=স্প	স্পর্ধা spordha	겁없음
ম+ল=ম্ল	ম্লান mlan	기운이 없는	স+ফ=স্ফ	স্ফটিক sfotik	수정
ল+ক=ল্ক	হাল্কা halka	가벼운	স+ব=স্ব	স্বাভাবিক savabik	기준
ল+প=ল্প	বিকল্প bikolpo	대안	স+ম=স্ম	স্মরণ soron	기억력
ল+ব=ল্ব	বাল্ব balb	전구	স+ল=স্ল	স্লোগান slogan	슬로건
ল+ল=ল্ল	গোল্লা golla	둥근	হ+ণ=হ্ণ	অপরাহ্ণ oporanho	오후
ল+ট=ল্ট	পল্টন polton	소대	হ+ন=হ্ন	মধ্যাহ্ন modhanno	한낮
শ+চ=শ্চ	পশ্চিম poshchim	서쪽	হ+ব=হ্ব	গহ্বর gohobor	깊이
শ+ছ=শ্ছ	শিরশ্ছেদ shirochhed	목베기	হ+ম=হ্ম	ব্রহ্মপুত্র bromputro	브람마뿌드로 (강 이름)
শ+ম=শ্ম	শ্মশান shoshan	화장장	হ+ল=হ্ল	আহ্লাদ ahollad (allad)	즐거움
শ+ন=শ্ন	প্রশ্ন proshno	질문			

단어 만들기

단어와 발음	뜻	단어와 발음	뜻
অতি 어띠	아주, 매우	খুশি 쿠시	행복
আনা 아나	가져오다	খেজুর 케주르	대추 야자
ইতি 이띠	종료	খ্যাত 캐또	유명한
ঈগল 이걸	독수리	গ্রাম 그람	마을
উকিল 우낄	변호사	ঘোড়া 고라	말
উচ্চ 우쯔쩌	높이	চালক 짤럭	운전사
উজ্জ্বল 우즈절	밝은	ছয় 처이	육
ঊরু 우루	허벅지	জং 정	녹
ঋণ 린	빚, 대출	ঝুড়ি 주리	바구니
এক 액	일, 하나	টুপি 투삐	모자
ঐক্য 오이꺼	단일성	ডিম 딤	계란
ওজুহাত 오주하뜨	변명	দাম 담	값
কোমর	허리	ঘোড়া 고라	말
কৌশল 꼬우셜	능력, 기술	হাসপাতাল 하스빠딸	병원

문장 만들기

আমি পড়ি
아미 빠리
나는 읽어요.

আমি বই পড়ি
아미 버이 빠리
나는 책 읽어요.

আমি খাই
아미 카이
나는 먹어요.

আমি ভাত খাই
아미 바뜨 카이
나는 밥 먹어요.

2. 벵골어 문법

벵골어 문법
বাংলা ব্যাকরণ

일 하다(하) = কাজ করা (কর)

1인칭 আমি (나)

2인칭 তুমি (당신)

3인칭 সে (그)

তুমি = আপনি (존칭)

সে = তিনি(존칭)

Note: এ=য়ে

সে-그

তিনি-그분

	현재형 বর্তমান	현재진행형 চলমান বর্তমান
আমি (I)	আমি কাজ করি(কর +ই/ি) 아미 까즈 꺼리 나는 일해요 নানুন ইল হেও	আমি কাজ করছি (কর +ছি) 아미 까즈 꺼르치 나는 일하고 있어요 নানুন ইল্ হাগো ইস্য়ও
তুমি (you)	তুমি কাজ করো (কর +ও/ো) 뚜미 까즈 꺼로 আপনি কাজ করেন 아쁘니 까즈 꺼렌 당신 일해요 দাংসিন ইল হেও	তুমি কাজ করছো (কর +ছো) 뚜미 까즈 꺼르초 আপনি কাজ করছেন (কর +ছেন) 아쁘니 까즈 꺼르첸 당신 일하고 있어요 দাংসিন ইল্ হাগো ইস্য়ও
সে (he)	সে কাজ করে(কর +এ/ে) 세 까즈 꺼레 তিনি কাজ করেন 띠니 까즈 꺼렌 그는 일해요 গুবুন ইল হেও	সে কাজ করছে(কর +ছে) 세 까즈 꺼르체 তিনি কাজ করছেন (কর +ছেন) 디니 까즈 꺼르첸 그분 일하고 있어요 গুবুন ইল হাগো ইস্য়ও

과거형 present perfet	과거완료형 past perfect	과거진행형 past continous	미래형 Future
আমি কাজ করেছি (কর +য়েছি) 아미 까즈 꺼레치 나는 일했어요 নানুন ইল্ হেস্য়ও	আমি কাজ করেছিলাম (কর +য়েছিলাম) 아미 까즈 꺼레칠람 나는 일했었어요 নানুন ইল্ হেস্ অস্য়ও	আমি কাজ করতেছিলাম (কর +তেছিলাম) 아미 까즈 꺼르떼칠람 나는 일하고 있었어요 নানুন ইল্ হাগো ইস্ অস্য়ও	আমি কাজ করবো (কর +বো) 아미 까즈 꺼르보 나는 일할 거예요 নানুন ইল্হালকয়েও
তুমি কাজ করেছো (কর +য়েছো) 뚜미 까즈 꺼레초 আপনি কাজ করেছেন (কর +য়েছেন) 아쁘니 까즈 꺼레첸 당신 일했어요 দাংসিন ইল্ হেস্য়ও	তুমি কাজ করেছিলে (কর +য়েছিলে) 뚜미 까즈 꺼레칠레 আপনি কাজ করেছিলেন (কর +য়েছিলেন) 아쁘니 까즈 꺼레칠렌 당신 일했었어요 দাংসিন ইল্ হেস অস্য়ও	তুমি কাজ করতেছিলে (কর +তেছিলে) 뚜미 까즈 꺼르떼칠레 আপনি কাজ করতেছিলেন (কর +তেছিলেন) 아쁘니 까즈 꺼르떼칠렌 당신 일하고 있었어요 দাংসিন ইল্ হাগো ইস্ অস্য়ও	তুমি কাজ করবে (কর +বে) 뚜미 까즈 꺼르베 আপনি কাজ করবেন (কর +বেন) 아쁘니 까즈 꺼르벤 당신 일하실 거예요 দাংসিন ইল্ হাসিল্কয়েও
সে কাজ করেছে (কর +য়েছে) 세 까즈 꺼레체 তিনি কাজ করেছেন (কর +য়েছেন) 디니 까즈 꺼레첸 그분 일했어요 গুবুন ইল হেস্য়ও	সে কাজ করেছিল (কর +য়েছিল) 세 까즈 꺼레칠러 তিনি কাজ করেছিলেন (কর +য়েছিলেন) 디니 까즈 꺼레칠렌 그분 일했었어요 গুবুন ইল হেস্ অস্য়ও	সে কাজ করতেছিল (কর +তেছিল) 세 까즈 꺼르떼칠러 তিনি কাজ করতেছিলেন (কর +তেছিলেন) 디니 까즈 꺼르떼칠렌 그분 일하고 있었어요 গুবুন ইল হাগো ইস্ অস্য়ও	সে কাজ করবে (কর +বে) 세 까즈 꺼르베 তিনি কাজ করবেন (কর +বেন) 디니 까즈 꺼르벤 그분 일하실 거예요 গুবুন ইল হাসিল্কয়েও

벵골어 문법
বাংলা ব্যাকরণ

먹(다)= খা(ওয়া) , খা>খে (과거).

가(다)= যা(ওয়া), যা>গি(과거)

আমি ভাত খাই=나는 밥을 먹어요.

	현재형 বর্তমান	현재진행형 চলমান বর্তমান
1인칭 আমি (나),	আমি ভাত খাই (খা+ই) 아미 바뜨 카이 나는 밥을 먹어요 নানুন বাব্উল্ মগ্য়ও	আমি ভাত খাচ্ছি (খা+চ্ছি) 아미 바뜨 카쯔치 나는 밥을 먹고 있어요 নানুন বাব্উল্ মগ্গো ইস্য়ও
2인칭 তুমি (당신), আপনি (존칭), তুমি (you)	তুমি ভাত খাও (খা+ও) 뚜미 바뜨 카오. আপনি ভাত খান (খা+ন) 아쁘니 바뜨 칸 당신 밥을 먹어요 দাংসিন বাব্ উল মগ্য়ও	তুমি ভাত খাচ্ছো (খা+চ্ছো) 뚜미 바뜨 카쯔초 আপনি ভাত খাচ্ছেন (খা +চ্ছেন) 아쁘니 바뜨 카쯔첸 당신 밥을 먹고 있어요 দাংসিন বাব্ উল মগ্গো ইস্য়ও
3인칭 সে (그), তিনি (존칭)	সে ভাত খায় (খা+য়) 세 바뜨 카에 তিনি ভাত খান (খা+ন) 띠니 바뜨 칸 그 분 밥을 먹어요 গুবুন্ বাব্ উল মগ্য়ও	সে ভাত খাচ্ছে (খা+চ্ছে) 세 바뜨 카쯔체 তিনি ভাত খাচ্ছেন (খা +চ্ছেন) 띠니 바뜨 카쯔첸 그 분 밥을 먹고 있어요 গুবুন্ বাব্ উল মগ্গো ইস্য়ও

	과거형 present perfet	과거완료형 past perfect	과거진행형 past continous	미래형 Future
	আমি ভাত খেয়েছি (খে+য়েছি) 아미 바뜨 케에치 나는 밥을 먹었어요 নানুন বাবৃউল্ মগ্অসয়ও	আমি ভাত খেয়েছিলাম (খে+য়েছিলাম) 아미 바뜨 케에칠람 나는 밥을 먹었었어요 নানুন বাব্উল্ মগ্ অস্অস্য়ও	আমি ভাত খাচ্ছিলাম (খা+চ্ছিলাম) 아미 바뜨 카쯔칠람 나는 밥을 먹고 었었어요 নানুন বাব্উল্ মগ্গো ইস্অস্য়ও	আমি ভাত খাবো (খা+বো) 아미 바뜨 카보 나는 밥을 먹을거예요 নানুন বাব্উল্ মগউলগয়েও
	তুমি ভাত খেয়েছো (খে+য়েছো) 뚜미 바뜨 케에초 আপনি ভাত খেয়েছেন (খে+য়েছেন) 아쁘니 바뜨 케에첸 당신 밥을 먹었어요 দাংসিন বাব্ উল মগ্অস্য়ও	তুমি ভাত খেয়েছিলে(খে+য়েছিলে) 뚜미 바뜨 케에칠레 আপনি ভাত খেয়েছিলেন (খে+য়েছিলেন) 아쁘니 바뜨 케에칠렌 당신 밥을 먹었었어요 দাংসিন বাব্ উল মগ্অস্অস্য়ও	তুমি ভাত খাচ্ছিলে (খা+চ্ছিলে) 뚜미 바뜨 카쯔칠레 আপনি ভাত খাচ্ছিলেন (খা+চ্ছিলেন) 아쁘니 바뜨 카쯔칠렌 당신 밥을 먹고 었었어요 দাংসিন বাব্ উল মগ্গো ইস্অস্য়ও	তুমি ভাত খাবে (খা+বে) 뚜미 바뜨 카베 আপনি ভাত খাবেন (খা+বেন) 아쁘니 바뜨 카벤 당신 밥을 먹을거예요 দাংসিন বাব্ উল মগ্উল্গয়েও
	সে ভাত খেয়েছে (খে+য়েছে) 세 바뜨 카에체 তিনি ভাত খেয়েছেন (খে+য়েছেন) 띠니 바뜨 케에첸 그 분 밥을 먹었어요 গুবুন্ বাব্ উল মগ্অসয়ও	সে ভাত খেয়েছিল (খে+য়েছিল) 세 바뜨 카에칠러 তিনি ভাত খেয়েছিলেন (খে+য়েছিলেন) 띠니 바뜨 케에칠렌 그 분 밥을 먹었었어요 গুবুন্ বাব্ উল মগ্অস্অস্য়ও	সে ভাত খাচ্ছিল (খা+চ্ছিল) 세 바뜨 카쯔칠러 তিনি ভাত খাচ্ছিলেন (খা+চ্ছিলেন) 띠니 바뜨 케쯔칠렌 그 분 밥을 먹고 었었어요 গুবুন্ বাব্ উল মগ্গো ইস্অস্য়ও	সে ভাত খাবে (খা+বে) 세 바뜨 카베 তিনি ভাত খাবেন (খা+বেন) 띠니 바뜨 카벤 그분 밥을 먹을거예요 গুবুন্ বাব্ উল মগ্উল্গয়েও

벵골어 문법
বাংলা ব্যাকরণ

자(다)= **ঘুমা(নো)**

	현재형 বর্তমান	현재진행형 চলমান বর্তমান
1인칭 আমি (나),	**আমি ঘুমাই** **(ঘুমা+ই)** 아미 구마이 나는 자요 নানুন জায়ও	**আমি ঘুমাচ্ছি (ঘুমা+চ্ছি)** 아미 구마쯔치 나는 자고 있어요 নানুন জাগো ইস্য়ও
2인칭 তুমি (당신), আপনি (존칭), তুমি (you)	**তুমি ঘুমাও (ঘুমা+ও)** 뚜미 구마오 **আপনি ঘুমান (ঘুমা+ন)** 아쁘니 구만 당신 자요 দাংসিন জায়ও	**তুমি ঘুমাচ্ছো (ঘুমা+চ্ছো)** 뚜미 구마쯔초 **আপনি ঘুমাচ্ছেন** **(ঘুমা+চ্ছেন)** 아쁘니 구마쯔첸 당신 자고 있어요 দাংসিন জাগো ইস্য়ও
3인칭 সে (그), তিনি (존칭)	**সে ঘুমায় (ঘুমা+য়)** 세 구마에 **তিনি ঘুমান (ঘুমা+ন)** 띠니 구만 그 분 자요 গুবুন্ জায়ও	**সে ঘুমাচ্ছে (ঘুমা+চ্ছে)** 세 구마쯔체 **তিনি ঘুমাচ্ছেন** **(ঘুমা+চ্ছেন)** 띠니 구마쯔체 그 분 자고 있어요 গুবুন্ জাগো ইসয়ও

	과거형 present perfet	과거완료형 past perfect	과거진행형 past continous	미래형 Future
	আমি ঘুমায়েছি (ঘুমা+য়েছি) 아미 구마에치 나는 잤어요 নানুন জাস্অয়ও	আমি ঘুমায়েছিলাম (ঘুমা+য়েছিলাম) 아미 구마에칠람 나는 잤었어요 নানুন জাস্অস্অয়ও	আমি ঘুমাচ্ছিলাম (ঘুমা+চ্ছিলাম) 아미 구마쯔칠람 나는 자고 었었어요 নানুন জাগোইস্অস্য়ও	আমি ঘুমাবো (ঘুমা+বো) 아미 구마보 나는 잘거예요 নানুন জাল্গয়েও
	তুমি ঘুমায়েছো (ঘুমা+য়েছো) 뚜미 구마에초 আপনি ঘুমায়েছেন (ঘুমা+য়েছেন) 아쁘니 구마에첸 당신 잤어요 দাংসিন জাস্অয়ও	তুমি ঘুমায়েছিলে (ঘুমা+য়েছিলে) 뚜미 구마에칠레 আপনি ঘুমায়েছিলেন (ঘুমা+য়েছিলেন) 아쁘니 구마에칠렌 당신 잤었어요 দাংসিন জাস্অস্অয়ও	তুমি ঘুমাচ্ছিলে (ঘুমা+চ্ছিলে) 뚜미 구마쯔칠레 আপনি ঘুমাচ্ছিলেন (ঘুমা+চ্ছিলেন) 아쁘니 구마쯔칠렌 당신 자고 었었어요 দাংসিন জাগোইস্অস্য়ও	তুমি ঘুমাবে (ঘুমা+বে) 뚜미 구마베 আপনি ঘুমাবেন (ঘুমা+বেন) 아쁘니 구마벤 당신 잘거예요 দাংসিন জালগয়েও
	সে ঘুমায়েছে (ঘুমা+য়েছে) 세 구마에체 তিনি ঘুমায়েছেন (ঘুমা+য়েছেন) 띠니 구마에첸 그 분 잤어요 গুবুন্ জাস্অয়ও	সে ঘুমায়েছিল (ঘুমা+য়েছিল) 세 구마에칠러 তিনি ঘুমায়েছিলেন (ঘুমা+য়েছিলেন) 띠니 구마에칠렌 그 분 잤었어요 গুবুন্ জাস্অস্অয়ও	সে ঘুমাচ্ছিল (ঘুমা+চ্ছিল) 세 구마쯔칠러 তিনি ঘুমাচ্ছিলেন (ঘুমা+চ্ছিলেন) 띠니 구마쯔칠렌 그 분 자고 었었어요 গুবুন্ জাগো ইস্অস্য়ও	সে ঘুমাবে (ঘুমা+বে) 세 구마베 তিনি ঘুমাবেন (ঘুমা+বেন) 띠니 구마벤 그분 잘거예요 গুবুন্ ব জালগয়েও

전치사 Prepositions অব্যায় পদ

벵골어	벵골어 발음	한국어
হতে/থেকে	허떼/테께	에서
হতে/থেকে	허떼/테께	부터
এর জন্য	에르 전너	때문에
তে/প্রতি/কে	떼/쁘러띠/께	에게
হিসাবে	히사베	로/으로
পূর্বে	뿌르베	전/전에
পর/পরে	뻐르/뻐레	후/후에
নীচ/নীচে	니쯔/니쩨	아래/아래에
তল/তলে	떨/떨레	밑/밑에
উপরে	우뻐레	위에
পাশে	빠세	옆에
সামনে	삼네	앞에
পিছন	삐천	뒤
মধ্যে	먿데머	안에
ছাড়া	차라	밖에
মধ্যে/মাঝখানে	먿데/ 마즈카네	사이에
মধ্যে থেকে/মাঝখান থেকে	먿데 테께/마제 테께	사이에서
সময় ধরে	서머이 더레	동안
ও/এবং	오/에벙	와
ছাড়া	차라	없이
মাধ্যমে	맏덤	통해/통하여
সাথে/একত্রে	사테, 에껏레	같이
চেয়ে	쩨에	보다
পর্যন্ত	뻐르전뚜	까지
এখনো	에커노	아직
পর/পরে	뻐르/뻐레	다음/다음에
করতে/করার সময়	꺼르떼/꺼라르 서머에	할 때

এর অধিক	에르 어딖	이상
অনুসারে	어누사레	따라
সমন্ধে	서먼데	대한
বিষয়	비셔에	대해

전치사를 사용하여 문장 만들기 বাক্য গঠনে অব্যায় পদের ব্যবহার

কোরিয়া **হতে** এসেছি।
꼬리아 허떼 에세치.
한국**에서** 왔어요.

কোথা **থেকে** বন্ধুর সাথে দেখা করেছেন?
꼬타 테께 번두르 사테 데카 꺼레첸?
어디**에서** 친구를 만났어요?

বন্ধুর সাথে কফি সোপ থেকে **দেখা** হয়ছে।
번두르 사테 커피- 숍 테께 데카 허에체.
친구를 커피숍**에서** 만났어요.

মুভি সিনেমা হল **থেকে** দেখেছেন?
무비 세네마 헐 테께 데케첸?
영화를 극장**에서** 봤어요?

না, বন্ধুর বাসা **থেকে** দেখেছি।
나, 번두르 바사 테께 데케치.
아니요, 친구 집**에서** 봤어요.

এই বই প্রথম থেকে শেষ **প্রযন্ত** পড়েছেন?
에이 버이 쁘러텀 테께 세스 뻐르전뚜 뻐레첸?
이 책은 처음부터 끝**까지** 읽었어요.

এখান **থেকে** শুরু করেন।
에칸 테께 수루 꺼렌.
여기서**부터** 시작 해요.

তাঁর জন্য কোরিয়াতে আসা হয়েছে।
따르 전너 꼬리아떼 아사 허에체.
그 때문에 전 한국에 오게 됐어요.

আমাকে দেন।
아마께 덴.
나에게 주세요.

উপরে উঠে যান।
우뻐레 우테 잔.
위로 올라가세요.

ঐ দিকে বাহির হন।
오이 디께 바히르 헌.
저쪽으로 나가세요.

কোরিয়ায় আসার আগে কোরিয়ান ভাষা শিখেছি।
꼬리아에 아사르 아게 꼬리안 바샤 시케치.
한국에 오기 전에 한국어를 배웠습니다.

উপরে থাকা জিনিষ নীচে নামান।
우뻐레 타까 지니스 니쩨 나만.
위에 있는 물건을 아래 내리세요.

আমি কোরিয়া আসার পরে কারিগরি শিক্ষা নিয়েছি।
아미 꼬리아 아사르 뻐레 까리거리 쉭카 니에치.
저는 한국에 온 후에 기술을 배웠어요.

নীচ তলায় নেমে যান।
니쩨르 털라에 네메 잔.
아래 층에 내려가세요.

ব্যাগের নীচে বই আছে।
배게르 니쩨 버이 아체.
가방 밑에 책 있어요.

হাসপাতালের পাশে ওষুধের দোকান আছে।
하스빠딸레르 빠세 오수데르 도깐 아체.
병원 옆에 약국이 있어요.

সামনে ভালভাবে যান।
삼네 발로바베 잔.
앞으로 잘하세요.

সামনে যান।
삼네 잔.
앞으로 가세요.

পিছনে যান।
삐처네 잔.
뒤에 가세요.

ভিতরে আসেন।
비떠레 아센.
안에 들어오세요.

বাহিরে অনেক শীত।
바히레 어넥 시뜨.
밖에 너무 추워요.

পরের মাসে আমি এবং আমার বন্ধু একসাথে বাংলাদেশে যাবো।
빠레르 마세 아미 에벙 아마르 번두 엑사테 방글라데세 자보.
다음 주에 나와 네 친구 함께 방글라데시에 갈꺼예요.

আমি আব্বা ও মায়ের মাঝখানে বসেছি।
아미 아브바 오 마에르 마즈카네 버세치.
저는 아빠와 엄마 사이에 앉았습니다.

আমি দুইজনের মাঝখানে থেকে কষ্ট পাই।
아미 두이저네르 마즈카네 테께 꺼스터 빠이.
저는 두 사람 사이에서 힘들다.

অনেকক্ষণ ধরে কাজ করে যাচ্ছেন।
어넥컨 더레 까즈 꺼레 자쯔첸.
오랫동안 일하고 있어요.

এক মাস ধরে বিশ্রাম করছি।
엑 마스 더레 비스람 꺼르치.
한 달 동안 쉬고 있어요.

তার সাথে কাজ শুরু করেছি।
따르 사테 까즈 수루 꺼레치.
그와 같이 사업 시작했어요.

বন্ধুর সাথে একসাথে কোরিয়ান ভাষা শিখা শুরু করেছি।
번두르 사테 엑사테 꼬리안 바샤 시카 수루 꺼레치.
친구와 함께 한국어를 배우기 시작했어요.

চেষ্টা ছাড়া সফল হওয়া কঠিন।
쩨스타 차라 서펄 허오아 꺼틴.
노력 없이 성공하기 힘들어요.

বন্ধুর মাধ্যমে কোরিয়া সমন্ধে জানা হয়েছে।
번두르 맏더메 꼬리아 서먼데 자나 허에체.
친구 통해서 한국에 대해 알게 됐어요.

মালিকের সাথে একত্রে বাজারে যেতে চেয়েছি।
말리께르 사테 에꺼뜨레 바자레 제떼 쩨에치.
사장님과 같이 시장에 가기로 했어요.

কাজ শেষ করে রাতে টেলিভিশন দেখি।
까즈 세스 꺼레 라떼 텔리비션 데키.
일 끝나서 밤에 텔레비전을 보아요.

শেষ পর্যন্ত চেষ্টা করবো।
세스 뻐르전뚜 쩨스타 꺼르보.
끝까지 노력합니다.

এখনও কোরিয়ান ভাষা শিখি নাই।
에컨오 꼬리안 바샤 시키 나이.
아직 한국어를 못 배웠어요.

পরের মাসে কোরিয়ায় যাবো।
뻐레르 마세 꼬리아에 자보.
다음 달에 한국에 갑니다.

কাজ করার সময় অন্য চিন্তা করলে হবে না।
까즈 꺼라르 서머에 언너 찐따 꺼르레 허베나.
일할 때 다른 생각하면 안 돼요.

৮ ঘণ্টার বেশী কাজ করলে বাড়তি ভাতা হবে।
아트 건타르 베시 까즈 껄를레 바르띠 바따 허베
8시간 **이상** 일하면 수당이 나와요.

মালিকের কথা ভালো অনুসরণ করতে হবে।
말리께그 꺼타 발로 어누서런 꺼르떼 허베.
사업주 말 잘 **따라**야 해요.

তিনি দেশ সমন্ধে দায়িত্ব পালন করেছেন।
띠니 데스 서먼데 다잇떠 빨런 꺼레첸.
그는 국가에 **대한** 의무를 수행했다.

তোমার কাজে যোগদানে দেরীর বিষয়ে ক্ষমা চাইতে হবে।
또마르 까제 족다네 데리르 비셔에 커마 짜이떼 허베.
너는 출근이 늦은 것에 **대해** 사과해야 한다.

접속사

한국어	벵골어 & 벵골어 발음	한국어	벵골어 & 벵골어 발음
그리고	এবং 에벵 এছাড়াও 에차라	그래서	সেইজন্য 세이전너 এইজন্য 에이전너
그러나	কিন্তু 낀뚜 যাইহোক 자이혹	왜나하면	কারণ 까런
그러면	তাহলে 타헐레	만약	যদি 저디
그러니까	সুতরাং 수더랑	그러므로	অতএব 어떠엡 কাজেই 까제이 এইভাবে 에이바베

접속사를 사용하여 문장 만들기 (Conjunction)

나는 옷가게에서 흰색 셔츠를 샀다. 그리고 동생은 파란색 셔츠를 샀다.

কাপড়ের দোকান থেকে আমি সাদা জামা কিনেছি।
꺼뻐레르 도깐 테께 아미 사다 자마 끼네치.

এবং আমার ছোট ভাই নীল জামা কিনেছে।
에벙 아마르 초터 바이 닐 자마 기네체.

나는 어린 시절 우유를 많이 마셨다. 그러나 키가 많이 크지 않았다.

আমি শিশুকালে দুধ অনেক পান করেছি। কিন্তু আমার উচ্চতা বেশী হয়নি।
아미 시수깔레 둗 어네크 빤 꺼레치. 낀뚜 아마르 우쩌따 베시 허이니.

서울에 왔다고요? 그러면 63빌딩을 꼭 가보세요.

সিউলে এসেছেন? তাহলে ৬৩ তলা বিল্ডিং অবশ্যই দেখে যান।
서울에 에세첸? 따헐레 떼셔트티 떨라 빌딩 어버셔이 데케 잔.

내가 아침에 일어나니 여덟 시였다. 그러니까 거의 열두 시간을 잔 것이다.

আমি সকালে উঠে দেখি আটটা বাজে। সুতরাং প্রায় বারো ঘণ্টা ঘুমিয়েছি।
아미 서깔레 우테 데키 아트타 바제. 수떠랑 쁘라이 바로 건타 구미에치.

어제 오랜만에 등산을 했다. 그래서 오늘 하루 종일 다리가 아팠다.

গতকাল অনেকদিন পর পাহাড়ে উঠেছি। সেইজন্য আজ সারাদিন পা ব্যাথা
거떠깔 어넥딘 뻐르 빠하레 우테치. 세이전너 아즈 사라딘 빠 배타

করেছে।
꺼레체.

나는 대한민국을 사랑한다. 왜냐하면 대한민국은 나의 조국이기 때문이다.

আমি কোরিয়াকে ভালোবাসি। কারণ কোরিয়া আমার মাতৃভূমি বলে।
아미 꼬리아께 발로바시. 까런 꼬리아 아마르 마뜨리부미 벌레.

만약 내가 함께 출발하지 못하면 너라도 먼저 출발하도록 해라.

যদি আমি একসাথে রওনা করতে না পারি অন্তত তুমি আগে রওনা করো।
저디 아미 엑사테 러오나 꺼르떼 나 빠리 언떠더 뚜미 아게 러오나 꺼로.

그는 요즘 운동을 꾸준히 한다. 그러므로 그는 더욱 건강해질 것이다.

সে আজকাল নিয়মত ব্যায়াম করে। কাজেই সে আরো স্বাস্থ্যবান হয়েছে।

세 아즈깔 니어머떠 배얌 꺼레. 까제이 세 아로 사스터반 허에체.

단어의 끝에 자음만 있으면 "**এর/য়ের**", 단어의 끝에 자음과 모음이 같이 있으면 "**র**" 사용하고 단어의 끝에 모음 **ই, উ** 등이 있으면 "**এর/য়ের**" 사용하게 됩니다.

예

벵골어	의	벵골어 바름	한국어
বন্ধুর বাড়ী	র	번두르 바리	친구의 집입니다.
বড় বোনের বাড়ী বড় বোন-এর বাড়ী	ে র এর	버러 보네르 바리 버러 보네르 바리	누나의 집입니다.
বড় ভাইয়ের বাড়ী বড় ভাই-এর বাড়ী	য়ের এর	버러 바이에르 바리 버러 바이에르 바리	형의 집입니다.
বউয়ের বাড়ী বউ-এর বাড়ী	য়ের এর	보우에르 바리 보우에르 바리	아내의 집입니다. 아내의 집입니다.

벵골어로 숫자 쓰기 বাংলায় সংখ্যা গণনা

벵골어	한국어	벵골어 발음
০ (শূন্য)	0 (영, 공)	슌너
১ (এক)	1 (일)	엑
২ (দুই)	2 (이)	두이
৩ (তিন)	3 (삼)	띤
৪ (চার)	4 (사)	짜르
৫ (পাঁচ)	5 (오)	빠쯔
৬ (ছয়)	6 (육)	처의
৭ (সাত)	7 (칠)	사뜨
৮ (আট)	8 (팔)	아트
৯ (নয়)	9 (구)	너의

১০ (দশ)	10 (십)	더쉬
১১ (এগারো)	11 (십일)	에가로
১২ (বারো)	12 (십이)	바로
২০ (বিশ)	20 (이십)	비쉬
২১ (একুশ)	21 (이십일)	에꾸쉬
২২ (বাইশ)	22 (이십이)	바이쉬
৩০ (ত্রিশ)	30 (삼십)	뜨리쉬
৩১ (একত্রিশ)	31 (삼십일)	엑뜨리쉬
৩২ (বত্রিশ)	32 (삼십이)	버뜨리쉬
৪০ (চল্লিশ)	40 (사십)	쩔리쉬
৪১ (একচল্লিশ)	41 (사십일)	엑쩔리쉬
৫০ (পঞ্চাশ)	50 (오십)	뻰짜쉬
৫১ (এক পঞ্চাশ)	51 (오십일)	엑뻰짜쉬
৬০ (ষাট)	60 (육십)	샤트
৭০ (সত্তর)	70 (칠십)	서떠르
৭১ (একশত)	100 (백)	엑쎠떠
১০১ (একশত এক)	101 (백일)	엑쎠떠 엑
২০০ (দুইশত)	200 (이백)	두이쎠떠
১০০০ (এক হাজার)	1,000 (천)	하자르
১০০০০ (দশ হাজার)	10,000 (만)	더쉬 하자르
১০০০০০ (এক লক্ষ)	100,000 (십만)	엑 넉커
১০০০০০০ (দশ লক্ষ)	1,000,000 (백만)	더쉬 넉커

시간, 물건 সময়, জিনিষ পত্র ও বয়স গণনার ক্ষেত্রে

벵골어	한국어	벵골어 발음
এক	하나	엑
দুই	둘	두이
তিন	셋	띤
চার	넷	짜르
পাঁচ	다섯	빠쯔
ছয়	여섯	처의
সাত	일곱	사뜨
আট	여덟	아트
নয়	아홉	너의
দশ	열	더쉬
এগারো	열 하나	에가로
বারো	열 둘	바로
বিশ	스물	비쉬
ত্রিশ	서른	뜨리쉬
চল্লিশ	마흔	쩔리쉬
পঞ্চাশ	쉰	엑뻔짜쉬
ষাট	예순	샤트
সত্তর	일흔	서떠르
আশি	여든	아시
নব্বই	아흔	너뻐이

물건 셀 때 দ্রব্যাদি গণনা করার একক

한국어	한국어 발음	벵골어	벵골어 발음
책 한 권	ছ্যাগ্ হান্ গোঅন্	একটা বই	엑타 버이
차 두 대	ছা দু দ্যা	দুইটা গাড়ী	두이타 가리
방 두 칸	বাং দু খান্	দুই রুম	두이타 룸
집 두 채	জিব্ দু ছ্যা	দুইটা বাড়ী	두이타 바리
공책 세 권	গোংছ্যাগ্ সে গোঅন্	তিনটা খাতা	띤타 카따
종이(돈, 표) 한 장	জোংই(দোন্,ফিও) হান্ জাং	কাগজ (টাকা, চেক) এক খানা	까거즈 (타까, 쩩) 엑카나
구두 두 켤레 양말 두 켤레	গুদু দু খিয়ল্লে ইয়াংমাল্ দু খিয়ল্লে	জুতা দুই জোড়া মোজা দুই জোড়া	주따 두이 조라 모자 두이 조라
사과 세 개	সাগোয়া সে গ্যা	আপেল তিনটা	아뻴 띤타
라면 여섯 박스	লামিয়ন ইয়সদ্ বাক্স	নুডুলস ছয় বাক্স	누둘스 처의 박스
다섯 명 (분)	দাসদ্ মিয়ং (বুন)	পাঁচ জন	빠쯔 전
닭(오리) 일곱 마리	দাগ্ (ওরি) ইল্গোব মারি	মুরগী(হাস) সাতটা	무르기 (하쉬) 사뜨 타
두 팔	দু ফাল্	দুই হাত	두이 하뜨
맥주 일곱 병	ম্যাগ্জু ইল্গোব বিয়ং	বিয়ার সাত বোতল	비아르 사뜨 보떨
물 한 컵	মুল্ হান্ খপ্	পানী একগ্লাস	빠니 엑 글라스
커피 네 잔	কফি নে জান্	কফি চার কাপ	꺼피 짜르 까쁘
두부 한 모	দুবু হান্ মো	এক খন্ড দুবু	엑 컨더 두부
계란 두 판	গিয়রান দু ফান্	ডিম দুই কেইস	딤 두이 께이스
사탕 한 상자	সাথাং হান্ সাংজা	কেন্ডি এক বাক্স	껜디 엑 박스
펜 두 자루	ফেন্ দু জারু	দুইটা কলম	두이타 껄럼
양배추 한 포기	ইয়াং ব্যাছু হান্ ফোগি	পাতা কফি একটা	빠따 꺼피 엑타
미나리 두 단	মিনারি দু দান্	কলমি শাক দুই বান্ডিল	껄미 샥 두이 반딜
꽃 두 다발	কোদ্ দু দাবাল্	দুই তোড়া ফুল	두이 또라 풀
포도 한 송이	ফোদো হান্ সোংই	এক থোকা/ গুচ্ছ আঙ্গুর	엑 토까/ 엑 구쯔처 앙구르

꽃 한 송이	কোদ্ হান্ সোংই	এক গুচ্ছ ফুল	엑 구쯔처 풀
자두 한 바구니	জাদু হান্ বাগুনি	এক ঝুড়ি বরই	엑 주리 버러이
한 밤	হান্ বাম্	গভীর রাত	거비르 라뜨
옷 네 벌	ওত্ নে বল্	পোষাক চার সেট	뽀샥 짜르 세트
전화 한 통	জন্নহোয়া হান্ থোং	একবার ফোন করা	엑바르 폰 꺼라
수박 한 통	সুবাগ্ হান্ থোং	একটা তরমুজ	엑타 떠르무즈
김치 한 통	গিম্ছি হান্ থোং	এক কৌটা গিম্ছি	엑 꼬우타 김치
바나나 한 다발	বানানা হান্ দাবাল্	এক ফনা কলা	엑퍼나 껄라
나무 한 그루	নামু হান্ গরু	এক ফালি কাঠ	엑 팔리 까트
망고 한 봉지	মাংগো হান্ বোংজি	এক প্যাকেট আম	엑 빠께트 암
밥 두 그릇 (한 공기)	বাব্ দু , গরুত্ (হান্ গোংগি)	দুই বাটি ভাত (এক পাত্র)	두이 바티 바뜨 (엑 빠뜨러)
식사 한 끼	সিগ্সা হান্ কি	এক ওয়াক্ত খাবার	엑 왁떠 카바르

서수(순서를 나타낼 때) ক্রমিক সংখ্যা

한국어	한국어 발음	벵골어	벵골어 발음
첫째	ছত্চে	প্রথম	쁘러텀
둘째	দুল্চে	দ্বিতীয়	디띠어
셋째	সেত্চে	তৃতীয়	뜨리띠어
넷째	নেত্চে	চতুর্থ	쩌뚜르터
다섯째	থাসৎচে	পঞ্চম	뻔쩜
여섯째	ইয়সৎচে	ষষ্ঠ	셔스터
일곱째	ইলগোপচে	সপ্তম	서쁘떰
여덟째	ইয়দোলচে	অষ্টম	어스텀
아홉째	আহোবচে	নবম	너범
열째	ইয়লচে	দশম	더셤

방향 দিক

한국어	한국어 발음	벵골어	벵골어 발음
동쪽	দোংচুগ্	পূর্ব দিক	뿌르버 딖
서쪽	সচুগ্	পশ্চিম দিক	뻐스찜딖
남쪽	নামচুগ্	দক্ষিণ দিক	더킨딖
북쪽	বুগচুগ্	উত্তর দিক	우떠르 딖
여기	ইয়গি	এখানে	에카네
위	উই	উপরে	우뻐레
아래	আরে	নীচে	니쩨
앞	আফ্	সামনে	삼네
옆	ইয়ফ্	পাশে	빠세
뒤	দুই	পিছনে	삐처네
오른쪽	অরন্ চুগ্	ডাইনে	다이네
왼쪽	অইন্ চুগ্	বামে	바메
안	আন্	ভিতর	비떠르
밖	বাক্	বাহির	바히르
밑	মিথ্	নীচে	니쩨
똑바로	তোগ্‌বারো	সোজাসুজি	소자수지
거기	গগি	ওখানে	오카네
저기	জগি	সেখানে	세카네

시간 সময়

দিন, মাস, বছর গণনা

한국어	한국어 발음	벵골어	벵골어 발음
일	ইল্	দিন	딘
월, 달	অল্, দাল্	মাস	마스

년	নিয়ন্	বছর	버처르
내년	ন্যা নিয়ন্	পরবর্তী বছর	뻐르버르띠 버처르
작년	জাগ্নিয়ন্	গত বছর	꺼떠 버처르
이 년 전	ইনিয়ন্ জন্	দুই বছর পূর্বে	두이 버처르 뿌르베
삼 년 전	সাম্নিয়ন্ জন্	তিন বছর পূর্বে	띤 버처르 뿌르베
이 년 후	ইনিয়ন্ হু	দুই বছর পর	두이 버처르 뻐르
삼 년 후	সাম্নিয়ন্ হু	তিন বছর পর	띤 버처르 뻐르
하루	হারু	একদিন	엑딘
이틀	ইথল	দুই দিন	두이 딘
삼일	সাম্ইল্	তিন দিন	띤딘
사일	সাইল্	চার দিন	짜르 딘
오일	ওইল্	পাঁচ দিন	빠쯔 딘
한 달/ 일 개월	হান্দাল্/ইল্ গ্যাঅল্	এক মাস	엑 마스
두 달/ 이 개월	দুদাল্/ই গ্যাঅল্	দুই মাস	두이 마스
일 년	ইল্ নিয়ন	এক বছর	엑 버처르
이 년	ই নিয়ন	দুই বছর	두이 버처르
삼 년	সাম্ নিয়ন	তিন বছর	띤 버처르
십오 년	সিব্ওনিয়ন	পনেরো বছর	뻐네로 버처르
시간	সিগান্	সময়	서머의
초	ছো	সেকেন্ড	세껜드
분	বুন্	মিনিট	미니트
시	সি	ঘণ্টা	건타
한 시간	হান্ সিগান্	এক ঘণ্টা	엑 건타
한 시	হান্সি	একটার সময়	엑타르 서머의

날과 요일 দিন

한국어	한국어 발음	벵골어	벵골어 발음
오늘	ওনল্	আজ	아즈
어제	অজে	গতকাল	거떠깔
내일	ন্যাইল্	আগামীকাল	아가미깔
모레	মোরে	পরশু	뻐르슈
아침	আছিম্	সকাল	서깔
점심	জম্সিম্	দুপুর	두뿌르
오후	ওহু	বিকাল	비깔
저녁	জনিয়গ্	সন্ধ্যা	선대
밤	বাম্	রাত	라뜨
낮	নাজ্	দিন	딘
일요일	ইরইউইল	রবিবার	러비바르
월요일	অরিওইল্	সোমবার	솜바르
화요일	হোয়াইওইল্	মংগলবার	멍걸바르
수요일	সুইওইল্	বুধবার	붇바르
목요일	মোগ্ইওইল্	বৃস্পতিবার	브리허스뻐띠 바르
금요일	গম্ইওইল্	শুক্রবার	슈러바르
토요일	থোইওইল্	শনিবার	셔니바르

주 সপ্তাহ

한국어	한국어 발음	벵골어	벵골어 발음
주	জু	সপ্তাহ	서쁘따허
이번 주	ইবন্জু	এই সপ্তাহ	에이 서쁘따허
다음 주	দাউম্জু	পরের সপ্তাহ	뻐레르 서쁘따허
지난 주	জিনান্জু	গত সপ্তাহ	거떠 서쁘따허

일주일	ইল্জুইল্	এক সপ্তাহ	엑 서쁘따허
이주일	ইজুইল্	দুই সপ্তাহ	두이 서쁘따허
삼주일	সাম্জুইল্	তিন সপ্তাহ	딘 서쁘따허
첫째 주	ছত্চে জু	প্রথম সপ্তাহ	쁘러텀 서쁘따허
둘째 주	দুল্চে জু	দ্বিতীয় সপ্তাহ	디띠어 서쁘따허
셋째	সেত্চে জু	তৃতীয় সপ্তাহ	뜨리띠어 서쁘따허
마지막 주	শেষ সপ্তাহ	শেষ সপ্তাহ	세스 서쁘따허

월 মাস

한국어	한국어 발음	벵골어	벵골어 발음
일월	ইর অল্	জানুয়ারী	자누아리
이월	ই অল্	ফেব্রুয়ারি	펩루아리
삼월	সাম্ অল্	মার্চ	마르스
사월	সা অল্	এপ্রিল	에쁘릴
오월	ও অল্	মে	메
유월	ইউ অল্	জুন	준
칠월	ছির্ অল্	জুলাই	줄라이
팔월	ফার্ অল্	আগষ্ট	아거스트
구월	গু অল্	সেপ্টেম্বর	세쁘템버르
시월	সি অল্	অক্টোবর	윢터버르
십일월	সিব্ইর্ অল্	নভেম্বর	너벰버르
십이월	সিব্ই অল্	ডিসেম্বর	디셈버르

계절 ঋতু

한국어	한국어 발음	벵골어	벵골어 발음
계절	গেঅজল্	ঋতু	리뚜
봄	বোম্	বসন্ত	버선떠
여름	ইয়রম	গরম	거럼
가을	গাউল	শরৎ	셔러뜨
겨울	গিয়উল্	শীত	시뜨
춘하추동	ছুন্হাছুদোং	চার ঋতু	짜르 리뚜

나이 বয়স

한국어	한국어 발음	벵골어	벵골어 발음
한 살	হান্সাল্	এক বছর	엑 버처르
두 살	দুসাল্	দুই বছর	두이 버처르
세 살	সেসাল্	তিন বছর	띤 버처르
네 살	নেসাল্	চার বছর	짜르 버처르
열 살	ইয়ল্	দশ বছর	더쉬 버처르
열 다섯 살	ইয়ল্ দাসত্	পনেরো বছর	뻐네로 버처르
스무 살	সমুল্ সাল্	বিশ বছর	비쉬 버처르
스물 한 살	সমুল্ হান্সাল্	একুশ বছর	에꾸쉬 버처르
스물 두 살	সমুল্ দুসাল্	বাইশ বছর	바이쉬 버처르
서른 살	সরন্ সাল্	ত্রিশ বছর	뜨리쉬 버처르
서른 한 살	সরন্ হান্সাল্	একত্রিশ বছর	엑 뜨리쉬 버처르
서른 두 살	সরন্ দুসাল্	বত্রিশ বছর	버뜨리쉬 버처르
마흔 살	মাহন সাল্	চল্লিশ বছর	쩔리쉬 버처르
마흔 한 살	মাহন হান্সাল্	এক চল্লিশ বছর	엑 쩔리쉬 버처르
마흔 두 살	মাহন দুসাল্	বিয়াল্লিশ বছর	비알리쉬 버처르
쉰 살	শুইন্ সাল্	পঞ্চাশ বছর	뻔짜쉬 버처르

쉰 한 살	শুইন্ হান্সাল্	একান্ন বছর	에깐노 버처르
쉰 두 살	শুইন্ দুসাল্	বায়ান্ন বছর	바안노 버처르
예순 살	ইয়েসুন্ সাল্	ষাট বছর	샤트 버처르
일흔 살	ইল্হন্ সাল্	সত্তর বছর	서떠르 버처르
여든 살	ইয়দন্ সাল্	আশি বছর	아시 버처르
아흔 살	আহন সাল্	নব্বই বছর	너버이 버처르

색 রং

한국어	한국어 발음	벵골어	벵골어 발음
파란색	ফারান্ স্যাগ্	নীল রং	닐 렁
하얀색	হায়ান্ স্যাগ্	সাদা রং	사다 렁
하늘색	হানল স্যাগ্	আকাশী রং	아까시 렁
빨간색	পাল্গান্ স্যাগ্	লাল রং	랄 렁
초록색	ছোরোগ্ স্যাগ্	সবুজ রং	서부즈 렁
노란색	নোরান্ স্যাগ্	হলুদ রং	서부즈 렁
검정색	গম্জং স্যাগ্	কালো রং	깔로 렁
갈색	গাল্ স্যাগ্	বাদামী রং	바다미 렁
회색	হোই স্যাগ্	খয়েরী রং	커에리 렁
분홍색	বুন্হোং স্যাগ্	গোলাপী রং	골라삐 렁
밝은색	বাল্গন্ স্যাগ্	উজ্জ্বল রং	우절 렁
남색	নাম্ স্যাগ্	গাঢ় নীল রং/নেভি	가러 닐 렁/네비
연한색	ইয়ন্হান্ স্যাগ্	হাল্কা রং	할까 렁
연두색	ইয়ন্ দু স্যাগ্	হল্দে রং	헐데 렁
주황색	জুহোয়াং স্যাগ্	কম্লা রং	꺼멀라 렁
붉은색	বুল্গন্ স্যাগ্	গাজর রং	가저르 렁
보라색	বোরা স্যাগ্	বেগুনী রং	베구니 렁

미각과 감정 표현 অনভুতি প্রকাশের শব্দাবলী

한국어	한국어 발음	벵골어	벵골어 발음
써요	সইয়ো	তিতা	띠따
셔요	শইয়ো	টক	떢
고소해요	গোসোহ্যাইয়ো	মজাদার	머자다르
매워요	ম্যাঅইয়ো	ঝাল	잘
달아요	দারাইয়ো	মিষ্টি	미스티
떫어요	দলবোইয়ো	কষটে	꺼스테
싱거워요	সিংগোঅইয়ো	আললে	알레
짜요	চাইয়ো	লোনতা	론따
뜨거워요	তুগঅইয়ো	গরম	거럼
시원해요	সিঅনহেয়ো	শীতল	시떨
추워요	ছুওইয়ো	ঠান্ডা	탄다
따뜻해요	তাতুৎহেও	উষ্ণ	우스너
귀찮아요	গুইছানাইয়ো	বিরক্ত	비뤅떠
배 고파요	বেগোফাইয়ো	ক্ষুধা	쿠다
배 불러요	বেবুল্লইয়ো	পেটভরা	뻬트버라
피곤해요	ফিগোনহেয়ো	ক্লান্ত	끌란떠
목 말라요	মোগ মাল্লায়য়ো	তৃষ্ণার্ত	뜨리스나르떠
졸려요	জুল্লিয়ো	ঘুমে ঝিম আসে	구메짐아세
가벼워요	গাবিঅয়য়ো	হালকা	할까
기뻐요	কিপ্পইয়ো	খুশি	쿠시
슬퍼요	সুলফইয়ো	শোক	숔
행복해요	হেংবোগহেয়ো	সুখী	수키
불행해요	বুলহেংহেয়ো	অসুখী	어수키
편해요	ফিয়নহেয়ো	আরামদায়ক	아람다웍
불편해요	বুলফিয়নহেয়ো	আরামদায়ক নয়	아람다억 너에
토하고 싶어요	থোহাগো সিফয়ও	বমি আসে	버미 아세
아파요	আফায়ওইয়ো	ব্যাথা	배타

부드러워요	বুদরোঅইয়ো	নরম	너럼
딱딱해요	তাগতাগহেইয়ো	শক্ত	셖떠
창피해요	ছাংফিহেইয়ো	লজ্জা করে	러즈자 꺼레
무서워요	মুসঅইয়ো	ভয় লাগে	버에 라게
걱정해요	গোগজংহেইয়ো	দুঃশিন্তা হয়	두스찐따 허에
초조해요	ছোজোহেইয়ো	অধৈর্য	어더르저
화나요	হোনাইয়ো	রাগান্বিত	라간니떠
짜증나요	চাজুংনাইয়ো	বিরক্তকর	비뤍떠
놀랐어요	নোল্লাসয়ইয়ো	আশ্চার্য	아스짜르저
고마워요	গোমাঅয়য়ো	ধন্যবাদ	던너받
사랑해요	সারাংহেয়ো	ভালোবাসি	발로바시
좋아해요	জোয়াহেয়ো	পছন্দ করি	뻐천더 꺼리
억울해요	অগরহেয়ো	অন্যায্য	어내즈저
후회해요	হুহোয়েহেয়ো	অনুতপ্ত	어누떠쁘떠
만족해요	মানজোগহেয়ো	পরিতৃপ্ত	뻐리뜨리쁘떠
무거워요	মুগঅয়য়ো	ভারী	바리
간지러워요	গানজিরঅয়য়ো	চুলকানো	쭐까너

직업 পেশাগত শব্দ সমূহ

한국어	한국어 발음	벵골어	벵골어 발음
요리사	ইউরিসা	বাবুর্চি	바부르찌
변호사	বিয়নহোসা	উকিল	우낄
간호사	গানহোসা	নার্স	나르스
판사	ফানসা	বিচারক	비짜뤅
선생님	সনসেংনিম	শিক্ষক	시컥
학생	হাগসেং	ছাত্র	차뜨러
운전기사	উনজনগিসা	গাড়িচালক	가리짤뤅
미술가	মিসুলগা	কারুশিল্পী	까루실삐

회사원	হোয়সাঅন	অফিস সদস্য	어피스 서더서
작가	জাকগা	লেখক	레컥
주부	জুবু	গৃহিণী	그리히니
경찰관	গিয়ংসালগোয়ান	পুলিশ অফিসার	뿌리스 어피사르
검찰관	গমসালগোয়ান	অভিশংসক	어비성석
대리인	দেরিইন	প্রতিনিধি	쁘띠니디
목수	মোগসু	মিস্ত্রি	미스뜨리
자원 봉사자	জায়ন বোংসাজা	সেচ্ছাসেবক	세쯔차세
시인	সিইন	কবি	꺼비
소방관	সোবাংগোয়ান	অগ্নিনির্বাপক	억니니르바뻑
기자	গিজা	সাংবাদিক	상바딖
점원	জমঅন	কেরানী	께라니
가수	গাসু	গায়ক	가의억
의사	উয়সা	চিকিৎসক	찌낏석
배우	বেউ	অভিনেতা	어비네따
연구원	ইয়নগুঅন	গবেষক	거베셕
어부	অবু	জেলে	젤레
대사	দেসা	রাষ্ট্রদূত	라스뜨러두뜨
영사	ইয়ংসা	কন্সুলার	껀술라르
기술자	গিসুলজা	টেকনিশিয়ান	텍니시안
농부	নোংবু	কৃষক	끄리셕
노무사	নোমুসা	আইনজীবী	아인지비

PART 1

인사 표현

1. 일상적인 인사
2. 초면 인사
3. 소개할 때의 인사
4. 오래만에 만났을 때의 인사
5. 헤어질 때의 인사
6. 감사와 사과의 인사
7. 축하와 환영의 인사

응용 대화 1 | 오랜만에 만났을 때
ব্যবহারিক কথোপকথন অনেক দিন পর দেখা হলে

A 삐알 / B 묶따

A আসসালা মুয়ালাইকুম, মুক্তা আপা।
아스살라 모알라이꿈, 묶따 아빠!
안녕하세요, 묶따 씨.

B ওয়ালাইকুম আসসালাম, পিয়াল ভাই।
왈라이꿈 앗살람, 삐알 바이!
안녕하세요, 삐알 씨.

A এখানে কত দিন পরে এসেছেন?
에카네 꺼떠 딘 뻐레 엘렌?
이게 얼마 만이에요?

B তাইতো, আমাদের দেখা হয়নি কত দিন হলো?
따이또, 아마데르 데카 허이니 꺼떠 딘 헐러?
그러게요. 못 만난 지 얼마나 된 거죠?

A তিন বছর হয়ে গেলো, ভালো ছিলেন তো?
띤 버처르 허에 겔로. 발로 칠렌 또?
3년이나 됐어요. 잘 지내셨어요?

B হ্যাঁ, ভালো ছিলাম, শরীর কেমন?
하, 발로 칠람, 셔리르 께먼?
네, 잘 지냈어요. 건강은 어떠세요?

A ভালো, পরিবারের সবাই কেমন আছেন?
발로, 뻐리바레르 서바이 께먼 아첸?
좋아요. 가족들은 어떠게 지내세요?

B হ্যা, পরিবারের সবাই ভালো আছে, এখনো একই কাজ করছেন?
하, 뻐리바레르 서바이오 발로 아첸, 에커노 엑이 까즈 꺼르첸?
네, 가족들도 좋아요. 지금도 같은 일 하세요?

A হ্যাঁ, একই কাজ করছি।
하, 엑이 가즈 꺼르치.
A: 네, 같은 일 하고 있어요.

B পরিবারের সবাইকে আমার সালাম জানাবেন।
뻐리바레르 셔바이께 아마르 살람 자나벤.
가족들에게 제 안부 전해 주세요.

A হ্যাঁ, সময় পেলে বেড়াতে আসবেন।
하. 서머이 뻴레 베라떼 아스벤.
네, 시간날 때 놀러 오세요.

1. 일상적인 인사

প্রতিদিনের সালাম

간단한 인사/ সাধারণ সালাম

안녕하세요.

আসসালামুয়ালাইকুম।

아스살라무알라이꿈.

잘 지내셨어요?

ভালো দিন কাটিয়েছেন?

발로 딘 까티에첸?

네, 잘 지냈어요.

হ্যাঁ, ভালো দিন কাটিয়েছি।

해, 발로 딘 까티에치.

건강은 어때요?

শরীর কেমন?

셔리르 께먼?

아주 건강해요.

শরীর খুব ভালো আছে।.

셔리르 쿱 발로 아체.

괜찮아요.

ঠিক আছে।

틱 아체.

얼굴이 좋아 보여요.

চেহারা ভালো দেখা যায়।

쩨하라 발로 데카 자에.

많이 바쁘셨어요?

অনেক ব্যস্ত ছিলেন কি?

어넥 배스떠 칠렌 끼?

네, 바빴어요.

হ্যাঁ, ব্যস্ত ছিলাম।

해, 배스떠 칠람.

아니오, 바쁘지 않았어요.

না, ব্যস্ত ছিলাম না।

나, 배스떠 칠람 나.

안녕히 계세요.

ভালো থাকেন।

발로 타껜.

안녕히 가세요.

ভালো যান।

발로 잔.

잘 있어.

ভালো থাকো।

발로 타꼬.

잘 가.

ভালো যাও।

발로 자오.

안녕히 주무세요.

ঘুমাতে যান।

구마떼 잔.

안색을 살필 때
চেহারা দেখে অনুমান করার সময়

행복해 보여요.

সুখী দেখা যায়।

수키 데카 자에.

무슨 일 있으세요?

কি ব্যপার?

끼 배빠르?

기운이 없어 보여요.

শক্তি নাই দেখা যায়।

셕띠 나이 데카 자에.

멋있어 보여요.

সুদর্শন দেখা যায়।

슈더르션 데카 자에.

우울해 보여요.

মনমরা দেখা যায়।

먼머라 데카 자에.

슬퍼 보여요.

বিষন্ন দেখা যায়।

비션너 데카 자에.

무슨 일이에요?

কিছু হয়েছে কি?

끼추 허에체 끼?

아니오, 아무 일도 없어요.

না, কিছুই হয়নি।

나, 끼추이 허에니.

몸 상태가 좋지 않아요.

শরীরের অবস্থা ভালো না।

셔리레르 어버스타 발로 나.

2. 초면 인사
প্রথম সাক্ষাতে সালাম

처음 만났을 때의 인사
প্রথম দেখা হওয়ার সময় সালম বিনিময়

처음 뵙겠습니다.

প্রথম দেখা্ হলো।

쁘러텀 데카 헐로.

만나서 반가워요.

দেখা হয়ে খুশী হলাম।

데카 허에 쿠쉬 헐람.

당신을 알게 되어 무척 기쁩니다.

আপনার সাথে পরিচয় হয়ে খুব

아쁘나르 사테 뻐리쩌이 허에 쿱

আনন্দিত হয়েছি।

아논디또 헤에치.

당신에 대해 많이 들었어요.

আপনার সমন্ধে অনেক শুনেছি।

아쁘나르 서먼데 어넥 슈네치.

당신과 친해지고 싶어요.

আপনার সাথে ঘনিষ্ট হতে চাই।

아쁘나르 사테 거니쉬터 허떼 짜이.

어디서 오셨어요?

কোথা থেকে এসেছেন?

꼬타 테게 에세첸?

한국에서 왔어요.

কোরিয়া থেকে এসেছি।

꼬리아 테께 에세치.

여기에 어떤 일로 오셨어요?

এখানে কি কাজের জন্য এসেছেন?

에카네 끼 까제르 전너 에세첸?

여행하러 왔어요.

বেড়াতে এসেছি।

베라떼 에세치.

출장 왔어요.

অফিসের কাজে এসেছি।

어피세르 까제 에세치.

형을 만나러 왔어요.

বড় ভাইয়ের সাথে দেখা করতে

버러 바이에르 사테 데카 꺼르떼

এসেছি।

에세치.

얼마 동안 여행할 거예요?

কত দিন পর্যন্ত ভ্রমণ করবেন?

꺼떠 딘 뻐르전뚜 브러먼 꺼르벤?

일주일 동안 여행할 거예요.

এক সপ্তাহ পর্যন্ত ভ্রমণ করবো।

액 서쁘따허 뻐르전뚜 브러먼 꺼르보.

어디를 방문했어요?

কোথায় ভ্রমণ করেছেন?

꼬타에 브러먼 꺼레첸?

벙거번두 메모리알 뮤지엄 방문했어요.

বঙ্গবন্ধু মেমোরিয়াল মিউজিয়াম

벙고번두 메모리알 뮤지암

ভ্রমণ করেছি।

브러먼 꺼레치.

이름과 명함을 주고받을 때
নাম এবং নেম কার্ড আদান প্রদানের সময়

성함이 어떻게 되세요?

আপনার নাম কি?

아쁘나르 남 끼?

성함 좀 알려주세요.

দয়া করে নাম বলে দেন।

더야 꺼레 남 벌레 덴.

제 이름은 무라드입니다. 당신은요?

আমার নাম মুরাদ। আপনার নাম কি?

아마르 남 무라드. 아쁘나르 남 끼?

제게 명함을 주실 수 있으세요?

আমাকে নেম কার্ড দিতে পারেন?

아마께 넴 까르드 디떼 빠렌?

여기 있습니다.

এখানে আছে।

에카네 아체.

죄송합니다. 지금은 명함 없네요.

দুঃখিত। এখন নেম কার্ড নাই।

두키떠 에컨 넴 가르드 나이.

3. 소개할 때의 인사
পরিচয় করিয়ে দেওয়ার সময় সালাম

서로를 소개할 때
একে অপরে পরিচয় দেওয়ার সময়

제 소개를 하겠습니다.
আমার পরিচয় বলবো।
아마르 쁘리쩌이 벌보.

저는 김철수입니다.
আমি কিম ছল্‌সু।
아미 김철수.

어디에서 일하세요?
কোথায় চাকুরী করেন?
꼬타에 짜꾸리 꺼렌?

저는 초등학교에서 일합니다.
আমি প্রাথমিক বিদ্যালয়ে চাকুরী করি।
아미 쁘라터믺 빋달러에 짜꾸리 꺼리.

저는 회사에서 일합니다.
আমি কোম্পানীতে চাকুরী করি।
아미 껌빠니떼 짜꾸리 꺼리.

나이가 어떻게 되세요?
বয়স কত হবে?
버이어스 꺼떠 허베?

서른이 되었습니다.
ত্রিশ বছর হয়েছে।
뜨리쉬 버처르 허에체.

벵골어 잘하세요?
বাংলা ভাষা ভালো পারেন?
방글라 바샤 발로 빠렌?

저는 벵골어를 잘 못합니다.
আমি বাংলা ভাষা ভালো পারিনা।
아미 방글라 바샤 발로 빠리나.

저는 영어를 조금합니다.
আমি ইংরাজী অল্প পারি।
아미 잉라지 얼뻐 빠리.

어떤 일을 좋아하세요?
কি ধরনের কাজ পছন্দ করেন?
끼 더러네르 까즈 뻐천더 꺼렌?

저는 여행을 좋아합니다.
আমি ভ্রমণ করা পছন্দ করি।
아미 브러먼 꺼라 뻐천더 꺼리.

어디에서 공부했어요?
কোথায় লেখা পড়া করেছেন?
꼬타에 레카 뻐라 꺼레첸?

저는 미국에서 2년 동안 경영학을 공부했습니다.
আমি আমেরিকায় ২ বছর ধরে ব্যবসা প্রশাসনের উপর লেখা পড়া করেছি।
아미 아메리까에 두이 버처르 더레 배버사 브러샤서네르 우뻐르 레카 뻐라 꺼레치.

어디에 사세요?
কোথায় বসবাস করেন?
꼬타에 버서바스 꺼렌?

저는 한국에서 삽니다.
আমি কোরিয়াতে বসবাস করি।
아미 꼬리아떼 버서바스 꺼리.

한국에 오신 적 있으세요?

কোরিয়াতে কখনো এসেছেন?
꼬리아떼 꺼커노 에세첸?

아니오, 없어요.

না, আসিনি।
나, 아시니.

네, 한 번 간 적이 있어요.

হ্যা, একবার এসেছিলাম।
해, 엑바르 에세칠람.

다른 사람을 소개할 때
অন্যকে পরিচয় করিয়ে দেওয়ার সময়

제 아내를 소개하겠습니다.

আমার স্ত্রীকে পরিচয় করিয়ে দিবো।
아마르 스띠리께 뻐리쩌이 꺼리에 디보.

제 선생님을 소개하겠습니다.

আমার শিক্ষককে পরিচয় করিয়ে
아마르 시컥께 뻐리쩌이 꺼리에

দিবো।
디보.

이쪽은 제 남편이고, 이름은 김철수입니다.

এ পাশে আমার স্বামী, নাম কিম্
에 빠셰 아마르 샤미, 남

ছল্সু।
김철수.

철수씨, 이쪽은 니잠 교수님입니다.

মিঃ ছল্সু, এ পাশে প্রফেসর
미스터: 철수, 에 바셰 쁘러페셔르

নিজাম।
니잠.

제가 제 친구 아미눌를 소개해 드려도 될까요?

আমি আমার বন্ধু আমিনুলকে
아미 아마르 번두 아미눌께

পরিচয় করিয়ে দিতে পারি?
뻐리쩌이 꺼리에 디떼 빠리?

이쪽은 니잠이고, 이쪽은 아미눌입니다.

এ পাশে নিজাম, আর এ পাশে
에 빠셰 니잠, 아르 에 빠셰

আমিনুল।
아미눌.

니잠씨, 아미눌씨 알아요?

মিঃ নিজাম,
미스터 니잠,

মিঃ আমিনুলকে চিনেন?
미스터 아미눌께 찌넨?

아미눌씨 이름만 들어봤어요.

মিঃ আমিনুলের নাম শুধু শুনেছি।
미스터 아미눌레르 남 슈두 슈네치.

아미눌씨는 니잠씨에 대해 들어 봤어요?

মিঃ আমিনুল,
미스터 아미눌,

মিঃ নিজাম সমন্ধে শুনেছেন?
미스터 니잠 서먼데 슈네첸?

저는 들어본 적 없어요.

আমি শুনিনি।
아미 슈니니.

아미눌씨, 저는 니잠이랑 초등학교에서 같이 공부했어요.

মিঃ আমিনুল, আমি নিজামের সাথে
미스터 아미눌, 아미 니자메르 샤테

এক সংগে প্রাইমারী স্কুলে পড়েছি।
엑 성게 쁘라이마리 스꿀레 뻐레치.

4. 오래만에 만났을 때 인사
অনেক দিন পর দেখা হলে সালাম

오랜만이에요.

অনেক দিন পরে দেখা হলো।
어넥 딘 뻐레 ㅇ데카 헐로.

잘 지내셨어요?

ভালো ছিলেন তো?
발로 칠렌 또?

못 만난 지 얼마나 됐죠?

কত দিন হলো দেখ হয়নি?
꺼떠 딘 헐로 데카 허이니?

못 만난 지 3년 됐어요.

৩ বছর হয়েছে দেখা হয়নি।
띤 버처르 허에체 데카 허이니.

이렇게 다시 만나게 될 줄 몰랐어요.

আবার এভাবে দেখা হবে জানতাম না।
아바르 에바베 데카 허베 잔땀 나.

살이 좀 빠진 것 같아요.

ফ্যাট একটু কমেছে মনে হয়।
패트 엑투 꺼메체 머네 허이.

얼굴이 더 좋아 보여요.

চেহারা আরো সুন্দর দেখা যায়।
쩨하가 아로 순더르 데카 자에.

얼굴이 그대로예요.

চেহারা একই রকম আছে।
제하라 엑이 거껌 아체.

전보다 더 예뻐졌어요.

আগের চেয়ে আরো সুন্দর হয়েছেন।
아게르 쩨에 아로 순더르 허에첸.

전보다 더 멋있어졌어요.

আগের চেয়ে আরো সুদর্শন হয়েছেন।
아게르 쩨에 아로 수더르썬 허에첸.

아직 같은 일 하세요?

এখনো একই কাজ করছেন?
에커노 엑이 까즈 꺼르첸?

네, 그대로예요.

হ্যা, একই রকম করছি।
해, 엑이 러껌 꺼르치.

아니오, 다른 직장으로 옮겼어요.

না, অন্য কাজ পরিবর্তন করেছি।
나, 언너 까즈 빠리버르떤 꺼레치.

가족들은 다 잘 지내죠?

পরিবারের সবাই ভালো আছেন?
빠리바레르 서바이 발로 아첸?

네, 잘 지내요.

হ্যা, ভালো আছেন।
해, 발로 아첸.

부모님은 건강하시죠?

বাবা মায়ের শরীর ভালো?
바바 마에르 셔리르 발로?

네, 두 분 다 건강하세요.

হ্যা, দুই জনের শরীরই ভালো আছেন।
해, 두이 저네르 셔리르이 발로 아첸.

5. 헤어질 때 인사
বিদায় নেওয়ার সময় সালাম

헤어질 때 বিদায়ের সময়

안녕히 계세요.
ভাল থাকেন।
발로 타껜.

안녕히 가세요.
ভালো যান।
발로 잔.

또 봐요.
আবারো দেখা হবে।
아바로 데카 허베.

수요일에 봐요.
বুধবার দেখা হবে।
부드바르 데카 허베.

오늘 재미있었어요.
আজ মজা হয়েছে।
아즈 머자 허에체.

조심해서 가세요.
সাবধানে যান।
삽다네 잔.

피곤할 텐데 푹 쉬세요.
ক্লান্ত হয়েছেন পুরাপুরি বিশ্রাম করেন।
글란떠 허에첸 뿌라 뿌리 비스람 꺼렌.

다시 만날 것을 기대하며 헤어질 때
আবার দেখা হওয়ার প্রত্যাশা নিয়ে বিদায় নেওয়ার সময়

우리 또 만나요.
আমাদের আবারো দেখা হবে।
아마데르 아바로 데카 허베.

나중에 봐요.
পরে দেখা হবে।
뻐레 데카 허베.

내일 봐요.
কাল দেখা হবে।
깔 데카 허베.

연락을 바랄 때
যোগাযোগ প্রত্যাশা করার সময়

전화하세요.
ফোন করিয়েন।
폰 꺼리엔.

연락하는 것 잊지마세요.
যোগাযোগ করতে ভুলবেন না।
조가족 꺼르떼 불벤 나.

집에 도착해서 전화드릴게요.
বাসায় পৌছে ফোন করবো।
바사에 뽀우체 폰 꺼르보.

집에 도착하자마자 전화할게요.
বাসায় পৌছানো মাত্র ফোন করবো।
바사에 뽀우차노 마뜨러 폰 꺼르보.

시간 있을 때 놀러 오세요.
সময় হলে বেড়াতে আসেন।
서머이 헐레 베라떼 아센.

가끔씩 연락하세요.

মাঝে মাঝে যোগাযোগ করবেন।
마제 마제 조가족 꺼르벤.

가족들에게 안부 전해주세요.

পরিবারের লোকদের আমার ছালাম
뻐리바레르 록데르 아미르 찰람

জানাবেন।
자나벤.

전송할 때
মেসেজ পাঠানোর সময়

좋은 여행되세요.

ভালো ভ্রমণ করেন।
발로 브러먼 꺼렌.

운전 조심하세요.

সাবধানে গাড়ী চালান।
삽다네 가리 짤란.

조심해서 가세요.

সাবধানে যান।
삽다네 잔.

안부를 전할 때
শুভেচ্ছা জানাতে বলার সময়

어머니께 안부 전해주세요.

আম্মাকে আমার ছালাম জানাবেন।
암마께 아마르 찰람 자나벤.

삼촌께 안부 전해주세요.

চাচাকে আমার সালাম জানাবেন।
짜짜께 아마르 찰람 자나벤.

저의 어머니께서 당신 어머니께 대신 안부 전해 달라고 하셨어요.

আমার আম্মা আপনার আম্মাকে
아마르 암마 아쁘나르 암마께

পরিবর্তে ছালাম জানাতে বলেছেন।
뻐리버르떼 찰람 자나떼 벌레첸.

6. 감사와 사과 인사
ধন্যবাদ ও অনুতাপ প্রকাশের সালাম

감사의 마음을 전할 때
ধন্যবাদের মন প্রকাশের সময়

감사합니다.

ধন্যবাদ
던너받.

대단히 감사합니다.

অসংখ্য ধন্যবাদ
어성커 던너받.

별 일 아닌데요.

তেমন কিছু না তো।
데먼 끼추 나 또.

도움에 감사 드립니다. 잊지 않을게요.

সাহায্য করার জন্য ধন্যবাদ জনাই।
사핫저 꺼라르 전너 던너받 자나이.

ভুলে যাবো না।
불레 자보 나.

감사의 마음으로 작은 선물을 하나 샀어요.

ধন্যবাদের মনে ছোট একটা উপহার কিনেছি।
던너바데르 머네 초터 엑타 우뻐하르 끼네치.

마음에 들었으면 좋겠어요.

পছন্দ হলে খুশী হতাম।
뻐천더 헐레 쿠쉬 허땀.

마음에 꼭 들어요.

অবশ্যই পছন্দ হয়েছে।
어버서이 뻐천더 허에체.

감사히 잘 쓸게요.

ধন্যবাদের সাথে ভালো ব্যবহার করবো।
던너바데르 사테 발로 배버하르 꺼르보.

사과할 때
ক্ষমা চাওয়ার সময়

죄송합니다.

দুঃখিত।
두키떠.

괜찮아요. 마음에 두지 마세요.

সমস্যা নাই। মনে রাখবেন না।
서머샤 나이. 머네 락벤 나.

제 잘못이에요.

আমার ভুল।
아마르 불.

괜찮아요. 잊어버리세요.

সমস্যা নাই। ভুলে যান।
서머샤 나이. 불레 잔.

뭐라고 사과의 말씀을 드려야 할지 모르겠어요.

অনুতাপের কথা কি বলতে হবে জানিনা।
어누따뻬르 꺼타 끼 벌떼 허베 자니나.

당신의 동생에게 사과하고 싶습니다.

আপনার ছোট ভাইয়ের কাছে ক্ষমা চাইতে চাই।
아쁘나르 초터 바이에르 까체 커마 짜이떼 짜이.

고의가 아니었어요.

ইচ্ছা করে করিনি।
이차 꺼레 꺼리니.

한 번만 용서해 주세요. 부탁이에요.

একবার শুধু ক্ষমা করে দেন। অনুরোধ করছি।
엑바르 슈두 커마 꺼레 덴. 어누롣 꺼르치.

이번만 용서해 드릴게요.

এবার শুধু ক্ষমা করবো।
에바르 슈두 커마 꺼르보.

다시는 그러지 않겠다고 맹세할게요.

আবার অমনটা না করার প্রতিজ্ঞা করবো।
아바르 어먼타 나 꺼라르 쁘띡가 꺼르보.

이번이 마지막이에요.

এবার শেষ বার।

에바르 셰쉬 바르.

7. 축하와 환영 인사
অভিনন্দন ও স্বাগতম জানানোর সালাম

축하할 때
অভিন্দন জানানোর সময়

축하합니다.

অভিন্দন জানাই।

어비넌던 자나이.

오늘 축하할 일이 있어요.

আজ অভিন্দন জানানোর বিষয়

아즈 어비넌던 자나노르 비셔이

আছে।

아체.

생일을 진심으로 축하합니다.

আন্তরিক ভাবে জন্মদিনের শুভেচ্ছা

안떠릭 바베 전머디네르 슈베짜

জানাই।

자나이.

승진을 진심으로 축하합니다.

আন্তরিক ভাবে জন্মদিনের সালাম

안떠릭 바베 전머디네르 살람

জানাই।

자나이.

새해를 축하드립니다.

নতুন বছরের শুভেচ্ছা জানাই।

너뚠 버처레르 슈베짜 자나이.

결혼을 축하해요.

বিয়ের জন্য অভিন্দন জানাই।

비에르 전너 어비넌던 자나이.

새 집 장만을 축하해요.

নতুন বাড়ি কেনার জন্য অভিন্দন

너뚠 바리 께나르 전너 어비넌던

জানাই.

자나이.

당신에게 행운이 있길…

আপনার মঙ্গল হোক

아쁘나르 멍걸 혹

환영할 때
স্বাগতম জানানোর সময়

환영합니다.

স্বাগতম।

샤거떰.

한국에 오신 걸 환영합니다.

কোরিয়ায় আসার জন্য স্বাগতম

꼬리아에 아사르 전너 샤거떰

জানাই।

자나이.

큰 박수로 환영합니다.

জোরে করতালি দিয়ে স্বাগতম

조레 꺼러딸리 디에 샤거떰

জানাই।

자나이.

PART 2

화술 표현

1. 말문을 틀 때
2. 질문과 설명
3. 의문
4. 맞장구
5. 되물음

ভ্রমণে আসা লোকদের সাথে কথা বলার সময়

A	কবে এসেছেন? 꺼베 에세첸?	A	언제 오셨어요?
B	গত সপ্তাহে এসেছি। 거떠 셔쁘따헤 에세치.	B	지난 주에 왔어요.
A	কোথা থেকে এসেছেন? 꼬타 테께 에세첸?	A	어디서 왔어요?
B	কোরিয়া থেকে এসেছি। 꼬리아 테께 에세치.	B	한국에서 왔어요.
A	কার সাথে এসেছেন? 까르 샤테 에세첸?	A	누구랑 왔어요?
B	বন্ধুর সাথে এসেছি। 번두르 샤테 에세치.	B	친구랑 왔어요.
A	কি কাজ করেন? 끼 까즈 꺼렌?	A	무슨 일 하세요?
B	ব্যাঙ্কে চাকুরি করি। 뱅께 짜꾸리 꺼리.	B	은행에서 일해요.
A	বাংলাদেশে কেনো এসেছেন? 방글라데세 께노 에세첸?	A	방글라데시에는 왜 오셨어요?
B	বেড়াতে এসেছি। 베라떼 에세치.	B	여행 왔어요.
A	কোরিয়া থেকে বাংলাদেশ 꼬리아 테께 방글라데시 পর্যন্ত কত সময় লাগে? 뻐르전떠 꺼떠 서머이 나게?	A	한국에서 방글라데시 까지 얼마나 걸려요?
B	ষোলো ঘন্টা লাগে। 솔로 건타 나게.	B	16시간 걸려요.

1. 말문을 틀 때
কথা শুরু করার সময়

실례합니다.

মাফ করবেন।

맢 꺼르벤.

날씨가 좋죠.

আবহাওয়া ভালো।

아버하오아 발로.

비가 올 것 같아요.

বৃষ্টি আসবে মনে হয়।

브리스티 아스베 머네 허에.

몇 시예요?

কয়টা বাজে?

꺼에타 바제?

(담배) 불 있으세요?

লাইটার আছে কি?

라이타르 아체 끼?

도와 드릴까요?

সাহায্য করবো কি?

사핮저 꺼르보 끼?

뭐 필요한 거 있으세요?

কিছু প্রয়োজন আছে কি?

끼추 쁘러오전 아체 끼?

잠깐 시간 있으세요?

একটু সময় হবে কি?

엑투 서머에 허베 끼?

잠깐만 얘기 좀 할 수 있을까요?

দয়া করে একটু কথা বলতে পারেন?

더야 꺼레 엑투 꺼타 벌떼 빠렌?

오늘이 무슨 요일이죠?

আজ কি বার যেন?

아즈 끼 바르 제노?

오늘 날짜가 어떻게 되죠?

আজ তারিখ কত হবে?

아즈 따리크 꺼떠 허베?

우리 전에 서로 본 적 있지 않나요?

আমাদের আগে একে অপরের দেখা হয়েছিল না?

아마데르 아게 에께 어뻐레르 데카 허에칠로 나?

혹시 저 모르세요?

সম্ভাবত আমাকে জানেন?

섬버버떠 아마께 자넨?

2. 질문과 설명
প্রশ্ন এবং বর্ননা

질문을 주고 받을 때
প্রশ্ন বিনিময়ের সময়

질문 있으세요?

প্রশ্ন আছে কি?

쁘러스노 아체 끼?

PART 2 • 화술 표현

하나만 여쭤봐도 될까요?

একটা মাত্র জানতে চাইতে পারি কি?

엑타 마뜨러 잔떼 짜이떼 빠리?

네, 그렇게 하세요.

হ্যা, পারেন।

해, 빠렌.

다른 질문 없으세요?

অন্য প্রশ্ন নাই?

언너 쁘러스노 나이?

질문 있으면 손 들고 말씀하세요.

প্রশ্ন থাকলে হাত তুলে কথা বলেন।

쁘러스노 타끌레 하뜨 뚤레 꺼타 벌렌.

좋은 질문입니다.

ভালো প্রশ্ন।

발로 쁘러스노.

설명할 때 বর্ণনা করার সময়

가능하면 빨리 답변해 드릴게요.

সম্ভব হলে জলদি উত্তর দিবো।

섬법 헐레 절디 우떠르 디보.

더 자세히 말씀해 주시겠어요?

আরো বিস্তারিত বলে দিবেন?

아로 비스따리떠 벌레 디벤?

죄송합니다. 그 이상은 말씀드릴 수 없습니다.

দুঃখিত। এর চেয়ে বেশী বলার কিছু নাই।

두키떠. 에르 쩨에 베쉬 벌라르 끼추 나이.

다시 한 번 설명해 주시겠어요?

আবার একবার বর্নানা করে দিবেন কি?

아바르 엑바르 버르너나 꺼레 디벤 끼?

잘 들으세요.

ভালো শুনেছি।

발로 쉬네치.

한 번 더 설명하겠습니다.

আরো একবার বর্নানা করে দিবেন।

아로 엑바르 버르너나 꺼레 디벤.

3. 의문

প্রশ্ন সূচক

언제 কখন

언제 오셨어요?

কবে এসেছেন?

꺼베 에세첸?

지난 주에 왔어요.

গত সপ্তাহে এসেছি।

거떠 섭따헤 에세치.

언제가 좋으세요?

কবে ভালো হয়?

꺼베 발로 허에?

내일 어떠세요?

কাল কেমন হয়?

깔 께먼 허에?

언제 만날까요?

কবে দেখা করবো?

꺼베 데카 꺼르보?

아무 때나 괜찮아요.

যে কোন দিন অসুবিধা নাই।

제 꼬너 딘 어수비다 나이.

생일이 언제예요?

জন্মদিন কবে?

전머딘 꺼베?

어디 কোথায়

어디에서 오셨어요?

কোথা থেকে এসেছেন?

꼬타 테께 에세첸?

한국에서 왔어요.

কোরিয়া থেকে এসেছি।

꼬리아 테께 에세치.

어디로 가세요?

কোথায় যাবেন?

꼬타에 자벤?

인도로 가요.

ইন্ডিয়া যাবো।

인디아 자보.

어디에 사세요?

কোথায় বসবাস করেন?

꼬타에 버서바스 꺼렌?

다카에 살아요.

ঢাকায় বসবাস করি।

다카에 버서바스 꺼리.

어디까지 가세요?

কোন পর্যন্ত যাবেন?

꼰 뻐르준떠 자벤?

버나니까지 가요.

বনানী পর্যন্ত যাবো।

버나니 뻐르전뚜 자보.

누구 কে

누구세요?

কে?

께?

저는 니잠라고 합니다.

আমি নিজাম।

아미 니잠.

저 분은 누구세요?

উনি কে?

우니 께?

저 분은 제 선생님이세요.

উনি আমার শিক্ষক।

우니 아마르 시컥.

누구와 함께 오셨어요?

কার সাথে এসেছেন?

까르 사테 에세첸?

친구와 함께 왔어요.

বন্ধুর সাথে একসাথে এসেছি।

번두르 사테 엑사테 에세치.

무엇 কি

이게 뭐예요?

এটা কি?

에타 끼?

이것은 선물이에요.

এটা উপহার।

에타 우뻐하르.

저 건물은 뭐예요?

ঐ বিল্ডিংটা কি?

오이 빌딩타 끼?

저 건물은 학교예요.

ঐ বিল্ডিংটা স্কুল।

오이 빌딩타 스꿀.

무슨 일을 하세요?

কি কাজ করেন?

끼 까즈 꺼렌?

은행에서 일해요.

ব্যাংকে কাজ করি।

뱅께 가즈 꺼리.

음식 만드는데 무엇이 필요해요?

খাবার তৈরী করতে কি দরকার হবে?

카바르 떠이리 꺼르떼 끼 더르까르 허베?

콩, 감자, 소금이 필요해요.

শিমের বীচি, আলু, লবণ দরকার

시메르 비찌, 알루, 러번 더르까르

হবে।

허베.

무엇을 타고 가세요?

কিসে চড়ে যাবেন?

끼세 짜레 자벤?

버스 타고 가요.

বাসে চড়ে যাবো।

바세 쩌레 자보.

왜 কেন

한국에 왜 오셨어요?

কোরিয়ায় কেনো এসেছেন?

꼬리아에 께노 에세첸?

일을 하러 왔어요.

কাজ করতে এসেছি।

까즈 꺼르떼 에세치.

왜 그러세요?

কেনো এমন করেন?

께노 에먼 꺼렌?

다리가 아파서 그래요.

পায়ে ব্যাথা এইজন্য।

빠에 배타 에이전노.

왜 웃으세요?

কেনো হাসেন?

께노 하센?

기분이 좋아서요.

মন ভালো।

먼 발로.

어떻게 কিভাবে

어떻게 오셨어요?

কিভাবে এসেছেন?

끼바베 에세첸?

사장님을 만나러 왔어요.

মালিকের সাথে দেখা করতে এসেছি।

말리께르 샤테 데카 꺼르떼 에세치.

어떤 일을 하고 싶으세요?

কি কাজ করতে চান?

끼 까즈 껄떼 짠?

컴퓨터 쪽 일을 하고 싶어요.

কম্পিউটর বিষয়ক কাজ করতে চাই।

껌피우터르 비서얶 까즈 껄떼 짜이.

오이 1kg에 얼마예요?

শসা ১ কেজির দাম কত?

셔사 엑 께지르 담 꺼떠?

킬로에 10타까예요.

এক কেজিতে ১০টাকা লাগে।

엑 께지떼 더쉬 타까 라게.

얼마나 কতক্ষণ

고빨건즈에서 다카까지 얼마나 걸려요?

গোপালগঞ্জ থেকে ঢাকা যেতে সময় কত লাগে?

고빨건저 테께 다카 제떼 서머에 꺼떠 라게?

버스로 시간쯤 걸려요.

বাসে ৫ঘন্টা লাগে।

바세 빠쯔 건타 라게.

에베레스트는 얼마나 높아요?

এভারেস্টের উচ্চতা কত?

에바레스테르 우쩌따 꺼떠?

8848m 입니다.

৮৮৪৮ মিটার।

아트 하자르 아트쉬떠 아트 쩔리쉬 미타르.

세계에서 제일 높아요.

পৃথিবীতে সবচেয়ে উঁচু

쁘리티비떼 섭쩨에 우쭈.

버스 정류장은 여기서 얼마나 멀어요?

বাস স্টপেজ এখান থেকে কত দূর?

바스 스터뻬즈 에칸 테께 꺼떠 두르?

그렇게 멀지 않아요. 걸어서 10분 정도 걸려요.

তেমন দূরে নয়।

떼먼 두레 너에.

হেটে গেলে ১০ মিনিটের মত লাগে।

헤테 겔레 더쉬 미니테르 머떠 라게.

입장료는 얼마예요?

প্রবেশ ফি কত?

쁘러베쉬 피 꺼떠?

1인당 200 루피예요.

জন প্রতি ২০০ টাকা।

전 쁘러띠 두이쇼 타카.

몇 시예요?

কয়টা বাজে?

꺼에타 바제?

오후 3시예요.

বিকাল ৩টা বাজে।
비깔 띤타 바제.

어느 কোন

어떤 음식을 좋아하세요?

কোন ধরনের খাবার পছন্দ করেন?
꼰 더러네르 카바르 뻐천더 꺼렌?

난과 커리를 좋아해요.

নান্ এবং মসলা যুক্ত খাবার পছন্দ
난 에벙 머슬라 죽떠 카바르 뻐천더

করি।
꺼리.

저녁에 어떤 영화를 보고 싶어요?

সন্ধ্যায় কোন সিনেমা দেখতে চান?
선다에 꼰 시네마 덲떼 짠?

인도 영화를 보고 싶어요.

ইন্ডিয়ান সিনেমা দেখতে চাই।
인디안 시네마 덲떼 짜이.

어떤 스타일을 좋아하세요?

কোন ধরনেরটা পছন্দ করেন?
꼰 더러네르타 뻐천더 꺼렌?

깔끔한 스타일을 좋아해요.

পরিচ্ছন্ন স্মার্ট ধরনেরটা পছন্দ
뻐리천노 스마트 더러네르타 뻐천더

করি।
거리.

4. 맞장구

মত প্রকাশ

부정 না সূচক

말도 안 돼요.

ভাষায় প্রকাশ করার নয়।
바샤에 쁘러까쉬 꺼라르 너에.

저는 당신의 의견에 반대예요.

আমি আপনার মতামতের
아미 아쁘나르 머따머떼르

বিপরীতে।
비뻐리떼.

저는 동의할 수 없어요.

আমি রাজি হতে পারি না।
아미 라지 허떼 빠리나.

이해할 수 없어요.

বুঝতে পারি না।
부즈떼 빠리 나.

저는 그렇게 생각하지 않아요.

আমি ঐ রকম চিন্তা করি না।
아미 오이 러껌 찐따 꺼리 나.

그게 무슨 의미죠?

ওটার মানে কি?
오타르 마네 끼?

긍정 হ্যাঁ সূচক

저는 당신의 의견에 찬성이에요.

আমি আপনার সাথে একমত।

아미 아쁘나르 사테 엑머뜨.

맞아요.

ঠিক আছে।

틱 아체.

당연하죠.

অবশ্যই একমত।

어버셔이 엑머뜨.

동의합니다.

রাজি আছি।

라지 아치.

이해해요.

বুঝতে পারি।

부즈떼 빠리.

저도 그렇게 생각해요.

আমিও ঐ রকম চিন্তা করি।

아미오 오이 러껌 찐따 꺼리.

보류 বজায় রাখা

아마도요.

সম্ভাবত

썸바버떠.

아직 잘 모르겠어요.

এখনো ভালো বুঝিনি।

에컨오 발로 부지니.

조금만 더 생각해 볼게요.

আরো একটু চিন্তা করে দেখবো।

아로 엑투 진따 꺼레 뎈보.

5. 되물음

পুনরায় জিজ্ঞাসা

되물을 때
পুনরায় জিজ্ঞাসা করার সময়

뭐라고요?

কি বলেছেন?

끼 벌레첸?

무슨 의미세요?

মানে কি?

마네 기?

다시 한번 말해 달라고 할 때
আবার একবার শুনতে চাইলে

다시 한 번만 말씀해 주세요.

আবার একবার বলে দেন।

아바르 엑바르 벌레 덴.

더 천천히 말씀해 주세요.

আরো আস্তে আস্তে বলেন।

아로 아스떼 아스떼 벌렌.

여기에 써 주세요.

এখানে লিখে দেন।

에카네 리케 덴.

이해가 안 돼요.

বুঝি না।

부지 나.

PART 3

의견 표현

1. 의견과 견해
2. 주의와 타이름
3. 충고와 의무
4. 제안과 권유
5. 부탁과 도움
6. 지시와 명령
7. 추측과 확신
8. 허가와 양해
9. 희망과 의지

응용 대화 3 | 트레킹 가이드와 대화

ব্যবহারিক কথোপকথন

হেটে ভ্রমণ করা গাইডের সাথে কথোপকথন

A (람) / B (니르)

A পানীয় এক গ্লাস দিবো?
빠니어 엑 글라스 디보?
A 음료수 한 잔 드릴까요?

B হ্যাঁ, শুধু এক গ্লাস দেন।
해, 수두 엑 글라스 덴.
B 네, 한 잔만 주세요.

A হেটে ভ্রমণে যাবেন?
헤테 브러머네 자벤?
A 트래킹을 가시겠습니까?

B হ্যাঁ, যাব।
해, 자보.
B 네, 갈 거예요.

A কোথায় যাবেন?
꼬타에 자벤?
A 어디로 갈 거예요?

B সুন্দরবন যাবো।
순더르번 자보.
দয়া করে গাইড করে দেবেন?
더야 꺼레 가이드 꺼레 데벤?
B 순더르버네 갈 거예요. 안내 좀 해 주시겠어요?

A অবশ্যই।
어버셔이.
A 물론이죠.

B সুন্দরবন পর্যন্ত কত সময় লাগে?
순더르번 뻐르전뚜 꺼떠 서머에 라게?
B 순더르번 까지 얼마나 걸려요?

A ৫ ঘন্টার মত লাগে।
빠쯔 건타르 머떠 라게.
A 약 5시간 정도 걸려요.

1. 의견과 견해
মত অভিমত

자신의 의견과 견해를 말하고자 할 때
নিজের মতামত প্রকাশের সময়

제 생각에는…
আমার মতে-
아마르 머떼…

제 관점에는…
আমার দৃষ্টিভংগিতে-
아마르 드리스티벙기떼…

사실상…
প্রকৃত পক্ষে-
쁘러끄리떠 뻑케…

내가 말하고자 하는 것이 무엇이냐면…
আমি যে কথা বলতে চাই সেটা হলো-
아미 제 꺼타 벌떼 짜이 세타 헐로…

의견과 견해를 물을 때
মতামত জানতে চাওয়ার সময়

어떻게 생각하세요?
কিভাবে চিন্তা করেন?
끼 바베 찐따 꺼렌?

같은 생각이세요?
একই রকম চিন্তা করেন?
에끼 러껌 찐따 꺼렌?

다른 의견이 있나요?
অন্য মতামত আছে কি?
언너 머따머뜨 아체 끼?

제 입장이라면 어떻게 하시겠어요?
আমার জায়গায় আপনি হলে কি করতেন?
아마르 자에가에 아쁘니 헐레 끼 꺼르뗀?

이 문제에 대해 해줄 말이 더 있으세요?
এই সমস্যা সমন্ধে বলার আর কিছু আছে কি?
에이 서머샤 서먼데 벌라르 아르 끼추 아체 끼?

의견에 대해 긍정할 때
মতামতে সম্মতি প্রকাশের সময়

저도 같은 생각이에요.
আমিও একই রকম চিন্তা করি।
아미오 에끼 러껌 찐따 꺼리.

네, 이해합니다.
হ্যাঁ, বুঝতে পেরেছি।
해. 부즈떼 뻬레치.

의견에 대해 부정할 때
মতামতে অসম্মতি প্রকাশের সময়

저는 반대예요.
আমি এর বিপরীতে।
아미 에르 비뻐리떼.

저는 이해할 수 없어요.

আমি বুঝতে পারি না।
아미 부즈떼 빠리 나.

그 생각은 불가능해요.

ঐ চিন্তা চলবেনা।
외 찐따 쩔베나.

2. 주의와 타이름
সাবধানতা ও উপদেশ

입에 음식물을 넣고 말하지 마세요.

মুখে খাবার নিয়ে কথা বলবেন না।
무케 카바르 니에 꺼타 벌벤 나.

입에 음식물을 넣고 말하지 마.

মুখে খাবার নিয়ে কথা বলবে না।
무케 카바르 니에 꺼타 벌베 나.

학교에 늦지 마세요.

স্কুলে দেরীতে আসবেন না।
이스쿨레 데리떼 아스벤 나.

학교에 늦지 마.

স্কুলে দেরীতে আসবে না।
이스쿨레 데리떼 아스베 나.

탑은 오른쪽으로 도세요.

টাওয়ারটা ডাইনে রেখে দাড়ান।
타와르타 다이네 레케 다란.

탑은 오른쪽으로 돌아라.

টাওয়ারটা ডাইনে রেখে দাড়াও।
다워르터 다이네 레케 다란.

소고기를 먹지 마세요.

গরুর মাংস খাবেন না।
거루르 망서 카벤 나.

소고기를 먹지 마라.

গরুর মাংস খাবে না।
거루르 망서 카베 나.

길에서 담배를 피지 마세요.

রাস্তায় ধুম পান করবেন না।
라스따에 둠 빤 꺼르벤 나.

길에서 담배피지 마.

রাস্তায় ধুম পান করবে না।
라스따에 둠 빤 꺼르배 나.

다른 사람에게 화를 내지 마세요.

অন্য লোকের উপর রাগ করবেন
언노 로께르 우뻐르 락 꺼르벤

না।
나.

친구에게 화를 내지 마세요.

বন্ধুর উপর রাগ করবেন না।
번두르 우뻐르 락 꺼르벤 나.

3. 충고와 의무
উপদেশ ও কর্তব্য

충고할 때/ উপদেশ দেওয়ার সময়

내가 당신이었다면 그것을 다른 방식을 했을 것입니다.

আমি আপনার জায়গায় হলে ওটা
아미 아쁘나르 자에가에 헐레 오타

অন্য ভাবে করতাম।
언노 바베 꺼르땀.

내가 너였다면 그것을 하지 않았을 거야.

আমি তোমার জায়গায় হলে ওটা
아미 또마르 자에가에 헐레 오타

করতাম না।
꺼르땀 나.

그렇게 하지 말라고 내가 몇 번을 말했니?

ওরকম না করার জন্য কত বার
오러껌 나 꺼라르 전너 꺼떠 바르

বলেছি?
벌레치?

어린이처럼 행동하지 마.

বাচ্চাদের মত আচরণ করবে না।
바짜데르 머떠 아쩌런 꺼르베 나.

넌 인생을 낭비하고 있어.

তোমার জীবন নষ্ট করে চলেছো।
또마르 지번 너스터 꺼레 쩔레초.

의무, 당연을 나타낼 때 কর্তব্য যথাযথ প্রকাশ করতে

늦지 않으려면 서둘러야만 한다.

দেরী করতে না চাইলে জলদি করতে
데리 꺼르떼 나 짜일레 절디 꺼르데

হবে।
허베.

운전은 천천히 해야만 한다.

গাড়ী আস্তে আস্তে চালাতে হবে।
가리 아스떼 아스떼 짤라데 허베.

한국에서 남자들은 스무 살이 되면 군대에 가야 합니다.

কোরিয়াতে ছেলেদের বয়স বিশ
꼬리아떼 첼레데르 버어스 비쉬

বছর হলে আর্মিতে যেতে হয়।
버처르 헐레 아르미떼 제떼 허에.

도서관에서는 조용히 해야만 합니다.

পাঠাগারে নিরব থাকতে হয়।
빠타가레 니럽 탁떼 허에.

비행기에서는 금연이다.

বিমানের মধ্যে ধূমপান নিষেধ।
비마네르 머데 둠빤 니쉗.

비밀 지킬 것을 강조할 때 গোপনতা রক্ষায় জোর দেওয়ার সময়

이것은 비밀입니다.

এটা গোপন বিষয়।
에타 고뻔 비쉬에.

다른 사람에게 말하지 마세요.

অন্য লোকের কাছে বলবেন না।

언너 로께르 까체 벌벤 나.

아무에게도 말하지 않을게요.

কাউকে বলবো না।

까우께 벌보 나.

4. 제안과 권유
প্রস্তাব এবং আমন্ত্রণ

음료수 한 잔 드릴까요?

পানীয় এক গ্লাস দিবো?

빠니어 액 글라스 디보?

네, 한 잔만 주세요.

হ্যাঁ, শুধু এক গ্লাস দেন।

하, 수두 액 글라스 덴.

괜찮습니다.

সমস্যা নাই।

서머샤 나이.

지금은 배가 불러서요.

এখন পেট ভরা।

에컨 뻬트 버라.

어디 둘러 가시겠습니까?

কোথাও বেড়াতে যাবেন কি?

꼬타오 베라떼 자벤 끼?

네, 갈 거예요.

হ্যাঁ, যাবো।

하, 자보.

커스바자르 해변로 유명합니다.
가 보시겠습니까?

কক্সবাজার সমুদ্র সৈকত হিসাবে

꺽스바자르 서무드러 서이꺼뜨 히사베

বিখ্যাত, যাবে কি?

비캬떠, 자벤 끼?

네, 가 보고 싶어요. 안내 좀 해 주시겠어요?

হ্যাঁ, গিয়ে দেখতে মন চায়। দয়া করে

하, 기에 덱떼 먼 짜에. 더야 꺼레

গাইড করে দিবেন কি?

가이드 꺼레 디벤 끼?

5. 부탁과 도움
অনুরোধ ও সহায়তা

좀 도와 주세요.

দয়া করে সাহায্য করেন।

더야 꺼레 사하저 꺼렌.

큰 소리로 말씀해 주세요.

জোরে শব্দ করে বলেন।

조레 셥더 꺼레 벌렌.

소금을 좀 전해주시겠어요?

দয়া করে এদিকে লবণ দিবেন?

더야 꺼레 에디께 러번 디벤?

물론이죠.

অবশ্যই দিবো।

어버셔이 디보.

포크 하나만 가져다 주시겠어요?

কাঁটা চামচ একটা এনে দিবেন কি?
까타 짜머쯔 액타 에네 디벤 끼?

네, 그렇게 하죠.

হ্যাঁ, তাই করবো।
하, 따이 꺼르보.

미안한데, 문 좀 닫아 줄래요.

দুঃখিত, দয়া করে দরজাটা বন্ধ করে
두키떠, 더야 꺼레 더러자타 번더 꺼레

দিবেন।
디벤.

제가 길을 잃은 것 같습니다. 도와주실 수 있나요?

আমি রাস্তা ভুলে গিয়েছি মনে হয়।
아미 라스따 불레 기에치 머네 허에.

সাহায্য করতে পারেন?
사하저 꺼르떼 빠렌?

죄송합니다. 저도 길을 잘 몰라서요.

দুঃখিত, আমিও রাস্তা ভালো জানি না।
두키떠, 아미오 라스따 발로 자니 나.

죄송한데, 가방을 선반 위에 올리는 것을 도와 주실 수 있나요?

দুঃখিত, ব্যাগটা তাঁকের উপর
두키떠, 백타 따께르 우뻐르

উঠাতে সাহায্য করতে পারেন?
우타떼 사하저 꺼르떼 빠렌?

TV 볼륨 좀 낮춰 주세요.

টেলিভিশনের ভোলুম দয়া করে
텔리비셔네르 볼룸 더야 꺼레

কমিয়ে দেন।
꺼미에 덴.

6. 지시와 명령

আদেশ ও নির্দেশনা

조용히 하세요.

নিরব থাকুন।
니럽 타꾼.

조용히 해라.

নিরব থাকো।
니럽 타꼬.

왼쪽으로 도세요.

বাম দিকে ঘোরেন।
밤 디께 고렌.

왼쪽으로 돌아라.

বাম দিকে ঘোরো।
밤 디께 고로.

곧장 가세요.

সোজা যান।
소자 잔.

곧장 가라.

সোজা যাও।
소자 자오.

면허증 보여 주세요.

দয়া করে লাইসেন্স দেখান।
더야 꺼레 라이선스 데칸.

잠깐 내리세요.

এক মুহূর্ত নামেন।
액 무후르떠 나멘.

잠깐 내려라.

এক মুহূর্ত নামো।
액 무후르떠 나모.

잘 들으세요.

ভালো ভাবে শুনেন।
발로 바베 슈넨.

잘 들어라.

ভালো ভাবে শুনো।
발로 바베 슈노.

식사 하세요.

ভাত খান।
바뜨 칸.

밥 먹어라.

ভাত খাও।
바뜨 카오.

늦게 오지 마세요.

দেরিতে আসবেন না।
데리떼 아스벤 나.

늦게 오지 마라.

দেরিতে আসবে না।
데리떼 아스베 나.

움직이지 마세요.

নড়াচড়া করবেন না।
너라쩌라 꺼르벤 나.

움직이지 마라.

নড়াচড়া করবে না।
너라쩌라 꺼르베 나.

7. 추측과 확신
অনুমান ও নিশ্চয়তা

확신을 물을 때
নিশ্চিত না হওয়ার সময়

확실해요?

আপনি কি নিশ্চিত?
아쁘니 끼 니스찌뜨?

맞아요?

ঠিক আছে কি?
틱 아체 끼?

그것을 정확히 봤어요?

ওটা সঠিক ভাবে দেখেছেন কি?
오타 서틱 바베 데케첸 끼?

그것을 정확히 들었어요?

ওটা সঠিক ভাবে শুনেছেন কি?
오타 서틱 바베 슈네첸 끼?

확신할 때
নিশ্চিত হওয়ার সময়

네, 확실합니다.

হ্যাঁ, আমি নিশ্চিত।
해, 아미 니스찌뜨.

분명히 맞습니다.

অবশ্যই ঠিক আছে।
어버쉬이 틱 아체.

제가 직접 정확히 봤어요.

আমি নিজে সঠিক ভাবে দেখেছি।

아미 니제 서틱 바베 데케치.

진짜로요.

সত্যি বলছেন?

서띠 벌레첸?

확신하지 못 할 때
নিশ্চিত হতে না পারার সময়

아니오, 확실히 아닙니다.

না, আমি নিশ্চিত নই।

나, 아미 니스찌뜨 너이.

아마도 아닐 것입니다.

সম্ভাবত না।

섬바버떠 나.

믿을 수 없습니다.

বিশ্বাস করতে পারি না।

비스샤스 꺼르떼 빠리 나.

여기에는 많은 의문이 있어요.

এখানে অনেক প্রশ্ন আছে।

에카네 어넥 쁘러스너 아체.

8. 허가와 양해
অনুমতি এবং স্বীকৃতি

제게 허락해 주시겠어요?

আমাকে অনুমতি দিবেন কি?

아마께 어누머띠 디벤 끼?

잠시만 기다려주세요.

একটু অপেক্ষা করেন।

액투 어뻬카 꺼렌.

부탁을 하나 들어 주시겠어요?

একটা অনুরোধ রাখবেন কি?

액타 어누로드 랔벤 끼?

생각을 좀 해 보고요.

একটু চিন্তা করে দেখি।

액투 찐따 꺼레 데키.

담배를 피울 수 있을까요?

ধূমপান করতে পারি কি?

둠빤 꺼르떼 빠리 끼?

여기서는 담배를 피울 수 없습니다.

এখানে ধূমপান করা যাবে না।

에카네 둠빤 꺼라 자베 나.

제가 들어가도 괜찮을까요?

আমি ভিতরে গেলে সমস্যা নাইতো?

아미 비떠레 겔레 서머샤 나이또?

네, 들어 오세요.

না, ভিতরে আসেন।

나, 비떠레 아센.

아니오, 외국인은 들어올 수 없습니다.

না, বিদেশীরা ভিতরে আসতে
나. 비데시라 비떠레 아스떼

পারবেন না।
빠르벤 나.

화장실을 사용해도 되겠습니까?

টয়লেট ব্যবহার করতে পারি কি?
터일레트 배버하르 꺼르떼 빠리 끼?

전화를 사용할 수 있을까요?

ফোন ব্যবহার করতে পারি কি?
폰 배버하르 꺼르떼 빠리 끼?

네, 1분에 10타까입니다.

হ্যাঁ, এক মিনিটে দশ টাকা।
하, 액 미나테 더쉬 타까.

여기서 인터넷을 좀 사용할 수 있을까요?

এখান থেকে ইন্টারনেট ব্যবহার
에칸 테게 인터넷 배버하르

করা যাবে কি?
꺼라 자베 끼?

네, 1시간에 30타까입니다.

হ্যাঁ, এক ঘণ্টায় আশি টাকা।
하, 액 건타에 아시 타까.

9. 희망과 의지

আশা ও প্রত্যাশা

내일 비가 왔으면 좋겠다.

কাল বৃষ্টি আসলে ভালো হতো।
깔 브리스티 아슬레 발로 허또.

난 유명한 가수가 되고 싶다.

আমি বিখ্যাত গায়ক হতে চাই।
아미 비카떠 가의억 허떼 짜이.

돈을 많이 벌고 싶다.

অনেক টাকা রোজগার করতে চাই।
어넥 타까 러즈가르 꺼르떼 짜이.

순더르버에 여행 가고 싶다.

সুন্দরবনে ভ্রমণে যেতে চাই।
순더르번에 브러머네 제떼 짜이.

맛있는 방글라데시 음식을 먹고 싶다.

মজাদার বাংলাদেশী খাবার খেতে
머자다르 방글라데시 카바르 케떼

চাই।.
짜이.

미국에 가서 공부하고 싶다.

আমেরিকা গিয়ে লেখাপড়া করতে
아메리까 기에 레카빠라 꺼르떼

চাই।
짜이.

PART 4

감정 표현

1. 기쁨과 즐거움
2. 걱정과 긴장
3. 슬픔과 우울함
4. 귀찮음과 불편
5. 망각, 후회와 실망
6. 감탄과 칭찬
7. 격려와 의무
8. 좋아함과 싫어함

응용 대화 ④ | 걱정하는 친구 위로하기
ব্যবহারিক কথোপকথন
দুশ্চিন্তা করা বন্ধুকে শান্ত্বনা দেওয়া

A (마문) / B (비나)

A আগামীকাল পরীক্ষার জন্য
아가미깔 뻐리카르 전너
দুঃশ্চিন্তা হচ্ছে।
두스찐따 허쯔체.

A 내일 시험 때문에 걱정이 돼요.

B কেন এমন ছোট কাজের
께너 에먼 초터 까제르
জন্য দুঃশ্চিন্তা করেন?
전너 두스찐다 꺼렌?

B 왜 그렇게 작은 일 때 문에 걱정하세요?

দুঃশ্চিন্তা করবেন না।
두스찐따 꺼르벤 나.

걱정하지 마세요.

আমি সাহায্য করবো।
아미 사핮저 꺼르보.

제가 도와 줄게요.

A সত্যি ধন্যবাদ।
섯띠 던너바드.

A 정말 고마워요.

B কি ধরনের খাবার পছন্দ
끼 더러네르 카바르 뻐천더
করেন?
꺼렌?

B 어떤 음식 좋아하세요?

A আমি বাংলাদেশী খাবার
아미 방글라데시 카바르
পছন্দ করি।
뻐천너 꺼리.

A 저는 방글라데시 음식 좋아요.

B তাহলে চলেন বাংলাদেশী
따헐레 쩔렌 방글라데시
খাবার খেতে যাই।
카바르 케떼 자이.

B 그러면 방글라데시 음식 먹으러 가요.

খাওয়ার পর মন ভালো হয়ে
카와르 뻐르 먼 발러 허에
যাবে।
자베.

먹고 나면 기분이 나아질 거예요.

1. 기쁨과 즐거움
খুশী ও আনন্দ

행복해요.

সুখী হন।
수키 헌.

제 인생에서 이렇게 행복한 순간은 없었어요.

আমার জীবনে এমন সুখের মুহূর্ত
아마르 지버네 에먼 수케르 무후르떠

ছিল না।
칠러 나.

너무 기뻐요.

অনেক খুশী হয়েছি।
어넥 쿠시 허에치.

너무 좋아서 눈물이 날 것 같아요.

অনেক খুশীতে চোখে পানি আসার
어넥 쿠시떼 쪼케 빠니 아사르

মত।
머떠.

정말 즐거워요.

সত্যিই মজা
서띠이 머자.

너무 좋아요.

অনেক ভালো।
어넥 발로.

2. 걱정과 긴장
দুশ্চিন্তা ও চিন্তা

걱정스러울 때 দুশ্চিন্তাগ্রস্তের সময়

왜 그렇게 작은 일 때문에 걱정하세요?

কেন এমন ছোট কাজের জন্য
께너 에먼 초터 까제르 전너

দুঃশ্চিন্তা করেন?
두스찐따 꺼렌?

걱정하지 마세요.

দুঃশ্চিন্তা করবেন না।
두스찐따 꺼르벤 나.

내일 시험 때문에 걱정이 돼요.

আগামীকাল পরীক্ষার জন্য দুঃশ্চিন্তা
아가미깔 빠리카르 전너 두스찐따

হয়।
허에.

괜찮아요. 마음 편하게 드세요.

সমস্যা নাই। স্বাছন্দে থাকেন।
서머스샤 나이. 사천데 타겐.

저는 큰 문제와 맞닿아 있어요.

আমি একটা বড় সমস্যায় পড়েছি।
아미 엑타 버러 서머스샤에 빠레치.

큰 문제는 아니에요.

বড় সমস্যা না।
버러 서머스샤 나.

항상 해결 방법은 있어요.

সব সময় সমাধানের উপায় আছে।
섭 서머에 서마다네르 우빠에 아체.

긴장 될 때 টেনশনে থাকার সময়

긴장돼요.

টেনশন হয়।
텐션 허에.

너무 긴장되서 미치겠어요

অনেক টেনশনে পাগল হয়ে যাব।
어넥 텐셔네 빠걸 허에 자보.

심장이 터질 것 같아요.

আমার হৃদয় ফেটে যাওয়ার মত।
아마르 리더에 페테 자와르 머떠.

진정해.

শান্ত হন।
산떠 헌.

심호흡을 하세요.

গভীর নিঃশ্বাস নেন।
거비르 니샤스 넨.

3. 슬픔과 우울함
দু:খ ও বিষন্নতা

난 너무 슬퍼요.

আমি খুব ব্যথিত।
아미 쿱 배티떠.

슬퍼하지 마세요.

ব্যথিত হবেন না।
배티떠 허벤 나.

울고 싶어요.

কাঁদতে মন চায়।
까드떼 먼 짜에.

너무 우울해요.

খুব বিষন্ন।
쿱 비션너.

비는 나를 우울하게 해요.

বৃষ্টি আমাকে বিষন্ন করে দেয়।
브리스티 아마께 비션너 꺼레 대에.

그렇게 우울한 표정 짓지 마세요.

অমন বিষন্ন ভাব প্রকাশ করবেন না।
어먼 비션너 밥 쁘러까스 꺼르벤 나.

슬픔을 참을 수 없어요.

বিষন্নতা লুকানো যায় না।.
비션너따 루까노 자에 나.

4. 귀찮음과 불평
বিরক্তি ও অভিযোগ

그 사람 이야기를 듣고 화가 났어요.

ঐ লোকের কথা শুনে রাগ উঠেছে।
오이 롤께르 꺼타 슈네 락 우테체.

그는 쉽게 짜증을 내요.

তিনি সহজেই বিরক্ত হন।.
띠니 서허제이 비럭떠 헌.

이제는 참을 수 없어요.

এখন আর ধৈর্য্য ধরা যায় না।
에컨 아르 되르저 더라 자에 나.

난 더 이상 기다릴 수 없어요.

আমি আপেক্ষা করতে পারি না।
아미 어뻬카 꺼르떼 빠리 나.

무엇이 불만이에요?

কি অসন্তোষ আছে?
끼 어선떠스 아체?

나는 이렇게 적은 월급에 불만이야.

আমি এই রকম কম বেতনে
아미 에이 러껌 껌 베떠네

অসন্তোষ আছি।
어선떠스 아치.

나는 내 얼굴에 불만이 많아.

আমি আমার বেতনে অসন্তোষ
아미 아마르 베떠네 어선떠스

অনেক।
어넥.

난 아무 불만이 없어.

আমি মোটেই অসন্তোষ নই।
아미 모테이 어선떠스 너이.

5. 망각, 후회와 실망
ভুলে যাওয়া, অনুতাপ ও হতাশা

망각할 때 ভুলে যাওয়ার সময়

내가 뭐라고 말했죠?

আমি কি কথা বলেছি যেন?
아미 끼 꺼타 벌레치 제너?

제가 어디까지 이야기했죠?

আমি কোন পর্যন্ত কথা বলেছি যেন?
아미 꼰 뻐르준떠 꺼타 벌레치 제노?

기억이 안 나요.

মনে পড়ে না।
머네 뻐레 나.

저 건망증이 있어요.

আমার ভুলে যাওয়ার অভ্যাস
아마르 불레 자와르 업바스

আছে।
아체.

후회할 때 অনুতাপের সময়

진실을 말했어야 했는데…

সত্যটা বলতে হবে যে-

사떠타 벌떼 허베 제...

그녀와 함께 가지 못한 것이 너무 안타깝다.

তার সংগে একসাথে যেতে না

따르 성게 엑사테 제데 나

পারাটা খুব দুঃখজনক।

빠라타 큽 두커저넊.

만약 시간을 돌릴 수 있다면, 그것을 말하지 않았을 텐데…

যদি সময়কে ফিরিয়ে আনা যেত,

저디 서머에께 피리에 아나 제떠,

তাহলে একথা বলতাম না।

따헐레 에꺼타 벌땀 나.

지금은 너무 늦었어요.

এখন অনেক দেরী হয়েছে।

에컨 어넥 데리 허에체.

지금은 더 방법이 없어요.

এখন আর উপায় নাই।

에컨 아르 우빠에 나이.

6. 감탄과 칭찬

শ্রদ্ধা ও প্রশংসা

와!!

ওয়া!!

와!!

너무 좋아요.

অনেক ভালো লাগে।

어넥 발러 라게!

믿을 수 없어요.

বিশ্বাস করা যায় না।

비사스 꺼라 자에 나.

정말 잘했어요.

সত্যিকারে ভালো করেছেন।

서띠까레 발로 꺼레첸.

당신은 참 예뻐요.

আপনি বেশ সুন্দরী।

아쁘니 베스 순더리.

너는 참 예뻐.

তুমি বেশ সুন্দরী।

뚜미 베스 순더리.

당신은 참 멋있어요.

আপনি বেশ সুদর্শন।

아쁘니 베스 수더르션.

너는 참 멋있어.

তুমি বেশ সুদর্শন।

뚜미 베스 수더르션.

너는 참 똑똑해.

তুমি বেশ স্মার্ট।
뚜미 베스 스마트.

너희 둘은 정말 잘 어울려.

তোমাদের দুইজনকে বেশ মানায়।
또마데르 두이전께 베스 마나에.

너는 정말 기억력이 좋아.

তোমার সত্যি স্মরণ শক্তি ভালো।
또마르 서띠 서런 � 발러.

7. 격려와 위로

উৎসাহ ও সান্ত্বনা

힘내. 다 잘 될 거야.

সাহস করো। সব ঠিক হয়ে যাবে।
사허스 꺼로. 섭 틱 허에 자베.

힘내세요. 다 잘 될 거에요.

সাহস করেন। সব ঠিক হয়ে যাবে।
사허스 꺼렌. 섭 틱 허에 자베.

두려워하지 말고 다시 해 보세요.

ভয় না পেয়ে আবার করে দেখেন।
버에 나 베에 아바르 꺼레 데켄.

포기하지 마세요.

হাল ছেড়ে দিয়েন না।
할 체레 디엔 나.

포기하지 마.

হাল ছেড়ে দিও না।
할 체레 디오 나.

더 좋은 일이 생길 거야.

আরো ভালো কাজ তৈরী হবে।
아로 발로 가즈 떠이리 허베.

항상 네 옆에 있을게.

সব সময় তোমার পাশে থাকবো।
섭 서머에 또마르 빠세 탁보.

항상 당신 옆에 있을게요.

সব সময় আপনার পাশে থাকবো।
섭 서머에 아쁘나르 빠세 탁보.

내가 널 도와줄게.

আমি তোমাকে সাহায্য করবো।
아미 또마께 사하즈저 꺼르보.

내가 당신에게 도와줄게요.

আমি আপনাকে সাহায্য করবো।
아미 아쁘나께 사하즈저 꺼르보.

난 널 믿어.

আমি তোমাকে বিশ্বাস করি।
아미 또마께 비스사스 꺼리.

전 당신를 믿어요.

আমি আপনাকে বিশ্বাস করি।
아미 아쁘나께 비스사스 꺼리.

8. 좋아함과 싫어함
পছন্দ ও অপছন্দ

좋아하는 것을 묻고 답할 때
পছন্দেরটা সমন্ধে জিজ্ঞাসা ও উত্তর দেওয়ার সময়

어떤 음식을 좋아하세요?

কি ধরনের খাবার পছন্দ করেন?

끼 더러네르 카바르 뻐천더 꺼렌?

저는 방글라데시 음식이 좋아요.

আমি বাংলাদেশী খাবার পছন্দ করি।

아미 방글라데시 카바르 뻐천더 꺼리.

어떤 음악을 좋아하세요?

কি ধরনের গান পছন্দ করেন?

끼 더러네르 간 뻐천더 꺼렌?

전 클래식 음악이 좋아해요.

আমি ক্লাসিক গান পছন্দ করি।

아미 글라식 간 뻐천더 꺼리.

커피와 차 중 무엇을 좋아하세요?

কফি ও চায়ের মধ্যে কোনটা পছন্দ করেন?

꺼피 오 짜에르 머드데 꼰타 뻐천더 꺼렌?

전 커피보다는 차가 좋아하세요.

আমি কফি পছন্দ করি।

아미 꺼피 뻐천더 꺼리.

영화 좋아하세요?

সিনেমা পছন্দ করেন কি?

시네마 뻐천더 꺼렌 끼?

네, 좋아해요.

হ্যাঁ, পছন্দ করি।

해, 뻐천더 꺼리.

아니오, 좋아하지 않아요.

না, পছন্দ করি না।

나, 뻐천더 꺼리 나.

싫어하는 것을 묻고 답할 때
অপছন্দেরটা সমন্ধে জিজ্ঞাসা ও উত্তর দেওয়ার সময়

세상에서 제일 싫어하는 동물이 뭐예요?

পৃথিবীতে সবচেয়ে অপছন্দের প্রাণী কি?

쁘리티비떼 섭쩨에 어뻐천데르 쁘라니 끼?

제일 싫어하는 동물은 쥐예요.

সবচেয়ে অপছন্দের প্রাণী হলো ইঁদুর।

섭쩨에 어뻐천데르 쁘라니 헐로 이두르.

난 아침에 일찍 일어나는 게 싫어.

সকালে আর্লি উঠা আমি অপছন্দ করি।

서깔레 아를리 우타 아미 어뻐천더 꺼리.

봄, 여름, 가을, 겨울 중 어느 계절이 가장 싫어요?

বসন্ত, গ্রীষ্ম, শরৎ, শীতের মধ্যে
버선떠, 그리스머, 서럿, 시떼르 머드데

কোন ঋতু সবচেয়ে অপছন্দের?
꼰 리뚜 섭쩨에 어뻐천데르?

여름이 가장 싫어요.

গ্রীষ্ম কাল সবচেয়ে অপছন্দের।
그리스머 깔 섭쩨에 어뻐천데르.

여름을 가장 싫어하는 이유가 있어요?

গ্রীষ্ম কাল সবচেয়ে অপছন্দের
그리스머 깔 섭쩨에 어뻐천데르

কারণ আছে কি?
까런 아체 끼?

덥잖아요.

গরম যে!
거럼 제!.

난 그 사람이 싫어요.

আমি ঐ লোককে অপছন্দ করি।
아미 오이 록 께 어뻐전더 꺼리.

왜요?

কেন?
끼너?

왜냐하면 너무 이기적이고 잘난 척을 하거든요.

কারণ মতের কোন ঠিক নাই এবং
까런 머떼르 꼬너 틲 나이 에벙

নিজেকে বিরাট কিছু মনে করে।
니제께 비라트 끼추 머네 꺼레.

PART 4 • 감정 표현

PART 5

사교 표현

1. 약속과 초대
2. 방문
3. 식사
4. 전화

응용 대화 5 | 식당에서

ব্যবহারিক কথোপকথন

রেস্টুরেন্টে

A 손님 / B 웨이터

A অর্ডার নিন।
어르다르 닌.

B কি খাবেন?
끼 카벤?

A ডাল-ভাত ১জনের জন্য দেন।
달 밧 엑 저네르 전너 덴.

B পান করার জন্য কি দিবো?
빤 거라르 전너 끼 디보?

A কোলা এক বোতল দেন।
코코 골라 엑보떨 덴.

B কর্ন সুফ আরো দিবো?
꺼르느 슢 아로 디보?

A হ্যাঁ, দেন।
해, 덴.

A সব মিলিয়ে কত?
섭 밀리에 꺼떠?

B ৩০০ টাকা।
띤 서떠 타까.

A এখানে আছে।
에카네 아체.

B স্বাধ কেমন ছিল?
사드 께먼 칠러?

A মজা করে খেয়েছি।
머자 꺼레 케에첸.

B বিদায়।
비다에.

A 주문 받으세요.

B 무엇을 드시겠습니까?

A 달밧 1인분 주세요.

B 마실 것은 무엇으로 드릴까요?

A 콜라 한 병 주세요.

B 콩수프 더 드릴까요?

A 네, 주세요.

A 모두 얼마예요?

B 300루피예요.

A 여기 있습니다.

B 맛은 어떠셨어요?

A 맛있게 먹었어요.

B 안녕히 가게요.

1. 약속과 초대
প্রতিজ্ঞা ও দাওয়াত

약속을 청할 때
প্রতিজ্ঞাবদ্ধ হওয়ার সময়

주말에 시간 있으세요?

সাপ্তাহিক ছুটির দিনে সময় আছে?

사쁘따휙 추티르 디네 서머에 아체?

우리 대학교 앞에서 볼까요? 괜찮아요?

আমাদের কলেজের সামনে দেখা

아마데르 껄레제르 삼네 데카

করবো? সমম্যা নাই তো?

꺼르보? 서머샤 나이 또?

토요일에 한가하세요?

শনিবার অবসর আছে?

셔니바르 어버서르 아체?

우리 어디에서 만날까요?

আমরা কোথায় দেখা করবো?

암라 꼬타에 데카 꺼르보?

당신을 집에 식사 초대하고 싶어요.

আপনাকে বাসায় খাওয়ার দাওয়াত

아쁘나께 바사에 카와르 다와뜨

করতে চাই।

꺼르떼 짜이.

무슨 요일이 괜찮아요?

কি বারে সমস্যা নাই?

끼 바레 서머샤 나이?

우리 집에 식사하러 오지 않을래요?

আমাদের বাসায় খেতে আসবেন না?

아마데르 바사에 케떼 아스벤 나?

수요일 괜찮겠어요?

বুধ বার সমস্যা নাই?

부드 바르 서머샤 나이?

내일이 내 생일인데 안 올래?

আগামীকাল আমার জন্মদিন

아가미깔 아마르 전머딘

আসবে না?

아스베 나?

너 시간되면, 일요일에 배드민턴 같이 치자.

তোমার সময় হলে চলো রবিবার

또마르 서머에 헐레 쩔로 러비바르

একসাথে ব্যাডমিন্টন খেলি।

엑사테 배드민턴 켈리.

배고프지 않아? 오늘은 내가 쏠게.

ক্ষুধা লাগেনি? আজ আমি

쿠다 라게니? 아즈 아미

খাওয়াবো।

카와보.

약속을 승낙할 때
প্রতিজ্ঞা নির্ধারণের সময়

네, 좋아요.

হ্যাঁ, ভালো।

해, 발로.

네, 한가해요.

হ্যাঁ, অবসর।

해, 어버서르.

좋아요, 수요일에 봐요.

ভালো, বুধবার দেখা হবে।

발로, 부드바르 데카 허베.

좋아. 수요일에 보자.

ঠিক আছে, বুধবারে দেখা হবে।

튀 아체, 부드바레 데카 허베.

약속을 거절할 때
প্রতিজ্ঞা প্রত্যাখ্যানের সময়

죄송하지만, 안 될 것 같아요.

দুঃখিত, হবে না মনে হয়।

두키떠, 허베 나 머네 허의.

고마워, 그런데 갈 수가 없어.

ধন্যবাদ, কিন্তু যেতে পারবো না।

던너바드, 낀뚜 제떼 빠르보 나.

정말 가고 싶었는데 이번 주 일요일에는 시간이 안 돼.

সত্যি যেতে মন চেয়েছিল কিন্তু এই সপ্তাহে রবিবার সময় হবে না।

서띠 제데 먼 쩨에칠로 낀뚜 에이 서쁘따헤 러비바르 서머에 허베나.

오늘은 다른 약속이 있어.

আজ অন্য প্রতিজ্ঞা আছে।

아즈 언너 쁘띠가 아체.

다음에 전화할게.

পরে ফোন করবো।

뻐레 폰 꺼르보.

2. 방문
পরিদর্শন

방문했을 때
পরিদর্শন করার সময়

여기가 마문씨 집입니까?

এটা মামুন সাহেবের বাসা?

에타 마문 사헤베르 바사?

네, 맞는데요.

হ্যাঁ, ঠিক বলেছেন তো।

해, 튀 벌레첸 또.

누구시죠?

আপনি কে যেন?

아쁘니 께 제너?

대학교 친구입니다.

স্কুলের বন্ধু।

스꿀레르 번두.

들어오셔서 잠시만 기다려 주십시오.

ভিতরে এসে একটু অপেক্ষা করেন।

비떠레 에세 엑투 어뻬카 꺼렌.

곧 돌아오실 겁니다.

এখনি ফিরে আসবেন।

에커니 피레 아스벤.

말씀 많이 들었습니다.

আপনার কথা অনেক শুনেছি।

아쁘나르 꺼타 어넥 슈네치.

방문을 마칠 때
পরিদর্শন শেষ করার সময়

초대에 감사드립니다.

দাওয়াতের জন্য ধন্যবাদ।

다와떼르 전너 던너바드.

맛있는 저녁 감사했습니다.

মজাদার সন্ধ্যার খাবারের জন্য

머자다르 선다르 카바레르 전너

ধন্যবাদ।

던너바드.

너무 늦었군요. 전 가봐야겠습니다.

অনেক দেরী হয়ে গিয়েছে। আমাকে

어넥 데리 허에 기에체. 아마께

যেতে হবে।

제떼 허베.

조금만 더 계세요.

আরো একটু থাকেন।

아로 엑투 타껜.

또 오세요.

আবারো আসবেন।

아바로 아스벤.

언제든지 오세요.

যে কোন সময় আসেন।

제 꼬너 서머에 아센.

앞으로 자주 오겠습니다.

আগামীতে সচরাচর আসবো।

아가미떼 서짜라짜르 아스보.

다음에는 저희 집에 초대하겠습니다.

পরে আমাদের বাসায় দাওয়াত

뻐레 아마데르 바사에 다와뜨

করবো।

꺼르보.

3. 식사
খাবার

식사를 제안할 때
খাবার খাওয়া ঠিক করার সময়

식사합시다.

চলো খাবার খাই।

쩔로 카바르 카이.

시간이 되면 함께 저녁 식사하자.

সময় থাকলে একসাথে সন্ধ্যার

서머에 타글레 엑사테 선다르

খাবার খাওয়া যাক।

카바르 카와 작.

우리 뭐 좀 먹을까?

আমরা কিছু একটা খাবো?

암라 끼추 엑타 가보?

식사할 때
খাবার খাওয়ার সময়

주문 받으세요.

অর্ডার নিন।

어르다르 닌.

달밧 1인분 주세요.

ডাল-ভাত ১জনেরটা দেন।

달-바뜨 엑 저네르타 덴.

마실 것은 무엇으로 드릴까요?

পান করার জন্য কি দিবো?

빤 꺼라르 전너 끼 디보?

찌 한 잔, 바나나 주스 한 잔 주세요.

চা এক কাপ, বানানা জুস এক গ্লাস দেন।

짜 엑 까쁘, 바나나 주스 엑 글라스 덴.

물을 좀 가져다 주시겠습니까?

দয়া করে পানী এনে দিবেন কি?

더야 꺼레 빠니 에네 디벤 끼?

콩수프를 더 드릴까요?

কর্ন সুপ আরো দিবো?

꺼르느 슈쁘 아로 디보?

반찬 더 필요하세요?

তরকারী আরো প্রয়োজন?

떠르까리 아로 쁘러어전?

접시 하나만 더 주세요.

বাটি আরো একটা মাত্র দেন।

바티 아로 엑타 맛러 덴.

콜라 한 병 주세요.

কোলা এক বোতল দেন।

꼴라 엑 보떨 덴.

맛은 어떠셨어요?

স্বাদ কেমন ছিলো?

사드 께먼 칠러?

좀 달았지만 맛있었어요.

একটু মিষ্টি হলেও মজা ছিল।

엑투 미스티 헐레오 머자 칠러.

맛있게 먹었어요.

মজা করে খেয়েছি।

머자 꺼레 케에치.

4. 전화
ফোন

전화를 걸기 전에
ফোন করার আগে

전화를 사용할 수 있을까요?

ফোন ব্যাবহার করা যাবে কি?

폰 배버하르 꺼라 자베 끼?

어떻게 전화를 이용할 수 있을까요?

কি ভাবে ফোন ব্যাবহার করা যাবে?

끼 바베 폰 배버하르 꺼라 자베?

전화 거는 방법을 잘 모르겠어요.
좀 도와주세요.

ফোন করার নিয়ম ভালো জানিনা,
폰 꺼라르 니엄 발로 자니나.

দয়া করে সাহায্য করেন।
더야 거레 사하즈저 꺼렌.

전화 가게는 어디에 있어요?

ফোনের দোকান কোথায় আছে?
폰네르 도깐 꼬타에 아체?

인터넷 전화도 되나요?

ইন্টারনেট ফোনও কি হয়?
인터넷 폰오 끼 허에?

1분에 얼마예요?

১মিনিটে কত?
엑 미니테 꺼떠?

국제전화도 가능한가요?

বিদেশে ফোন করা সম্ভব কি?
비데세 폰 꺼라 섬법 끼?

한국으로 전화 걸 수 있을까요?

কোরিয়ায় ফোন করা যাবে?
꼬리아에 폰 꺼라 자베?

한국 국번이 몇 번이에요?

কোরিয়ার কোড নম্বর কত?
꼬리아르 꼬드 넘버르 꺼떠?

전화를 걸 때
ফোন করার সময়

저는 마문씨 친구 까말입니다.

আমি মামুন সাহেবের বন্ধু কামাল।
아미 마문 사헤베르 번두 까말.

마문씨 있나요?

মামুন সাহেব আছেন কি?
마문 사헵 아첸 끼?

마문씨와 통화할 수 있을까요?

মামুন সাহেবের সাথে ফোনে কথা
마문 사헤베르 사테 포네 꺼타

বলা যাবে?
벌라 자베?

여보세요. 마문씨예요?

হ্যালো। মামুন সাহেব বলছেন?
헬로. 마문 사헵 벌첸?

몇 시쯤 전화하면 마문씨와 통화할 수 있을까요?

কয়টার সময় ফোন করলে মামুন
꺼에타르 서머에 폰 껄레 마문

সাহেবের সাথে কথা বলা যাবে?
사헤베르 사테 꺼타 벌라 자베?

거기가 네팔 항공인가요?

ওটা কি বাংলাদেশ ইয়ার লাইন্স?
오타 끼 방글라데시 이아르 라인스?

거기가 123-4567인가요?

ওটা ১২৩-৪৫৬৭ কিনা?
오타 엑 두이 띤-짜르 빠쯔 처에 사뜨 끼나?

전화가 걸려왔을 때
ফোন ডায়াল করার সময়

여보세요.

হ্যালো।

헬로.

말씀하세요.

কথা বলেন।

꺼타 벌렌.

누구시죠?

কে বলছেন?

께 벌첸?

잘 안 들려요. 좀 더 크게 말씀해 주세요.

ভালো শুনা যায় না। দয়া করে আরো

발로 슈나 자에 나. 더야 꺼레 아로

জোরে কথা বলেন।

조레 꺼타 벌렌.

누구 찾으세요?

কাকে খুজছেন?

까게 쿠즈첸?

전화를 바꿔줄 때
ফোন হস্তান্তর করার সময়

잠시만 기다려 주세요.

একটু অপেক্ষা করেন।

엑투 어뻬카 꺼렌.

잠시만요.

একটু অপেক্ষা করেন।

엑투 어뻬카 꺼렌.

친구분의 전화입니다.

বন্ধুর ফোন।

번두르 폰.

마문씨는 지금 회의중이니 잠시만 기다려 주세요.

মামুন সাহেব এখন মিটিংয়ে আছেন

마문 사헵 에컨 미팅에 아첸

একটু অপেক্ষা করেন।

엑투 어뻬카 꺼렌.

끊지 말고 기다려 주세요.

লাইন না কেটে অপেক্ষা করেন।

라인 나 께테 어베카 꺼렌.

전화를 받을 수 없을 때
ফোন রিসিভ করতে না পারার সময়

다시 전화해 주세요.

আবার ফোন করে দেন।

아바르 폰 꺼레 덴.

죄송하지만, 마문씨는 지금 회의중이에요.

দুঃখিত, মামুন সাহেব এখন মিটিংয়ে

두키떠, 마문 사헵 에컨 미팅에

আছেন।

아첸.

그 분은 지금 안 계세요.

তিনি এখন নাই।

띠니 에컨 나이.

지금은 전화받기가 좀 곤란해요.

এখন ফোন ধরা কঠিন।

에컨 폰 더라 꺼틴.

잠시 후에 다시 걸어주시겠어요?

একটু পরে আবার রিং করবেন?

엑투 뻐레 아바르 링 껄벤?

통화 중입니다.

ফোন ব্যাস্ত আছে।

폰 배스떠 아체.

메시지를 부탁할 때
ম্যাসেজ দিতে অনুরোধ করার সময়

그에게 전화가 왔었다고 전해 주세요.

তাকে বলবেন ফোন এসেছিল।

따께 벌벤 폰 에세칠러.

제게 전화해 달라고 전해 주세요.

আমাকে ফোন করতে বলবেন।

아마께 폰 꺼르떼 벌벤.

전할 말씀 있으세요?

তাকে বলে দিবো এমন কোন কথা আছে?

따께 벌레 디보 에먼 꼬너 꺼타 아체?

메시지 전해 드릴까요?

খবর জানিয়ে দিবো?

커버르 자니에 디보?

잘못 걸려 온 전화를 받았을 때
ভুল নম্বরের ফোন রিসিভ করার সময়

잘못된 번호입니다.

ভুল নম্বর।

불 넘버르.

몇 번으로 거셨어요?

কত নম্বরে রিং করেছেন?

꺼떠 넘버레 링 꺼레첸?

그런 사람 여기 없습니다.

ওরকম লোক এখানে নাই।

오러껌 록 에카네 나이.

전화 잘못 거셨습니다.

ভুল নম্বরে রিং করেছেন।

불 넘버레 링 꺼레첸.

전화를 끊을 때
ফোন শেষ করে রাখার সময়

나중에 다시 전화하겠습니다.

পরে আবার ফোন করবো।

뻐레 아바르 폰 꺼르보.

나중에 통화할까요?

পরে ফোনে কথা বলবো?

뻐레 포네 꺼타 벌보?

이만 끊을게요.

এখন শেষ করবো।

에컨 세스 꺼르보.

지금은 바빠서요. 다음에 다시 통화해요.

এখন ব্যাস্ত আছি।

에컨 배스떠 아치.

পরে আবার ফোনে কথা বলবো।

뻐레 아바르 포네 꺼타 벌보.

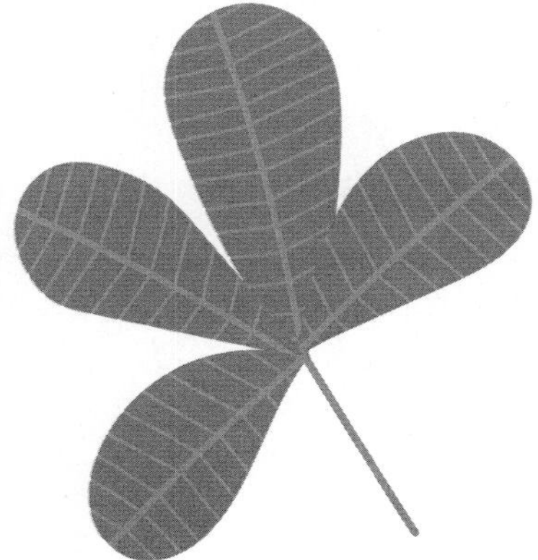

PART 6

화제 표현

1. 개인 신상
2. 가족 관계
3. 데이트
4. 결혼
5. 취미와 여가
6. 공연 관람
7. 스포츠와 레저
8. 계절과 날씨

응용 대화 6 | 잘 모르는 사람과 대화할 때

ব্যবহারিক কথোপকথন

অচেনা লোকের সাথে কথা বলার সময়

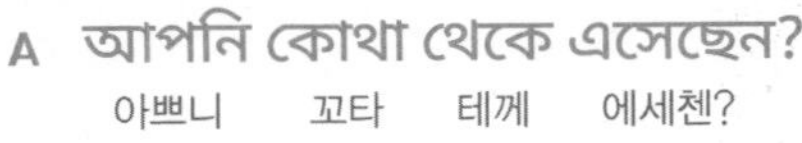

A আপনি কোথা থেকে এসেছেন?
아쁘니 꼬타 테께 에세첸?

A 당신은 어디에서 왔습니까?

B আমি বাংলাদেশ থেকে এসেছি।
아미 방글라데시 테께 에세치.

B 전 방글라데시에서 왔어요.

A আপনার বয়স কত?
아쁘나르 버여스 꺼떠?

A 당신은 몇 살입니까?

B ৩০বসর।
뜨리스 버서르.

B 30살입니다.

A আমার চেয়ে ৩বছরের বড়।
아마르 쩨에 띤 버처레르 버러.

A 저보다 3살 더 많으시네요.

B ভাই বোন কত জন?
바이 본 꺼떠 전?

B 형제자매는 어떻게 돼요?

A বড় ভাই এবং ছোট বোন এক
버러 바이 에벙 초터 본 엑
জন করে আছে?
전 꺼레 아체?

A 형과 여동생이 한 명씩 있어요.

B কি খেলা পছন্দ করেন?
끼 켈라 뻐천더 꺼렌?

B 어떤 운동 좋아하세요?

A আমি ফুটবল এবং বেসবল
아미 풑벌 에벙 베스벌
খেলা পছন্দ করি।
켈라 뻐천더 꺼리.

A 저는 축구와 야구 좋아해요.

B আপনার পছন্দের ফুটবল
아쁘나르 뻐천데르 풑벌
টিম আছে?
팀 아체?

B 좋아하는 축구 팀 있어요?

A ব্রাজিল ফুটবল টিম আমি
브라질 풑벌 팀 아미
পছন্দ করি।
뻐천더 꺼리.

A 저는 브라질 축구팀 좋아해요.

1. 개인 신상
ব্যক্তিগত তথ্য

출신지에 대해서
জন্মস্থান সমন্ধে

넌 어디 출신이니?

তুমি কোন জায়গার লোক?

뚜미 꼰 자에가르 록?

당신은 어디에서 왔습니까?

আপনি কোথা থেকে এসেছেন?

아쁘니 꼬타 테께 에세첸?

전 한국 사람입니다.

আমি কোরিয়ান মানুষ।

아미 꼬리안 마누스.

전 네팔 사람입니다.

আমি বাংলাদেশী মানুষ।

아미 방글라데시 마누스.

전 미국 출신입니다.

আমি আমেরিকার লোক।

아미 아메리깐 록.

전 인도에서 왔어요.

আমি ইন্ডিয়া থেকে এসেছি।

아미 인디아 테께 에세치.

전 중국 사람이에요.

আমি চায়নার মানুষ।

아미 짜에나르 마누스.

나이에 대해서
বয়স সমন্ধে

당신은 몇 살입니까?

আপনার বয়স কত?

아쁘나르 버여스 꺼떠?

전 25살이에요.

আমার বয়স ২৫ বছর।

아마르 버여스 뻐찌스 버서르.

당신은요?

আপনার বয়স?

아쁘나르 버여스?

30살입니다.

৩০ বছর।

띠리스 버서르.

저보다 3살 더 많으시네요.

আমার চেয়ে ৩বছর বেশী।

아마르 쩨에 띤버처르 베시.

저보다 5살 더 어리시네요.

আমার চেয়ে ৫বছর কম।

아마르 쩨에 빠쯔 버서르 껌.

2. 가족 관계
পারিবারিক সম্পর্ক

가족에 대해서 পারিবারিক সমন্ধে

너희 가족은 몇 명이니?
তোমার পরিবারে লোক সংখ্যা কত জন?
또마르 뻐리바레 록 성카 꺼떠 전?

우리 가족은 모두 4명이야.
আমার পরিবারে মোট ৪জন আছে।
아마르 뻐리바레 몯 짜르전 아체.

저는 부모님과 함께 살고 있습니다.
আমি বাবা মায়ের সাথে বসবাস করি।
아미 바바 마에르 사테 버서바스 꺼리.

자녀는 있습니까?
বাচ্চা আছে কি?
바쯔짜 아체 끼?

자녀는 몇 명이나 있습니까?
বাচ্চা কয় জন আছে?
바쯔짜 꺼에 전 아체?

아들 한 명, 딸 한 명이 있습니다.
ছেলে একজন, মেয়ে একজন আছে।
첼레 엑전, 메에 엑전 아체.

자녀는 모두 세 명이 있어요.
বাচ্চা মোট তিন জন আছে।
바쯔짜 몯 띤 전 아체.

부모님은 어떤 일 하세요?
বাবা মা কি কাজ করেন?
바바 마 기 까즈 꺼렌?

아버지는 선생님이고, 어머니는 간호사세요.
বাবা শিক্ষক, মা নার্স।
바바 시커끄, 마 나르스.

어머니는 가정주부세요.
মা হলেন গৃহিনী
마 헐렌 그리히니.

형제자매는 어떻게 돼요?
ভাই বোন কত জন?
바이 본 꺼떠 전?

형이 한 명, 여동생이 한 명 있어요.
বড় ভাই একজন, ছোট বোন একজন আছে।
버러 바이 엑전, 초터 본 엑전 아체.

형은 회사다니고, 여동생은 학생이에요.
বড় ভাই চাকুরী করেন, ছোট বোন লেখাপড়া করে।
버러 바이 짜꾸리 꺼렌, 초터 본 레카뻐라 꺼레.

저는 둘째 아들이에요.
আমি দ্বিতীয় ছেলে।
아미 디띠어 첼레.

저는 막내 딸이에요.

আমি সব ছোট মেয়ে।
아미 섭 초터 메에.

친척에 대해서 আত্মীয় সমন্ধে

한국에 친척이 있나요?

কোরিয়ায় আত্মীয় স্বজন আছে কি?
꼬리야에 아띠어 서전 아체 끼?

할아버지, 할머니가 아직 살아 계세요.

দাদা দাদী এখনো বেঁচে আছেন।
다다 다디 에커노 베쩨 아첸.

할아버지는 작년에 돌아가셨어요.

দাদা গত বছর মারা গিয়েছেন।
다다 거떠 버서르 마라 기에첸.

사촌동생이 지금 인도에서 공부하고 있어요.

চাচাতো ভাই এখন ইন্ডিয়ায়
짜짜또 바이 에컨 인디아에

লেখাপড়া করছেন।
레카뻐라 꺼르첸.

3. 데이트
ডেইট

데이트를 신청할 때
ডেইট নির্ধারণ করার সময়

오늘밤에 시간 있어요?

আজ রাতে সময় আছে?
아즈 라떼 서머에 아체?

함께 저녁 먹을래요?

একসাথে রাতের খাবার খাবেন?
엑사테 라떼르 카바르 카벤?

함께 영화 보러 갈래요?

একসাথে সিনেমা দেখতে যাবেন?
엑사테 시네마 데크떼 자벤?

이번 주 주말에 시간 어떠세요?

এ সপ্তাহে ছুটির দিনে সময় কেমন?
에 서쁘따헤 추티르 디네 서머에 께먼?

주말에 같이 드라이브 갈까요?

ছুটির দিনে একসাথে ড্রাইভে
추티르 디네 엑샤테 드라이베

যাবেন?
자벤?

저를 위해 시간을 내주실 수 있으세요?

আমার জন্য সময় করতে পারেন?
아마르 전너 서머에 꺼르떼 빠렌?

애정을 표현할 때
অনুভুতি প্রকাশের সময়

당신을 사랑합니다.

আপনাকে ভালোবাসি।

아브나께 발로 바시.

저의 남자친구/여자친구가 되어 주세요.

আমার ছেলে বন্ধু/মেয়ে বন্ধু হোন।

아마르 첼레 번두/메에 번두 혼.

당신 없이 살 수 없어요.

আপনাকে ছাড়া বাঁচবো না।

아쁘나께 차다 바쯔보 나.

진심으로 당신을 사랑해요.

সত্যিকারে আপনাকে ভালোবাসি।

서띠까레 아쁘나께 발로바시.

4. 결혼
বিবাহ

청혼에 대해서 প্রস্তাব সমন্ধে

저의 신부가 되어 주세요.

আমার নববধু হোন।

아마르 너버버두 혼.

저와 결혼해 주세요.

আমাকে বিয়ে করেন।

아마께 비에 거렌.

당신과 결혼하고 싶어요.

আপানার সাথে বিয়ে করতে চাই।

아쁘나르 샤테 비에 껄데 짜이.

우리 결혼할까요?

আমরা বিয়ে করবো?

암라 비에 꺼르보?

결혼에 대해서 বিবাহ সমন্ধে

아직 결혼 생각이 없어요.

এখনো বিয়ে করার চিন্তা নাই।

어커노 비에 꺼라르 찐따 나이.

좋아하는 사람이 있어요. 미안해요.

পছন্দের মানুষ আছে। দুঃখিত।

뻐천떼르 마누쉬 아체. 두키떠.

생각할 시간을 좀 주세요.

দয়া করে চিন্তা করার সময় দেন।

다야 꺼레 찐따 꺼라르 서머에 덴.

아직은 일을 더 하고 싶어요.

এখনো কাজ আরো করতে চাই।

에커노 까즈 아로 꺼르떼 짜이.

결혼은 언제 할 거예요?

বিয়ে কবে করবেন?

비에 꺼베 꺼르벤?

내년에 할 거예요.

আগামী বছর করবো।

아가미 버처르 꺼르보.

사랑하는 사람이 생기면 결혼할 거예요.

ভালোবাসার মানুষ পেলে বিয়ে
발로바사르 마누쉬 뻴레 비에

করবো।
껄보.

그들은 일요일에 결혼할 거예요.

তারা রবিবার বিয়ে করবে।
따라 러비바르 비에 꺼르베.

우리는 결혼한 지 1년이 되었어요.

আমরা বিয়ে করেছি ১বছর হয়েছে।
암라 비에 꺼레치 엑 버처르 허에체.

우리는 대학교에서 만났고, 졸업 후에 결혼했어요.

আমাদের কলেজে দেখা হয়েছে।
아마데르 껄레제 데카 허에체.

গ্রাজুয়েশনের পরে বিয়ে করেছি।
그라주에셔네르 뻐레 비에 거레치.

어디에서 결혼하고 싶어요?

কোথা থেকে বিয়ে করতে চান?
꼬타 테께 비에 껄떼 짠?

우리는 법원에서 결혼했어요.

আমরা কোর্টের মাধ্যমে বিয়ে
암라 꼬르테르 마드더메 비에

করেছি।
꺼레치.

5. 취미와 여가
শখ এবং অবসর

취미 생활에 대해서
শখের জীবন যাপন সমন্ধে

취미가 뭐예요?

শখ কি?
셕 끼?

책 읽는 걸 좋아해요.

বই পড়তে পছন্দ করি।
버이 뻐르떼 뻐천더 꺼리.

당신은요?

আপনি?
아쁘니?

저는 음악 듣는 걸 좋아해요.

আমি গান শুনতে পছন্দ করি।
아미 간 슌떼 뻐천더 꺼리.

휴일이면 음악을 들으세요?

বন্ধের দিন হলে গান শুনেন?
번데르 딘 헐레 간 슈넨?

네, 음악을 들어요.

হ্যাঁ, গান শুনি।
해, 간 슈니.

그러면 다음 주에 음악을 들으러 갈까요?

তাহলে পরের সপ্তাহে গান শুনতে
따헐레 뻐레르 서쁘따헤 간 슌떼

যাবো কি?
자보 끼?

좋아요.

ভালো.
발로.

여행에 대해서 ভ্রমণ সমন্ধে

언제 출발하세요?

কখন রওনা হবেন?
꺼컨 러오나 허벤?

전 다음주 토요일에 떠나요.

আমি পরের সপ্তাহ শনিবার চলে
아미 뻐레르 셔쁘따허 셔니바르 쩔레

যাবো।
자보.

몇 일에 떠나세요?

কত তারিখে চলে যাবেন?
꺼떠 따리케 쩔레 자벤?

전 10월 22일에 떠나요.

আমি অক্টোবর ২২ তারিখে চলে
아미 억터버르 바이스 따리케 쩔레

যাবো।
자보.

놀러 가시는 거예요 아니면 일 때문에 가세요?

বেড়াতে যাবেন নাকি কাজের জন্য
베라떼 자벤 나끼 까제르 전노

যাবেন?
자벤?

친구들과 놀러 가는 거예요.

বন্ধুদের সাথে বেড়াতে যাবো।
번두데르 사테 베라떼 자보.

회사 일 때문에 가는 거예요.

অফিসের কাজের জন্য যাওয়া।
오피세르 까제르 전노 자오아.

혼자 가세요?

একা যাবেন?
에까 자벤?

네, 혼자 가요.

হ্যাঁ, একা যাবো।
해, 에까 자보.

저는 혼자 여행가는 것 좋아해요.

আমি একা ভ্রমণে যাওয়া পছন্দ
아미 에까 브러머네 자오아 뻐천더

করি।
꺼리.

아니요, 일행이 있어요.

না, সংগী আছে।
나, 성기 아체.

친구는 먼저 가서 기다리고 있어요.

বন্ধু আগে গিয়ে অপেক্ষা করছে।
번두 아게 기에 어뻬카 꺼르체.

6. 공연 관람
পারফর্মেন্স পরিদর্শন

공연 관람에 대해서
পারফর্মেন্স পরিদর্শন সমন্ধে

저는 극장에 가고 싶어요.

আমি সিনেমা হলে যেতে চাই।

아미 시네마 헐레 제떼 자이.

어떤 영화를 좋아하세요?

কোন ধরনের সিনেমা পছন্দ করেন?

꼰 더러내르 시네마 뻐천더 꺼렌?

저는 액션 영화를 좋아해요.

আমি এ্যাকশন সিনেমা পছন্দ করি।

아미 액션 시네마 뻐천더 꺼리.

몇 시에 영화가 시작하죠?

কয়টায় সিনেমা শুরু হয়?

꺼에타에 시네마 슈루 허에?

7시 30분에 시작해요.

৭টা ৩০মিনিটে শুরু হয়।

사뜨타 뜨리쉬 미니테 슈루 허에.

이제 20분 남았어요.

এখন ২০ মিনিট বাকী আছে।

에컨 비쉬 미니트 바끼 아체.

남자주인공이 누구예요?

হিরো কে?

히로 께?

알럼기르님이 주인공이에요.

আলমগীর সাহেব হীরো।

알럼기르 사헵 히로.

표가 있어요?

টিকেট আছ?

티껫 아체?

미리 예매했어요.

আগে থেকে বুকিং করে রেখেছি।

아게 테께 부낑 꺼레 레케치.

C열 11, 12번이에요.

C লাইনের ১১, ১২ নম্বর।

C 라이네르 에가로, 바로 넘버르.

어떤 자리가 좋으세요?

কোন সিট পছন্দ করেন?

꼰 시트 뻐천더 꺼렌?

저는 뒷자리가 좋아요.

আমি পিছনের সিট পছন্দ করি।

아미 비처네르 시트 버천더 꺼리.

7. 스포츠와 레저
খেলাধূলা ও বিনোদন

수영할 줄 알아요?

সাতার জানেন?

사따르 자넨?

네, 어릴 때 배웠어요.

হ্যাঁ, ছোট বেলা শিখেছি।
해, 초터 벨라 시케치.

아니오, 수영은 못해요.

না, সাতার জানিনা।
나, 사따르 자니나.

어떤 운동 좋아하세요?

কি ধরনের খেলা পছন্দ করেন?
끼 더러네르 켈라 뻐천더 꺼렌?

저는 축구와 야구 좋아해요.

আমি ফুটবল এবং বেসবল পছন্দ
아미 푸트벌 에벙 베스벌 뻐천더

করি।
꺼리.

좋아하는 축구 팀 있으세요?

পছন্দের ফুটবল টিম আছে?
뻐천데르 풑벌 팀 아체?

맨체스터 유나이티드 좋아해요.

আর্জেন্টিনা দল পছন্দ করি।
아르젠티나 덜 뻐천더 꺼리.

스키 탈 수 있어요?

স্কী চড়তে পারেন?
스키 쩌르떼 빠렌?

네, 겨울마다 스키장에 가요.

হ্যাঁ, শীতকাল এলে স্কী রিসোর্টে
해, 시뜨깔 엘레 스키 리소르테

যাই।
자이.

평소에는 어떤 운동을 하세요?

সাধারণত কি ধরনের ব্যায়াম
사다러너떠 끼 더러네르 배암

করেন?
꺼렌?

일 끝나고 저녁에 헬스를 해요.

কাজ শেষে জিমে গিয়ে ব্যায়াম
까즈 세세 지메 기에 배암

করি।
꺼리.

8. 날씨와 계절

আবহাওয়া এবং ঋতু

날씨를 물을 때
আবহাওয়া জানতে চাওয়ার সময়

오늘 날씨가 어때요?

আজ আবহাওয়া কেমন?
아즈 압하오아 께먼?

오후에 비가 올까요?

বিকালে বৃষ্টি আসবে?
비깔레 브리스티 아스베?

내일은 좋아질까요?

আগামীকাল ঠিক হয়ে যাবে?
아가미깔 틱 허에 자베?

날씨 좋죠?

আবহাওয়া বেশ ভালো তো?

압하오아 베스 발로 또?

기온에 대해서
তাপমাত্রা জানতে চাওয়ার সময়

더워요.

গরম।

거럼.

추워요.

ঠান্ডা।

탄다.

바람은 부는데, 따뜻해요.

বাতাস বইলেও উষ্ণ।

바따스 버일레오 우스너.

햇볕은 좋은데, 좀 춥네요.

সূর্যের আলো ভালো, তবে একটু

수르제르 알로 발로, 떠베 엑뚜

ঠান্ডা।

탄다.

푹푹 찌는 날씨예요.

গরম আবহাওয়া।

거럼 압하오아.

날씨를 말할 때
আবহাওয়ার কথা বলার সময়

날씨가 좋아요.

আবহাওয়া ভালো।

압하오아 발로.

바람이 부네요.

বাতাস বইছে।.

바따스 버이체.

바람 한 점 없네요.

কোন বাতাস নাই।

꼬노 바따스 나이.

안개가 심해서 잘 안 보여요.

কুয়াশা অনেক বেশী বলে ভালো

꾸아샤 어넥 베시 벌레 발로

দেখা যায় না।

데카 자에 나.

비가 많이 와요.

অনেক বৃষ্টি আসে।

어넥 브리스티 아세.

눈이 와요.

তুষার পড়ে।

뚜샤르 뻐레.

해가 쨍쨍하네요.

প্রখর সূর্যের তাপ।

브러커르 수르제르 따쁘.

오늘은 날이 참 맑아요.

আজ দিনটি বেশ পরিস্কার।

아즈 딘티 베스 뻐리스까르.

날이 흐려요.

মেঘলা দিন।

멕라 딘.

우박이 내리고 있어요.

শিলা পড়ছে।

실라 뻐르체.

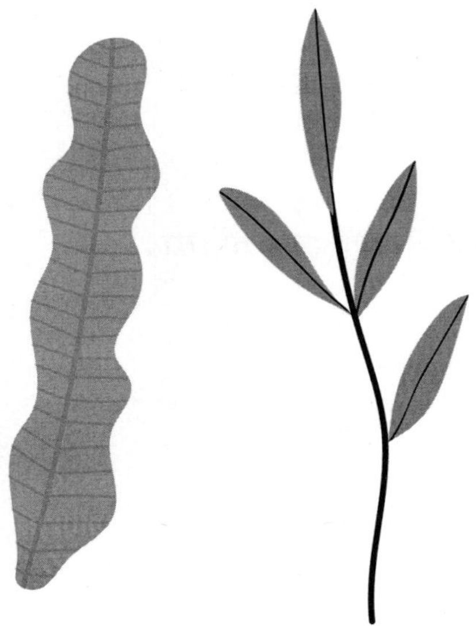

PART 7

일상 표현

1. 하루 생활
2. 레스토랑
3. 대중 교통
4. 은행
5. 우체국
6. 이발과 미용
7. 세탁소
8. 부동산과 관공서

응용 대화 7 | 하루 일상을 이야기할 때

ব্যবহারিক কথোপকথন

দৈনন্দিন জীবনের কথা বলার সময়

A	সকালে কয়টা দিকে ঘুম থেকে উঠেন? 서깔에 꺼에타르 디게 굼 테게 우텐?	A	아침에 몇시 쯤 일어나세요?
B	আমি সকাল ৭টার দিকে ঘুম থেকে উঠি। 아미 서깔 샷타르 디께 굼 테께 우티.	B	저는 아침 7시쯤 일어나요.
A	সকালের খাবার কি ভাবে খান? 서깔에르 카바르 끼 바베 칸?	A	아침 식사는 어떻게 하세요?
B	রুটি খাই। 로티 카이.	B	빵을 먹어요.
A	কিভাবে অফিসে আসা যাওয়া করেন? 끼바베 어피세 아사 자오아 꺼렌?	A	출퇴근은 뭘로 하세요?
B	বাসে আসা যাওয়া করি। 바세 아사 자오아 꺼리.	B	버스 타고 다녀요.
A	উত্তরা থেকে মতিঝিলে যেতে হলে কত নম্বর বাসে উঠতে হবে? 우떠라 테께 머띠질에 제떼 헐레 꺼떠 넘버르 바세 우트떼 허베?	A	우떠라에서 머디질에 가려면 몇 번 버스를 타야 되나요?
B	১৫নম্বর বাসে উঠতে হবে। 빠네로 넘버르 바세 우트떼 허베.	B	15번 버스를 타야 돼요.
A	ভাড়া কত? 바라 꺼떠?	A	요금이 얼마예요?
B	পনেরো টাকা। 빠네로 타까.	B	9루피예요.
A	ছুটির দিন কি করেন? 추티르 딘 끼 꺼렌?	A	휴일에는 뭐하세요?
B	ঘুমাই না হয় টেলিভিশন দেখি। 구마이 나 허이 텔리비션 데키.	B	잠을 자거나 TV를 봐요

1. 하루 생활
এক দিন জীবন যাপন

하루 생활을 묻고 답할 때
এক দিনের জীবন যাপনে প্রশ্ন ও উত্তর

아침에 몇 시쯤 일어나세요?

সকালে কয়টার দিকে ঘুম থেকে উঠেন?
서깔에 꺼에타르 디게 굼 테게 우텐?

저는 아침 7시 반 쯤 일어나요.

আমি সকাল সাড়ে ৭টার দিকে ঘুম থেকে উঠি।
아미 서깔 사레 삿타르 디께 굼 테께 우티.

몇 시까지 출근해야 돼요?

কয়টার মধ্যে অফিসে যেতে হয়?
꺼에타르 먼데 어피세 제떼 허에?

9시까지 출근하면 돼요.

নয়টার মধ্যে অফিসে যেতে হয়
너에타르 먼데 어피세 제떼 허에.

아침 식사는 어떻게 하세요?

সকালের খাবার কি ভাবে খান?
서깔에르 카바르 끼 바베 칸?

집에서 조금 먹거나 회사 식당에서 먹어요.

বাসা থেকে অল্প খেয়ে যাই না হয় অফিসের রেষ্টুরেন্টে খাই।
바사 테께 얼뻐 케에 자이 나 허에 어피세르 레스투렌에 카이.

몇 시에 퇴근하세요?

কয়টায় অফিস শেষ করে রওনা হন।
꺼에타에 어피스 셰스 꺼레 러오나 헌?

보통 5시쯤 퇴근해요.

সাধারণত ৫টার দিকে অফিস শেষ করে রওনা হই।
사다러너떠 빠쯔타르 디께 어피스 셰스 꺼레 러오나 허이.

출퇴근은 뭘로 하세요?

অফিস শেষ করে কিসে রওনা হন?
어피스 셰스 꺼레 끼세 러오나 헌?

운전해서 다녀요.

নিজে গাড়ী চালিয়ে যাই।
니제 가리 짤리에 자이.

버스 타고 다녀요.

বাসে চড়ে যাই।
바세 쩌레 자이.

저녁 준비는 보통 누가 해요?

সন্ধ্যার খাবার সাধারণত কে তৈরী করেন?
선다르 카바르 사다러너떠 께 도이리 꺼렌?

제가 할 때도 있고, 남편이 할 때도 있어요.

আমিও করি, মাঝে মাঝে স্বামীও করেন।
아미오 꺼리, 마제 마제 샤미오 꺼렌.

저녁은 몇 시쯤 드세요?

সন্ধ্যার খাবার কয়টার সময় খান?
선다르 카바르 꺼에타르 서머에 칸?

8시 30분쯤 먹어요.

৮টা ৩০ মিনিটের দিকে খাই।

아트타 뜨리쉬 미니테르 디께 카이.

휴일에 대해 묻고 답할 때
ছুটির দিন সমন্ধে প্রশ্ন ও উত্তর

휴일에는 뭐하세요?

ছুটির দিনে কি করেন?

추티르 디네 끼 꺼렌?

잠을 자거나 TV를 봐요.

ঘুমাই না হয় টেলিভিশন দেখি।

구마이 나 허이 텔리비션 데키.

친구와 함께 운동장에서 축구를 해요.

বন্ধুর সাথে মাঠে ফুটবল খেলি।

번두르 사테 마테 풋볼 켈리.

가족과 함께 영화를 보러 가요.

পরিবারের সাথে সিনেমা দেখতে যাই।

뻐리바레르 사테 시네마 데크떼 자이.

부모님을 뵈러 시골에 내려 가요.

বাবা মাকে দেখতে গ্রামে যাই।

바바 마께 더크떼 그라메 자이.

2. 레스토랑
রেষ্টুরেন্ট

식당을 찾을 때
রেষ্টুরেন্ট খোঁজার সময়

근처에 좋은 식당 있으면 소개해 주세요.

এলাকায় ভাল রেস্টুরেন্ট থাকলে

엘라까에 발로 레스투렌트 타끌레

পরিচয় করিয়ে দেন।

뻐리쩌에 꺼레 덴.

저렴한 식당으로 추천해 주세요.

সস্তা দামের একটা রেস্টুরেন্ট

서스따 다메르 엑타 레스투렌트

সুপারিশ করে দেন।

수빠리쉬 꺼레 덴.

조용한 분위기의 식당을 원해요.

শান্ত পরিবেশের রেস্টুরেন্ট চাই।

산떠 뻐리베쉐르 레스투렌트 짜이.

근처에 한국 음식점은 없나요?

এলাকায় কোরিয়ান রেস্টুরেন্ট নাই?

엘라까에 꼬리안 레스투렌트 나이?

식당을 예약할 때
রেষ্টুরেন্ট বুকিং করার সময়

예약이 가능합니까?

রেজার্ভেশন করতে পারি?

레자르베션 꺼르떼 빠리?

저녁 8시에 두 자리 부탁합니다.

রাত ৮টায় দুই জনের জন্য অনুরোধ করছি।
라뜨 아트타에 두이 저네르 전너 오누로드 껄치.

예약이 되어 있습니다.

রেজার্ভেশন করা আছে।
레자르베션 꺼라 아체.

6인용 테이블이 있어요?

৬জন বসার টেবিল আছে?
처에전 버사르 테빌 아체?

창가로 예약해 주세요.

জানালার পাশে রেজার্ভেশন করে দেন।
자날라르 빠쉐 레자르베션 꺼레 덴.

식당 입구에서
রেষ্টুরেন্টের দরজা থেকে

예약하셨습니까?

রেজার্ভেশন করেছেন?
레자르베션 꺼레첸?

미나라는 이름으로 예약했습니다.

আমিনুল নামে রেজার্ভেশন করেছি।
아민눌 나메 레자르베션 꺼레치.

몇 분이시죠?

কত জন যেন?
꺼떠 전 제너?

6명이에요.

৬ জন।
처에 전.

이쪽으로 오세요.

এদিকে আসেন।
에디께 아센.

죄송합니다. 빈 자리가 없습니다.

দুঃখিত। খালি সিট নাই।
두키떠. 칼리 시트 나이.

얼마나 기다려야 돼죠?

কতক্ষণ অপেক্ষা করতে হবে?
꺼떠컨 어뻬카 꺼르떼 허베?

30분쯤 기다리셔야 할 겁니다.

৩০মিনিটের মত অপেক্ষা করতে হবে।
뜨리쉬 미니테르 머떠 어뻬카 꺼르떼 허베.

비흡연석에 앉게 해 주세요.

নো স্মোকিং এলাকায় বসতে দিয়েন।
노 스머낑 엘라까에 버스떼 디엔.

메뉴를 물을 때
মেন্যু জানতে চাওয়ার সময়

일행이 오면 주문하겠습니다.

পার্টি আসলে অর্ডার করবো।
빠르티 아슬레 어르다르 꺼르보.

메뉴를 볼 수 있을까요?

মেনু দেখতে পারি কি?
메뉴 뎈떼 빠리 끼?

메뉴판 좀 가져다 주세요.

মেনু প্লেট দয়া করে এনে দেন।

메뉴 뻘레트 더야 꺼레 에네 덴.

메뉴 추천해 주세요.

মেনু সুপারিশ করে দেন।

메뉴 수빠리쉬 꺼레 덴.

음식을 주문할 때
খাবার অর্ডার করার সময়

조금 이따 주문할게요.

একটু পরে অর্ডার করবো।

엑투 뻐레 어르다르 꺼르보.

달밧 2인분 주세요.

ডাল ভাত দুই জনেরটা দেন।

달밧 두이 저 네르타 덴.

쪼우민 한 그릇, 서모사 4개, 갈릭 난과 치킨 커리 주세요.

অর্ডার করা ডিস, সমুচা ৪টা,

어르다르 꺼라 디스, 서무짜 짜르타,

গারলিক নান এবং চিকেন করী দেন।

갈릭 난 에벙 찌껜 꺼리 덴.

저 사람과 같은 걸로 주세요.

ঐ লোকের মত একই রকমটা দেন।

외 로께르 머떠 엑이 러껌타 덴.

와인도 한 병 주세요.

ওয়াইনও এক বোতল দেন।

오아인오 엑 보떨 덴.

주문에 문제가 있을 때
অর্ডারে সমস্যা হওয়ার সময়

이것은 제가 주문한 요리가 아닌데요.

এটা আমার অর্ডার করাটা না।

에 아마르 어르다르 꺼라타 나.

이 요리는 너무 짜요.

এই খাবারে লবণ অনেক বেশী।

에이 카바레 러번 어넥 베시.

너무 매운데요.

অনেক ঝাল হয়েছে।

어넥 잘 허에체.

고기가 덜 익은 것 같아요.

মাংস পুরা সিদ্ধ হয়নি।

망서 뿌라 싣더 허에니.

음식을 먹으면서
খাবার খেতে খেতে

빵을 좀 더 주세요.

রুটি আরো দেন।

루티 아로 덴.

한 병 더 주세요.

আরো এক বোতল দেন।.

아로 엑 보떨 덴

물 좀 주세요.

দয়া করে পানি দেন।

더야 꺼레 빠니 덴.

스푼 새 걸로 바꿔 주세요.

চামচ নতুনটা পরিবর্তন করে দেন।

짜머쯔 너뚠타 뻐리버르떤 꺼레 덴.

식사를 마칠 때
খাওয়া শেষ হওয়ার সময়

정말 맛있었습니다.

সত্যি মজাদার ছিল।
서띠 머자다르 칠러.

고맙습니다만, 더는 못 먹겠어요.

ধন্যবাদ, তবে আর খেতে পারবো না।
던너바드, 떠베 아르 게떼 빠르보 나.

많이 먹었습니다.

অনেক খেয়েছি।
어넥 케에치.

너무 많아서 조금 남겼어요.

অনেক বেশী বলে অল্প অবশিষ্ট রয়েছে।
어넥 버쉬 벌레 얼뻐 어버시스터 러에체.

음식값을 계산할 때
খাবার বিল দেওয়ার সময়

계산서 주세요.

বিল দেন।
빌 덴.

제가 낼게요.

বিল আমি দিবো।
빌 아미 디보.

이번에는 제 차례예요.

এবার আমার পালা।
에바르 아마르 빨라.

다음에는 당신 차례예요.

পরের বার আপানার পালা।
뻐레르 바르 아쁘나르 빨라.

3. 대중 교통
পাবলিক পরিবহন

택시를 이용할 때
ট্যাক্সি ব্যবহার করার সময়

택시 타는 곳이 어디예요?

ট্যাক্সি চড়ার জায়গা কোথায়?
택시 쩌라르 자에가 꼬타에?

택시 좀 불러 주세요.

দয়া করে ট্যাক্সি ডেকে দেন।
더야 꺼레 택시 데께 덴.

굴샨 까지 요금은 얼마 정도 되나요?

গুলশান পর্যন্ত ভাড়া কত হতে পারে?
굴샨 뻐르전뚜 바라 꺼떠 허떼 빠레?

미터로 가 주세요.

মিটার হিসাবে যান।
미타르 히사베 잔.

200 타까에 주세요.

২০০ শত টাকা দেন।
두이 서떠 타까 덴.

버나니 까지 얼마나 걸려요?

বনানী পর্যন্ত যেতে কত সময় লাগে?
버나니 빠르전뚜 제떼 꺼떠 서머에 라게?

버나니로 가 주세요.

বনানী যান।

버나니 잔.

이 주소로 가 주세요.

এই ঠিকানায় যান।

에이 티까나에 잔.

여기서 세워 주세요.

এখানে থামান।

에카네 타만.

여기서 내릴게요.

এখানে নামবো।

에카네 남보.

저기 앞에서 세워 주세요.

এইটার সামনে থামান।

에이타르 삼네 타만.

요금은 얼마죠?

ভাড়া কত?

바라 꺼떠?

버스, 템포, 마이크로 버스 등을 이용할 때
বাস, টেম্পো, মাইক্রোবাস ইত্যাদি ব্যবহার করার সময়

버스 정류장이 어디예요?

বাস স্টপেজ কোথায়?

바스 스터뻿 꼬타에?

이 버스는 어디로 가요?

এই বাস কোথায় যায়?

에이 바스 꼬타에 자에?

굴리스탄에 가려면 몇 번 버스를 타야 되나요?

গুলিস্তান যেতে হলে কত নম্বর বাস চড়তে হবে?

굴리스타네 제떼 헐레 꺼떠 넘버르 바스 쩌르떼 허베?

이 버스는 터멜까지 가나요?

এই বাস গুলিস্তান পর্যন্ত যাবে?

에이 바스 굴리스탄 뻐르전뚜 자베?

요금이 얼마예요?

ভাড়া কত?

바라 꺼떠?

다음 정거장에서 내려 주세요.

পরের স্টপেজে নামিয়ে দেন।

뻬레르 스터뻬제 나미에 덴.

항공기를 이용할 때
বিমান ব্যবহার করার সময়

이 예약을 취소해 주세요.

রেজারভেশন বাতিল করে দেন।

레자르베션 바띨 께레 덴.

예약을 변경하고 싶어요.

রেজারভেশন পরিবর্তন করতে চাই।

레자레베션 뻐리버르떤 꺼르떼 짜이.

창쪽 자리로 예약하고 싶어요.

জানালার দিকে সিট বুকিং করতে চাই।

자날라르 디께 시트 부깅 꺼르떼 짜이.

짐은 전부 2개예요.

লাগেজ সব মিলিয়ে ২টি।
라게즈 셥 밀리에 두이티.

주유소에서
গ্যাস স্টেশন

차에 기름을 넣어야 해요.

গাড়ীতে তেল নিতে হবে।
가리떼 떨 니떼 허베.

기름 10리터 넣어 주세요.

তেল ১০লিটার দেন।
뗄 더스리타르 덴.

기름을 가득 채워 주세요.

তেল ট্যাংকি ভরে দেন।
뗄 탱끼 버레 덴.

렌터카를 이용할 때
ভাড়া গাড়ী ব্যবহার করার সময়

오토바이 한 대를 빌렸으면 합니다.

মটর সাইকেল একটা ভাড়া নিতে
머터르 사이깰 엑타 바라 니떼

চাই।
짜이.

하루에 얼마입니까?

একদিনে কত?
엑디네 꺼떠 바라?

이것이 제 국제면허증입니다.

এটা আমার ইন্টারন্যাশনাল ড্রাইভিং
에타 아마르 인타르내셔날 드라이빙

লাইসেন্স।
라이센스.

보증금이 필요한가요?

সিকিউরিটি মানি দরকার হবে কি?
시끼우리티 마니 더르까르 허베 끼?

사고가 날 경우에 연락할 수 있는 곳을 가르쳐 주세요.

দুর্ঘটনা ঘটলে কোথায় যোগাযোগ
두르거터나 거틀레 꼬타에 조가족

করতে হবে জানিয়ে দেন।
거르떼 허베 자니에 덴.

조심해서 운전하세요.

সাবধান ভাবে গাড়ী চালান।
삽단 바베 가리 짤란.

4. 은행
ব্যাংক

은행을 찾을 때
ব্যাংক খোঁজার সময়

이 근처에 은행이 있습니까?

এই এলাকায় ব্যাংক আছে কি?
에이 엘라까에 뱅크 아체 끼?

이 동네에 은행이 어디에 있어요?

এই এলাকায় ব্যাংক কোথায় আছে?

에이 엘라까에 뱅크 꼬타에 아체?

어디에서 ATM 기계를 사용할 수 있습니까?

কোথা থেকে ATM মেশিন ব্যবহার করতে পারি?

꼬타 테께 ATM 메쉰 배버하르 꺼르떼 빠리?

은행 영업 시간을 확인할 때
ব্যাংকের কার্য দিবস নিশ্চিত হতে

은행은 몇 시에 문을 엽니까?

ব্যাংক কয়টার সময় খোলে?

뱅크 꺼에타르 서머에 콜레?

은행은 몇 시까지 엽니까?

ব্যাংক কয়টার মধ্যে খোলে?

뱅크 꺼에타르 먼데 콜레?

언제 은행 문을 닫습니까?

কবে ব্যাংক বন্ধ থাকে?

꺼베 뱅크 번더 타께?

토요일, 일요일에도 영업합니까?

শনি, রবিবারে ব্যাংকের কাজ চলে কি?

서니, 러비 바레 뱅케르 갖 쩔레 끼?

환전할 때
মুদ্রা বিনিময়ের সময়

오늘 환율이 어떻게 됩니까?

আজ ডলারের দাম কেমন?

아즈 덜라레르 담 꺼떠?

달러를 루피로 바꿀 때 환율이 어떻게 됩니까?

ডলার টাকায় পরিবর্তন করতে দাম কেমন?

덜라르 타까에 뻐리버르떤 꺼르떼 담 게먼?

1달러에 90 타까입니다.

এক ডলারে ৯০টাকা হবে।

엑 덜라레 넙버이 타까 허베.

1000원에 90 타까입니다.

১০০০অনে ৯০টাকা।

엑 하자르 원에 넙버이 타까 허베.

어디서 환전할 수 있나요?

কোথাও থেকে ডলার পরিবর্তন করা যায়?

꼬타오 테께 덜라르 뻐리버르떤 꺼라 자에?

이 여행자 수표를 현금으로 바꿔 주세요.

এই ভ্রমণকারী চেক নগদে পরিবর্তন করে দেন।

에이 브러먼까리 쩩 너거데 뻐리버르떤 꺼레 덴.

잔돈도 섞어 주십시오.

খুচরা পয়সাও মিশায়ে দেন।

쿠쯔라 뻐에사오 미샤에 덴.

100달러를 10달러 지폐로 바꿔주십시오.

১০০ ডলার ১০ ডলারের নোটে

액서떠 덜라르 더쉬 덜라레르 노테

পরিবর্তন করে দেন।

빠리버르떤 꺼레 덴.

계좌를 개설할 때
হিসাব খোলার সময়

계좌를 개설하고 싶습니다.

একাউন্ট খুলতে চাই।

애까운트 쿨떼 짜이.

여권이나 신분증을 보여주세요.

পাসপোর্ট বা জাতীয় পরিচয় পত্র

빠스뽀르트 바 자이어 빠리쩌의 빠뜨러

দেখান।

데칸.

이 양식지 채워 주세요.

এই ফর্মটি পূরণ করুন।

에이 퍼름티 뿌런 꺼룬.

이쪽 아래에 서명해 주세요.

এদিকে নীচে স্বাক্ষর করেন।

에디께 니쩨 샤커르 꺼렌.

비밀 번호도 필요합니다.

গোপন নম্বরও দরকার।

고뻔 넘버르오 더르까르.

여기에 통장이 있습니다.

এখানে একাউন্ট বই আছে।

에카네 애까운트 버이 아체.

입출금, 송금을 할 때
উত্তোলন জমা ও পাঠানোর সময়

얼마를 입금하시겠습니까?

কত জমা করবেন?

꺼떠 저마 꺼르벤?

1000달러를 입금하겠습니다.

১০০০ ডলার জমা করবো।

액하자르 달라르 저마 꺼르보.

돈을 찾고 싶습니다.

টাকা তুলতে চাই।

타까 뚤떼 짜이.

ATM에 지폐를 입금할 수 있습니까?

ATM-এ চেক জমা করা যায়?

ATM에 쩨크 저마 꺼라 자의?

제 계좌에 잔고가 어떻게 되죠?

আমার একাউন্টে ব্যালেন্স কেমন?

아마르 애까운테 밸란스 께먼?

이체를 할 수 있습니까?

টাকা পাঠানো যায়?

타까 빠타노 자의?

저는 한국으로 송금하고 싶습니다.

আমি করিয়াতে টাকা পাঠাতে চাই।

아미 꼬리아떼 타까 빠타떼 짜이.

이체를 원하시는 금액이 얼마입니까?

পাঠাতে চাওয়া টাকার পরিমাণ

빠타떼 짜오아 타까르 빠리만

কত?

꺼떠?

30만원을 이체하겠습니다.

৩লাখ অন পাঠাবো।.

띤랔 원 빠타보.

여기에 고객님의 돈을 받을 수 있는 은행을 써 주세요.

যে ব্যাংকে টাকা পাবে তার নাম

제 뱅케 타까 빠베 따르 남

এখানে লিখে দেন।

에카네 리케 덴.

여기에 수취인의 구좌번호를 써 주세요.

এখানে প্রাপকের অ্যাকাউন্ট নম্বর

에카네 쁘라버께르 에까운트 넘버르

লিখে দেন।

리케 덴.

일주일 후에 돈이 도착할 것입니다.

এক সপ্তাহ পরে টাকা পৌছাবে।

엑 서쁘따허 뻐레 타까 뽀우차베.

3일 후에 돈이 도착할 것입니다.

৩দিন পরে টাকা পৌছাবে।

띤딘 뻐레 타까 뽀우차베.

5. 우체국

ডাকঘর

우체국을 찾을 때
ডাকঘর খোঁজার সময়

우체국은 어디입니까?

ডাকঘর কোথায়?

닦거르 꼬타에?

우체국은 여기에서 버스로 5분 거리에 있습니다.

ডাকঘর এখান থেকে বাসে চড়ে

닦거르 에칸 테께 바세 쪼레

৫মিনিট দুরত্বে আছে।

빠쯔 미니트 여러떼 아체.

가장 가까운 우체국은 어디입니까?

সবচেয়ে কাছের ডাকঘর কোথায়

섭쩨에 까체르 닦거르 꼬타에

আছে?

아체?

걸어서 가면 얼마나 걸립니까?

হেটে গেলে কতক্ষণ লাগবে?

헤테 겔레 꺼떠컨 락베?

우표를 살 때
ডাকঘর টিকেট কেনার সময়

우체국에서 우표를 살 수 있습니까?

ডাকঘর থেকে ডাক টিকেট কেনা

닦거르 테게 닦 티께트 께나

যাবে কি?
자베 끼?

어디에서 우표를 삽니까?
কোথা থেকে ডাক টিকেট কিনবো?
꼬타 테께 닥 티께트 낀보?

2번 창구에서 팝니다.
২ নম্বর জনালা থেকে বিক্রি করে।
두이 넘버르 자날라 테께 비끄리 꺼레.

우표 한 장에 얼마입니까?
ডাক টিকেট একটা কত?
닥 티께트 엑타 꺼떠?

한 장에 9루피입니다.
একটা টিকেট ৯টাকা.
엑타 티께트 너에 타까.

우표 5장을 주세요.
ডাক টিকেট ৫টা দেন।
닥 티께트 빠쯔타 덴.

편지, 소포를 부칠 때
চিঠি, পার্সেল পাঠানোর সময়

이 편지를 등기로 부쳐 주세요.
এই চিঠি রেজিষ্ট্রি করে পাঠিয়ে দেন।
에이 찌티 레지스트리 꺼레 빠티에 덴.

한국에 도착하는데 며칠 걸립니까?
কোরিয়া পৌছাতে কত দিন লাগবে?
꼬리야 뽀우차떼 꺼떠 딘 락베?

이 편지를 항공편으로 보내 주세요.
এই চিঠি এয়ারে পাঠিয়ে দেন।
에이 찌티 에아레 빠티에 덴.

얼마입니까?
কত
꺼떠?

이 소포를 등기로 부쳐 주세요.
এই প্যাকেজ রেজিষ্ট্রি করে পাঠিয়ে
에이 빠께즈 레지스트리 꺼레 빠티에
দেন।
덴.

소포 안에는 무엇이 있습니까?
প্যাকেজের ভিতর কি আছে?
빠께제르 비떠르 끼 아체?

소포 안에는 책과 옷이 있습니다.
প্যাকেজের ভিতর বই এবং পোষাক
빠께제르 비떠르 버이 에벙 뽀샥
আছে।
아체.

중량이 조금 초과됩니다. 돈을 더 지불하셔야 합니다.
ওজন একটু বেশী হয়েছে।
어전 엑투 베쉬 허에체.
আরো টাকা দিতে হবে।
아로 타까 디떼 허베.

이 소포는 2주일이면 한국에 도착할 것입니다.
এই প্যাকেজ ২সপ্তাহ হলে কোরিয়া
에이 빠께즈 두이 서쁘따 헐레 꼬리아
পৌছে যাবে।
뽀우체 자베.

6. 이발과 미용
সেলুন ও বিউটি পার্লার

이발소에서 সেলুন থেকে

머리를 어떻게 깎아 드릴까요?
চুল কিভাবে ছেঁটে দিবো?
쭐 끼바베 체테 디보?

좀 짧게 깎아 주세요.
একটু ছোট করে ছেঁটে দেন।
엑투 초터 꺼레 체테 덴.

조금만 깎아 주세요.
অল্প ছেঁটে দেন।
얼뻐 체테 덴.

앞머리는 깎지 말고 남겨 주세요.
সামনের চুল না ছেঁটে রেখে দেন।
삼네르 쭐 나 체테 레케 덴.

옆은 짧게 깎아 주세요.
পাশের চুল ছোট করে ছেঁটে দেন।
빠세르 쭐 초터 꺼레 체테 덴.

머리를 감겨 주세요.
মাথা ধুয়ে দেন।
마타 두에 덴.

머리 감으러 이쪽으로 오세요.
মাথা ধুতে এদিকে আসেন।
마타 두떼 에디께 아센.

미용실에서 বিউটি পার্লার সেলুন থেকে

우선, 머리를 감겨 드리겠습니다.
প্রথমত, মাথা ধুয়ে দিবো।
쁘러터머떠, 마타 두에 디보.

이쪽으로 오세요.
এদিকে আসেন।
에띠께 아센.

머리를 어떻게 해 드릴까요?
চুল কিভাবে ছেঁটে দিবো?
쭐 끼바베 체테 디보?

살짝만 다듬어 주세요.
সামান্য একটু রাউন্ড দিয়ে দেন।
사만노 엑투 라운드 디에 덴.

짧게 잘라 주세요.
ছোট করে ছেঁটে দেন।
초터 까레 체테 덴.

파마를 해주세요.
ফামা করে দেন।
파마 꺼레 덴.

파마 어떻게 해드릴까요?
কিভাবে ফামা করে দিবো?
끼바베 파마 꺼레 디보?

굵게 해주세요.
পুরু ভাবে করে দেন।
뿌루 바베 꺼레 덴.

곧게 펴 주세요.
বাকা গুলো সজা করে দেন
바까 굴로 소자 꺼레 덴.

염색도 해주세요.

চুলে রংও করে দেন।
쭐레 렁오 께레 덴.

무슨 색으로 해드릴까요?

কি রং করে দিবো?
끼 렁 꺼레 디보?

갈색으로 해주세요.

বাদামী রং করে দেন।
바다미 렁 꺼레 덴.

매니큐어를 하시겠습니까?

নখ পালিশ করবেন কি?
너크 빨리스 꺼르벤 끼?

찢어진 곳을 꿰매 주세요.

ছিড়া জায়গা সেলাই করে দেন।
치라 자에가 셀라이 꺼레 덴.

이 얼룩을 없애 주세요.

এই দাগটা তুলে দিয়েন।
에이 닥타 뚤레 디엔.

며칠 걸릴까요?

কত দিন লাগবে?
꺼떠 딘 락베?

하루면 됩니다. 내일 이 시간에 다시 오세요.

একদিন হলে হবে।
엑딘 헐레 허베.

আগামীকাল এই সময়ে আসেন।
아가미 깔 에이 서머에 아센.

7. 세탁소
লন্ড্রি

세탁물을 맡길 때
লন্ড্রি করতে দেওয়ার সময়

이 옷을 좀 다려 주세요.

এই পোষাক টা আইরণ করে দেন।
에이 뽀샥 타 아이런 꺼레 덴.

단추가 떨어졌습니다. 붙여 주세요.

বোতাম ছিড়ে গিয়েছে।
보땀 치레 기에체.

লাগিয়ে দেন।
라기에 덴.

세탁물을 찾을 때
লন্ড্রি করা কাপড় নেওয়ার সময়

제 세탁물이 나왔나요?

আমার পোষাক ধুলাই হয়েছে?
아마르 뽀샥 둘라이 허에체?

영수증을 주세요. 찾아 드리겠습니다.

রশিদটা দেন। খুজে দিবো।
러시드타 덴. 쿠제 디보.

이 얼룩은 없앨 수가 없습니다.

এই দাগ উঠানো যাবে না।
에이 닥 우타노 자베 나.

새 단추 가격을 지불하셔야 합니다.

নতুন বোতামের দাম দিতে হবে।
노뚠 보따메르 담 디떼 허베.

8. 부동산과 관공서
রিয়েল এস্টেট এবং সরকারী অফিস

부동산 중개소에서
রিয়েল এস্টেট অফিস থেকে

전 방 3개까지 집을 원합니다.

আমি ৩রুমের বাসা চাই।

아미 띤 루메르 바사 짜이.

전 욕실이 2개인 집을 원합니다.

আমি ২টা বাথরুম ওয়ালা বাসা চাই।

아미 두이타 바트룸 오알라 바사 짜이.

해가 잘 드는 방을 원합니다.

সূর্যের আলো ভালো আসা রুম চাই।

수르제르 알로 발로 아사 룸 짜이.

지금 방을 볼 수 있을까요?

এখন রুম দেখতে পারি?

에컨 룸 데크떼 빠리?

방은 언제 볼 수 있을까요?

রুম কখন দেখতে পারি?

룸 꺼컨 데크떼 빠리?

임대는 얼마입니까?

ভাড়া কত?

바라 꺼떠?

보증금은 얼마입니까?

সিকিউরিটি মানি কত?

시끼우리티 마니 꺼떠?

관공서에서 সরকারী অফিস থেকে

무엇을 도와 드릴까요?

কি সাহায্য করবো?

끼 사하즈저 꺼르보?

무슨 일이신가요?

কি কাজ করেন?

끼 까즈 꺼렌?

앉아서 잠시만 기다려 주세요.

বসে একটু অপেক্ষা করেন।

버세 엑투 어뻬카 꺼렌.

성함과 주소를 알려 주세요.

নাম এবং ঠিকানা বলেন।

남 에벙 티까나 벌렌.

이 양식을 채워 주세요.

এই ফর্ম পূরণ করে দেন।

에이 퍼름 뿌런 꺼레 덴.

비자 연장하려면 얼마나 걸릴까요?

ভিসা নবায়ন করতে হলে কত দিন লাগবে?

비자 너바언 꺼르떼 헐레 꺼떠 딘 락베?

우바 택시 사용 উবা টেক্সি ব্যবহার

우바가 무에요?

উবা কি?

우바 끼?

온라인에서 택시 불러서 사용 할 수 있는 하나 교통시설입니다.

অনলাইন থেকে টেক্সি ডেকে
온라인 테께 택시 데께

ব্যবহার করার একটি পরিবহন
배버하르 꺼라르 엑티 뻐리버헌

ব্যবস্থা হলো উবা।
배버스타 헐로 우바.

이제 다카의 어디서나 편안하게 택시 불러서 사용할 수 있습니다.

এখন ঢাকার যে কোন জায়গা থেকে
에컨 다카르 제 꼬너 자이가 테께

আরামদায়ক ভাবে টেক্সি ডেকে
아람다억 바베 택시 데께

ব্যবহার করা যায়।
배버하르 꺼라 자의.

어떻게 해야 할 수 있을까요?

কিভাবে করতে হবে?
끼바베 꺼르떼 허베?

우바는 한국에서 사용한 카카오 택시와 거의 비슷합니다.

উবা হলো কোরিয়াতে ব্যবহার করা
우바 헐로 꼬리아떼 배버하르 꺼라

কাকাও টেক্সির মত প্রায় একই
카카오 택시르 머떠 쁘라의 액이

রকম।
러껌.

우바 사용하려고 하면 먼저 우바의 앱 설치해야 합니다.

উবা ব্যবহার করতে হলে প্রথমে উবা
우바 배버하르 꺼르떼 헐레 쁘러터메 우바

অ্যাপ্লিকেশন ডাউনলোড করতে
애플리케이션 다운로드 꺼르떼

হবে।
허베.

그래서 스마트폰 하나 있어야 합니다.

সেইজন্য স্মার্ট ফোন একটা থাকতে
세이전너 스마트 폰 엑타 탁떼

হবে।
허베.

그 스마트폰에 인터넷 연결 있어야 합니다.

সেই স্মার্ট ফোনে ইন্টারনেট সংযোগ
세이 스마트 폰에 인터넷 성족

থাকতে হবে।
탁떼 허베.

쁠레 스토어에서 UBER 앱 설치하고 가입해야 합니다.

গুগল প্লে স্টোর থেকে উবার
구글 쁠레 스토어 테께 우바르

অ্যাপ্লিকেশন ডাউনলোড করে
애플리케이션 다운로드 꺼레

রেজিস্ট্রেশন করতে হবে।
레지스트레이션 꺼르떼 허베.

우바 앱에 로그인 한 후 지삐에스 온하고 사용자가 우바 택시 부를수 있습니다.

উবা অ্যাপ্লিকেশনে লগইন করার
우바 애플리케이션 로그인 꺼라르

পর জিপিএস অন করে ব্যবহারকারী
뻐르 GPS 온 꺼레 배버하르까리

উবা টেক্সি ডাকতে পারেন।
우바 택시 닥때 빠렌.

PART 7 • 일상 표현

파란색 아이콘으로 사용자의 위치를 말합니다.

নীল রং্যের আইকোন ব্যবহারকারীর
닐 렁에르 아이콘 배버하르까리르

অবস্থাকে বুঝায়।
어버스탄 부자의.

옆에 차의 아이콘 보고 차 몇 대 있는지 알 수 있습니다.

পাশে গাড়ীর আইকোন দেখে গাড়ী
빠세 가리르 아이콘 데케 가리

কয়টা আছে তা বুঝা যাবে।
꺼의타 아체 다 부자 자베.

그 다음에 위에서 Where to 눌러서 어디서 어디 갈건지 정할 수 있습니다.

এর পর উপর থেকে Where to ক্লিক
에르 뻐르 우뻐르 테께 Where to 클릭

করে কোথা থেকে কোথায় যাবেন
꺼래 꼬타 테께 꼬타의 자벤

তা নির্ধারণ করা যাবে।
다 니르다런 꺼라 자베.

어디 가는지 정한 후에 택시비가 얼마인지 대충 알 수 있습니다.

কোথায় যাবেন তা নির্ধারণ করার
꼬타의 자벤 다 니르다런 꺼라르

পর টেক্সি ভাড়া কত হবে মোটামুটি
뻐르 택시 바라 꺼떠 허베 모타무티

জানা যায়।
자나 자의.

택시비는 온라인이나 도착해서 주셔도 됩니다.

টেক্সি ভাড়া অনলাইনের মাধ্যমে
택시 바라 온라이네르 맏더메

বা গন্তব্যে পৌছেও দেওয়া যায়।
바 건떱베 뽀우체오 데오아 자의.

request uberx 클릭하면 주변의 모든 우바 택시한테 요청들어 갑니다.

request uberx ক্লিক করলে
Request uberx 클릭 꺼르레

কাছাকাছি থাকা সকল টেক্সির
까차까치 타까 서껄 택시르

কাছে অনুরোধ চলে যাবে।
까체 어누로드 쩔레 자베.

그중에서 요청 수락하는 사람의 정부 요청자에게 옵니다.

তার মধ্য থেকে অনুরোধ গ্রহণ করা
따르 먿더 테께 어누로드 그러헌 꺼라

টেক্সি চালকের তথ্যাদি
택시 짤러께르 떠타디

অনুরোধকারীর কাছে আসবে।
어누로드까리르 까체 아쉬베.

요청자가 수락하는 택시 운전수의 이름, 사진, 전화번호, 차번호 등 볼 수 있습니다.

অনুরোধকারী অনুরোধ গ্রহণকারীর
어누로드까리 어누로드 그러헌까리르

নাম, ছবি, ফোন নম্বর, গাড়ির নম্বর
남, 처비, 폰 넘버르, 가리르 넘버르

ইত্যাদি দেখতে পাবেন।
이따디 데크떼 빠벤.

수락하는 택시 어디 있는지, 도착 시간 몇 시는지 볼 수 있습니다.

অনুরোধ গ্রহণকারী টেক্সি কোথায়
어누로드 그러헌까리 택시 꼬타의

আছে? কয়টায় পৌছাবে তা দেখা
아체? 꺼의타의 뽀우차베 다 데카

যাবে।
자베.

PART 8

긴급 표현

1. 난처한 상황
2. 분실과 도난
3. 병원
4. 약국

A 의사 / B 환자

A	কোথাও অসুস্থ্যতা আছে কি না? 꼬타오 어수스떠따 아체 끼 나?	A	어디가 아픈가요?
B	মাথা ব্যাথা। 마타 배타.	B	머리가 아파요.
A	ব্যাথা কতদিন হয়েছে? 배타 꺼떠딘 허에체?	A	아픈 지 얼마나 됐어요?
B	৫দিন হয়েছে। 빠쯔 딘 허에체.	B	5일 됐어요.
A	গাল হা করেন। 갈 하 꺼렌.	A	입을 벌려보세요.
	অন্য কোনো লক্ষণ নাই? 언너 꼬노 러컨 나이?		다른 증상은 없어요?
B	মাথা ঘুরায়। 마타 구라에.	B	어지러워요.
A	কাশি এই জন্য বিশ্রাম করেন। 까쉬 에이 전너 비스람 꺼렌.	A	감기니까 쉬세요.
	ওষুধ লিখে দিবো। 오슈드 리케 디보.		약을 처방해 드릴게요.
	খাবার পরে এই ওষুধ খাবেন। 카바르 뻐레 에이 오슈드 카벤.		식후에 이 약을 드세요.
B	কয়টা ট্যাবলেট খেতে হবে? 꺼에타 태블레트 케떼 허베?	B	몇 알을 먹어야 합니까?
A	দিনে একবার, একটা ট্যাবলেট। 디네 엑바르, 엑타 태블레트.	A	하루에 한 번, 한 알이요.
	এক সপ্তাহ পরে আবার আসেন। 엑 서쁘따허 뻬레 아바르 아센.		일주일 뒤에 다시 오세요.

1. 난처한 상황
বিব্রত পরিস্থিতিতে

난처할 때 বিব্রত হলে

무슨 일인가요?
কি হয়েছে?
끼 허에체?

여권을 분실했어요.
পাসপোর্ট হারিয়ে গিয়েছে।
빠스뽀르트 하리에 기에체.

도둑이 제 가방을 훔쳐갔어요.
ছিনতাইকারী ব্যাগ কেড়ে নিয়েছে।
친따이까리 백 께레 니에체.

신용카드를 잃어버렸어요.
ক্রেডিট কার্ড হারিয়ে ফেলেছি।
끄레디트 까르드 하리에 펠레치.

제 차가 길 한가운데서 고장이 났어요.
আমার গাড়ী রাস্তার মাঝে নষ্ট হয়ে গিয়েছে।
아마르 가리 라스따르 마제 너스터 허에 기에체.

전기가 나갔어요.
বিদ্যুত চলে গিয়েছে।
빈듯 쩔레 기에체.

샤워하고 있는데 물이 끊겼어요.
গোছল করছিলাম এদিকে পানী শেষ হয়ে গেল।
고철 꺼르칠람 에디께 빠니 세쉬 허에 겔러.

열쇠를 잃어버렸어요.
চাবি হারিয়ে ফেলেছি।
짜비 하리에 펠레치.

말이 통하지 않을 때 কথোপকথন না চলার সময়

한국어 하는 사람을 불러 주세요.
কোরিয়ান ভাষা বলা লোক ডেকে দেন।
꼬리안 바샤 벌라 룩 데께 덴.

다른 사람 없어요?
অন্য লোক নাই?
언너 룩 나이?

누가 영어를 할 수 있나요?
কেউ ইংরেজী বলতে পারে কিনা?
께우 잉래지 벌떼 빠레 끼나?

저는 벵골어를 잘 못해요.
আমি বাংলা ভাষা ভালো পারিনা।
아미 방글라 바샤 발로 빠리나.

무슨 말씀인지 이해 못 하겠어요.
কি কথা বুঝতে পারছি না।
끼 꺼타 부즈떼 빠르치 나.

천천히 말씀해 주세요.

ধীরে ধীরে কথা বলে দেন।

디레 디레 꺼타 벌레 덴.

써 주실 수 있으세요?

লিখে দিতে পারেন?

리케 디떼 빠렌?

위급한 상황일 때 জরুরী পরিস্থিতিতে

문 좀 열어 주세요.

দয়া করে দরজা খুলে দেন।

더야 꺼레 더러자 쿨레 덴.

위험해요.

বিপদজনক।

비뻐드저넊.

의사 좀 불러 주세요.

দয়া করে ডাক্তার ডেকে দেন।

더야 꺼레 닦따르 데께 덴.

경찰 좀 불러 주세요.

দয়া করে পুলিশ ডেকে দেন।

더야 꺼레 뿔리쉬 데께 덴.

구급차 좀 불러 주세요.

দয়া করে অ্যাম্বুলেন্স ডেকে দেন।

더야 꺼레 앰불렌스 데께 덴.

도둑이야.

চোর।

쪼르.

도움을 요청할 때 সাহায্য চাওয়ার সময়

도와 주세요.

সাহায্য করেন।

사하즈저 꺼렌.

도움이 필요해요.

সাহায্য প্রয়োজন।

사하즈저 쁘러어전.

이 근처에 경찰서가 어디에 있어요?

এই এলাকায় পুলিশ স্টেশন কোথায়

에이 엘라가에 뿔리쉬 스테션 꼬타에

আছে?

아체?

의사 있나요?

ডাক্তার আছে কি?

닦따르 아체 끼?

제 친구에게 연락 좀 해 주세요.

দয়া করে আমার বন্ধুর কাছে

더야 거레 아마르 번두르 까체

যোগাযোগ করে দেন।

조가족 꺼레 덴.

핸드폰이 없어요. 한 번만 써도 될까요?

মুঠো ফোন নাই।

무토 폰 나이.

একবার শুধু ব্যবহার করতে পারি?

엒바르 슈두 배버하르 꺼르떼 빠리?

2. 분실과 도난
হারানো এবং চুরি যাওয়া

분실했을 때 হারিয়ে গেলে

가방을 잃어 버렸어요.

ব্যাগ হারিয়ে ফেলেছি।.

백 하리에 펠레치.

버스에 지갑을 두고 내렸어요.

বাসে মানি ব্যাগ রেখে নেমে পড়েছি।

바세 마니 백 레케 네메 빠레치.

여권을 잃어 버렸어요.

পাসপোর্ট হারিয়ে ফেলেছি।

빠스뽀르트 하리에 펠레치.

비행기표를 잃어 버렸어요.

বিমানের টিকেট হারিয়ে ফেলেছি।

비마네르 티께트 하리에 펠레치.

분실 신고를 하고 싶어요.

জিনিস হারানোর রিপোর্ট করতে চাই।

지니쉬 하라노르 리뽀르트 꺼르떼 짜이.

어디서 분실 신고를 하죠?

জিনিস হারানোর রিপোর্ট কোথায় করা যায়?

지니쉬 하라노르 리뽀르트 꼬타에 꺼라 자에?

도난 당했을 때 চুরি হলে

지갑을 도난당했어요.

মানিব্যাগ চুরি হয়েছে।

마니백 쭈리 허에체.

신용카드가 없어졌어요.

ক্রেডিট কার্ড খুজে পাচ্ছি না।

끄레디트 까르드 쿠제 빠쯔치 나.

도난 신고를 할 때 চুরির অভিযোগ করার সময়

경찰에 알리고 싶습니다.

পুলিশকে জানাতে চাই।

뿔리쉬께 자나떼 짜이.

도난 증명서를 만들어 주세요.

চুরি হওয়ার সনদপত্র তৈরি করে দেন।

쭈리 허오아르 서너드뻐뜨러 떠이리 꺼레 덴.

3. 병원
হাসপাতাল

예약할 때 | বুকিং করার সময়

진료를 받고 싶습니다.

চিকিৎসা নিতে চাই।

찌깃샤 니떼 짜이.

내일 오후에 의사 선생님과 약속을 잡을 수 있을까요?

আগামীকাল বিকালে ডাক্তার

아가미깔 비깔레 닥따르

সাহেবের কাছে সময় পেতে পারি?

사헤베르 까체 서머에 뻬떼 빠리?

의사 선생님께 언제 진료를 받을 수 있을까요?

ডাক্তার সাহেবের কাছে কখন

닥따르 사헤베르 까체 꺼컨

চিকিৎসা নিতে পারি?

찌깃샤 니떼 빠리?

병원 접수 창구에서 হাসপাতালে নিবন্ধন কাউন্টার থেকে

무엇을 도와 드릴까요?

কি সাহায্য করবো?

끼 사하져 꺼르보?

몇 시에 예약하셨습니까?

কয়টায় বুকিং করবো?

꺼에타에 부낑 꺼르보?

처음 오셨나요?

প্রথম এসেছেন?

쁘러텀 에세첸?

병원에 오신 적 있으신가요?

হাঁসপাতালে আগে কখনও

하스빠딸레 아게 꺼커노

এসেছিলেন?

에세칠렌?

환자의 성함이 어떻게 되시죠?

রোগীর নাম কি হবে?

로기르 남 끼 허베?

건강 보험은 가지고 계신가요?

স্বাস্থ্য বীমা সাথে নিয়ে এসেছেন?

사스터 비마 사테 니에 에세첸?

증상을 물을 때 লক্ষণ জানতে চাওয়ার সময়

어디가 아픈가요?

অসুস্থতা কোথায়?

어수스터따 꼬타에?

증상이 어떠신가요?

লক্ষণ কেমন?

러컨 께먼?

아픈 지 얼마나 되었나요?

কত দিন হলো অসুস্থ্য হয়েছেন?

꺼떠 딘 헐로 어수스터 허에첸?

언제부터 아팠나요?

কবে থেকে অসুস্থ্য হয়েছেন?

꺼베 테께 어수스터 허에첸?

어지러우세요?

মাথা ঘুরায় কি?

마타 구라에 끼?

가슴에 통증이 있나요?

বুকে ব্যাথা আছে কি?

부께 배타 아체 끼?

다른 증상이 있나요?

অন্য লক্ষণ আছে কি?

언너 리컨 아체 끼?

증상에 대해 대답할 때
লক্ষণ সমন্ধে জবাব দেওয়ার সময়

기운이 없어요.

গায়ে শক্তি নাই।

가에 셖띠 나이.

몸 상태가 안 좋아요.

শরীরের অবস্থা খারাপ।

셔리레르 어버스타 카라쁘.

감기에 걸렸어요.

কাশি হয়েছে।

까쉬 허에체.

머리가 아파요.

মাথা ব্যাথা।

마타 배타.

토할 것 같아요.

বমি ভাব লাগছে।

버미 밥 락체.

배가 아파요.

পেট ব্যাথা।

뻬트 배타.

설사를 해요.

পাতলা পায়খানা হয়।

빠뜰라 빠에카나 허에.

열과 기침이 나요.

জ্বর ও কাশি আসে।

저르 오 까쉬 아세.

피부가 가려워요.

গায়ের চামড়া চুলকায়।

가에르 짬라 쭐가에.

몸이 춥고 떨려요.

শীতে গা কাঁপে।

시떼 가 까뻬.

발목이 부었어요.

পায়ের গোড়ালি ফুলেছে।

빠에르 고랄리 풀레체.

숨쉴 때, 여기가 아파요.

শ্বাস নেয়ার সময় এখানে ব্যাথা করে।

사스 네오아르 서머에 에카네 배타 꺼레.

걸을 때, 여기가 아파요.

হাটার সময় এখানে ব্যাথা করে।

하타르 서머에 에카네 배타 거레.

계단에서 넘어졌어요.

সিঁড়ি থেকে পড়ে গিয়েছি।

시리 테게 뻐레 기에치.

손가락이 문에 끼었습니다.

হাতের আঙ্গুল দরজায় চাপা লেগেছে।

하떼르 앙굴 더러자의 짜빠 레게체.

발가락이 문에 끼었습니다.

পায়ের আঙ্গুল দরজায় চাপা লেগেছে।

빠에르 앙굴 더러자의 짜빠 레게체.

검사할 때 পরীক্ষা করার সময়

입을 벌려보세요.

গাল হা করেন।

갈 하 꺼렌.

혀를 내밀어 보세요.

জিহ্বা বাহির করেন।

집하 바히르 꺼렌.

숨을 내쉬세요.

শ্বাস ফেলেন।

샤스 펠렌.

체온을 재겠습니다.

গায়ের তাপ মেপে দেখি।

가에르 따쁘 메뻬 데키.

소매를 걷으세요.

হাত প্রসারিত করেন।

하뜨 쁘러샤리떠 꺼렌.

엑스레이를 찍겠습니다.

এক্সরে করবো।

엑스레 꺼르보.

소변을 여기에 담아 오세요.

প্রসাব এখানে জমা করেন।

쁘러삽 에카네 저마 거렌.

일주일 후에 결과를 받을 수 있습니다.

এক সপ্তাহ পর ফলাফল পাওয়া যাবে।

엑 서쁘따허 뻐르 펄라펄 빠오아 자베.

외과에서 অপারেশন রুম থেকে

상처에 피가 납니다.

আহত জায়গা থেকে রক্ত বের হয়।

아허떠 자에가 테게 럭떠 베르 허에.

팔이 부러졌어요.

হাত ভেংগে গিয়েছে।

핫 벵게 기에체.

상처를 꿰매야 합니다.

আহত জায়গা সেলাই করতে হবে।

아허떠 자에가 셀라이 꺼르떼 허베.

7일 후에 실을 뽑겠습니다.

৭ দিন পর সেলাই কেটে দিবো।

삿 딘 빠르 셀라이 게테 디보.

치과에서 দন্ত বিভাগ থেকে

이가 아픕니다.

দাঁতে ব্যাথা।

다떼 배타.

이가 썩었어요.

দাঁত নষ্ট হয়েছে।
닷 너스터 허에체.

이가 흔들려요.

দাঁত নড়ে।
닷 너레.

이를 뽑아야 합니다.

দাঁত তুলতে হবে।
닷 뚤떼 허베.

안과에서 চক্ষু বিভাগ থেকে

눈이 아파요.

চোখ ব্যাথা।
쪽 배타.

눈이 충혈되었어요.

চোখ লাল হয়েছে।
쪽 랄 허에체.

눈이 따끔해요.

চোখে কাটা ফোটার মত জ্বালা
쪼케 까타 포타르 머떠 잘라

পোড়া করে।
뽀라 꺼레.

이비인후과에서 কান, নাক, গলা বিভাগ থেকে

감기에 걸렸어요.

কাশি হয়েছ।
까쉬 허에체.

목이 아픕니다.

গলা ব্যাথা।
걸라 배타.

목이 부었어요.

গলা ফুলেছে।
걸라 풀레체.

귀에서 소리가 나요.

কান থেকে শব্দ আসে।
간 테게 셥더 아세.

코가 막혔어요.

নাকের মধ্যে শুকনা হয়ে গিয়েছে.
나께르 먿데 슉나 허에 기에체.

콧물이 계속 나와요.

লাগাতার নাক দিয়ে পানী আসে।
라가따르 낚 디에 빠니 아세.

환자의 상태를 물을 때 রোগীর অবস্থা জানতে

얼마나 안정을 취해야 합니까?

কতটা স্থিতিশীল হওয়া উচিত?
꺼떠 디네르 비스람 짠?

결과가 어떻습니까?

ফলাফল কেমন হয়েছে?
펄라펄 께먼 허에체?

상당히 좋습니다.

বেশ ভালো।
베스 팔로.

여전히 좋지 않습니다.

বেশী ভালো না।
베시 발로 나.

회복하려면 얼마나 걸릴까요?

সুস্থতা ফিরে আসতে কত সময় লাগবে?
수스터따 피레 아스떼 꺼떠 서머이 락베?

3일 정도 걸릴 겁니다.

৩দিনের মত লাগবে।
띤 디에르 머떠 락베.

의사 처방 চিকিৎসকের ব্যবস্থাপনা

주사를 맞으세요.

ইনজেকশন নেন।
인젝션 넨.

약을 처방해 드리겠습니다.

ওষুধ লিখে দিবো।
오슈드 리케 디보.

식후에 이 약을 드세요.

খাবার পর এই ওষুধ খান।
카바르 뻐르 에이 오슈드 칸.

식전에 이 약을 드세요.

খাবার আগে এই ওষুধ খান।
카바르 아게 에이 오슈드 칸.

하루 약을 3번 먹어야 합니다.

দিনে ৩বার ওষুধ খেতে হবে।
디네 띤 바르 오슈드 케떼 허베.

몇 알을 먹어야 합니까?

ট্যাবলেট কয়টা খেতে হবে?
태블레트 꺼에타 케떼 허베?

하루에 한 번, 한 알을 드세요.

দিনে একবার, ১টা ট্যাবলেট খান।
디네 엑바르, 엑타 태블레트 칸.

물을 많이 드세요.

পানী বেশী পান করেন।
빠니 베쉬 반 꺼렌.

오늘은 아무것도 먹어서는 안 됩니다.

আজ কিছু খেলে হবে না।
앚 끼추 켈레 허베 나.

하루종일 쉬세요.

সারা দিন বিশ্রাম করেন।
사라 딘 비스람 꺼렌.

처방전을 갖고 약국으로 가세요.

ব্যবস্থা পত্র নিয়ে ওষুধের দোকানে যান।
배버스타 뻐러 니에 오슈데르 도까네 잔.

일주일 뒤에 다시 오세요.

এক সপ্তাহ পর আবার আসেন।
엑 서쁘타허 뻐르 아바르 아센.

4. 약국

ওষুধের দোকান

이 근처에 약국이 어디 있습니까?

এই এলাকায় ওষুধের দোকান
에이 엘라까에 오슈데르 도깐

কোথায় আছে?
꼬타에 아체?

여기에서 10분 걸어 가면 약국 있습니다.

এখান থেকে দশ মিনিট পায়ে হেটে
에칸 테께 더쉬 미니트 빠에 헤테

গেলে ওষুধের দোকান আছে।
겔레 오슈데르 도깐 아체.

이틀 동안 기침을 하고 있는데 약을 받을 수 있나요?

দুইদিন ধরে কাঁশি হচ্ছে ওষুধ পেতে
두이딘 더레 까쉬 허쯔체 오슈드 뻬떼

পারি কি?
빠리 끼?

네, 이 약을 받으세요, 하루에 세 번씩 식사 후에 먹어야 합니다.

হ্যাঁ, এই ওষুধ নিন, দিনে তিনবার
해, 에이 오슈드 닌, 디네 띤바르

খাওয়ার পর খেতে হবে।
카오아르 뻐르 케떼 허베.

코가 며칠 동안 막혀 있습니다.

কয়েকদিন ধরে নাক বন্ধ হয়ে আছে।
꺼엑딘 더레 낙 번더 허에 아체.

반복해서 재채기가 나오고 있어요.

বার বার হাচি হচ্ছে।
바르 바르 하찌 허쯔체.

코 안에 가려워요.

নাকের মধ্যে চলকায়।
나께르 먿데 쫄까의.

코에서 노란색 가래처럼 나옵니다.

নাক থেকে হলুদ রঙের ময়লা বরে
낙 테께 헐루드 렁에르 머엘라 버르

হচ্ছে।
허쯔체.

코에서 물처럼 나옵니다.

নাক থেকে পানির মত বরে হচ্ছে।
낙 테께 빠니르 머떠 버르 허쯔체.

이런 일이 반복되면서 코의 염증이 생겨서 이제 고통스럽습니다.

বার বার এমন হচ্ছে বলে নাকের
바르 바르 에먼 허쯔체 벌레 나꺼르

মধ্যে ঘা হয়ে এখন ব্যাথা করে।
먿데 가 허에 에컨 배타 꺼레.

코에 물을 따면 따가운 느낌입니다.

নাকে পানি দিলে জ্বালা পোড়া করে।
나께 빠니 딜레 잘라 뽀라 껄레.

3일째 열이 나는데 약을 받을 수 있나요?

তিনদিন ধরে জ্বর অনুভব করছি
띤딘 더레 저르 어누법 꺼르치

ওষুধ পেতে পারি কি?
오슈드 뻬떼 빠리 끼?

네, 이 약을 받으세요, 하루에 세 번씩 식사후 에 먹어야 합니다.

হ্যাঁ, এই ওষুধ নিন, দিনে তিনবার

해, 에이 오슈드 닌, 디네 띤바르

খাওয়ার পর খেতে হবে।

카오아르 뻐르 케떼 허베.

이틀동안 두통이 있는데 약을 받을 수 있나요?

দুইদিন ধরে মাথা ব্যাথা আছে ওষুধ

두이딘 더레 마타 배타 아체 오슈드

পেতে পারি কি?

뻬떼 빠리 끼?

아침 부터 배가 아파요 약을 받을 수 있습니까?

সকাল থেকে পেট ব্যাথা আছে ওষুধ

서깔 테께 뻐트 배타 아체 오슈드

পেতে পারি কি?

뻬떼 빠리 끼?

아침 부터 설사 하고 있는데 약을 받을 수 있습니까?

সকাল থেকে পাতলা পায়খানা হচ্ছে

서깔 테께 빠뜰라 빠에카나 허쯔체

ওষুধ পেতে পারি কি?

오슈드 뻐떼 빠리 기?

아침부터 여러 번 토했습니다.

সকাল থেকে কয়েক বার বমি হয়েছে।

서깔 테께 께엑 바르 버미 헤에체.

냄새를 맡지 못하고 토합니다.

গন্ধ নিতে পারি না বমি আসে।

건더 니떼 빠리 나 버미 아세.

이질 증상이 있습니다. 약 사고 싶어요.

আমাশয়ের লক্ষণ আছে, ওষুধ

아마셰에르 러컨 아체, 오슈드

কিনতে চাই।

낀때 짜이.

PART 9

여행 표현

1. 비행기
2. 공항
3. 숙박
4. 길 안내
5. 관광
6. 뻗마 대교
7. 쇼핑

A (주인) / B (손님)

A কি সাহায্য করবো?
끼 사핮저 꺼르보?
— 무엇을 도와드릴까요?

B দয়া করে ব্যাগ দেখান।
더아 꺼레 백 데칸.
— 가방 좀 보여 주세요.

A কি রংয়ের টা চান?
끼 렁에르 타 짠?
— 어떤 색을 원하십니까?

B হলুদ রংয়ের টা দেন।
헐루드 렁에르 타 덴.
— 노란색으로 주세요.

A এইযে এখানে আছে।
에이제 에카내 아체.
— 여기 있어요.

B আরো ছোট টা নাই?
아로 초토 타 나이?
— 더 작은 것은 없나요?

Q আছে। একটু অপেক্ষা করেন।
아체. 엑투 어뻬카 꺼렌.
— 있어요. 잠시만요.

B অন্য ডিজাইনের নাই?
언노 디자이네르 나이?
— 다른 디자인 없나요?

ডিজাইন অনেক প্লেইন।
디자인 어낵 쁠레인.
— 디자인이 너무 밋밋해요.

A এটা ছাড়া নাই?
에타 차라 나이?
— 이것밖에 없네요.

B অন্য ডিজাইনের টা কবে আসবে?
언노 디자이네르 타 꺼베 아스베?
— 다른 디자인 언제 들어 와요?

A দুই দিন পরে।
두이 딘 뻐레.
— 이틀 뒤에요.

B তাহলে ঐ সময় আবার আসবো।
따헐레 오이 서머에 아바르 아스보.
— 그럼 그때 다시 올게요.

1. 비행기
বিমান

항공권을 구할 때
বিমান টিকিট খুজার সময়

다음주 일요일에 한국행 항공을 예약하고 싶습니다.

পরের সপ্তাহ রবিবার কোরিয়া
뻐레르 서쁘따허 러비바르 꼬리아

যাওয়ার বিমানে টিকেট বুকিং
자오아르 비마네 티께트 부낑

করতে চাই।
꺼르떼 짜이.

5월 15일 다카행 표를 예약하고 싶습니다.

মে মাসের পনেরো তারিখে ঢাকা
메 마세르 뻐네로 따리케 다카

যাওয়ার টিকেট বুকিং করতে চাই।
자오아르 티께트 부낑 꺼르떼 짜이.

한국으로 가는 다음 비행기는 언제 떠납니까?

কোরিয়া যাওয়ার পরের বিমান
꼬리아 자오아르 뻐레르 비만

কখন ছাড়বে?
꺼컨 차르베?

아직 좌석이 남아 있습니까?

এখনো ছিট খালি আছে?
에커노 치트 칼리 아체?

한국행 다른 비행기 편을 알아봐 주세요.

কোরিয়া যাওয়ার অন্য বিমান
꼬리아 자오아르 언노 비만

সমন্ধে জেনে দেন।
서먼데 제네 덴.

다카로 갈 수 있는 가장 이른 비행기 표를 제게 주세요.

ঢাকা যাওয়ার সবচেয়ে নিকটতম
다카 자오아르 섭쩨에 니꺼트떠머

বিমানের টিকেট আমাকে দেন।
비마네르 티께트 아마께 덴.

편도입니까 아니면 왕복입니까?

শুধু যাওয়ারটা নাকি
슈두 자오아르타 나끼

আসা-যাওয়ারটা?
아사–자오아르타?

언제 출발을 원하십니까?

কখন রওনা করতে চান?
꺼컨 러오나 꺼르떼 짠?

어떤 등급의 좌석을 원하십니까?

কোন ক্লাশে আসন নিতে চান?
꼰 끌라쉐 아선 니떼 짠?

오늘의 모든 항공권이 예약되었습니다.

আজকের সকল বিমানের টিকেট
앗께르 서껄 비마네르 티께트

বুকিং হয়ে গিয়েছে।
부낑 셰쉬 허에 기에체.

대기자로 넣어 드리겠습니다.

অয়েটিংয়ে করে দিবো।
어에팅에 꺼레 디보.

환승을 해야 합니까?

ট্রানজিট করতে হবে?
트란지트 꺼르떼 짠?

어디에서 공항세를 지불합니까?

কোথা থেকে এয়ারপোর্ট ট্যাক্স দিবেন?
꼬타 테께 에아르뽀르트 택스 디벤?

창가 쪽으로 앉고 싶습니다.

জানালার দিকে বসতে চাই।
자날라르 디게 버스떼 짜이.

복도 쪽으로 앉고 싶습니다.

লোবির দিকে বসতে চাই।
로비르 디께 버스떼 짜이.

예매를 취소하고 싶습니다.

বুকিং বাতিল করতে চাই।
부킹 바띨 꺼르떼 짜이.

비행기는 몇 시에 출발합니까?

বিমান কয়টায় ছাড়বে?
비만 꺼에타에 차르베?

비행은 몇 시간이 걸립니까?

বিমানে কত সময় লাগবে?
비마네 꺼떠 서머에 락베?

몇 시에 도착합니까?

কয়টায় পৌছাবেন?
꺼에타에 뽀우차벤?

경유 시간이 얼마나 되나요?

ট্রানজিট কত ঘণ্টা?
트란지트 꺼떠 건타?

어디에서 경유하나요?

কোথায় ট্রানজিট করবেন?
꼬타에 트란지트 꺼르벤?

어느 만큼의 짐을 비행기 내로 들고갈 수 있습니까?

কি পরিমান লাগেজ বিমানের ভিতরে নিয়ে যাওয়া যাবে?
끼 뻐리만 라게즈 비마네르 피떠레 니에 자오아 자베?

탑승 수속할 때 বোর্ডিং প্রক্রিয়ার সময়

목적지가 어디십니까?

ডেসটিনেশন কোথায়?
데스티네션 꼬타에?

짐을 붙이시겠습니까?

লাগেজ বুকিং দিবেন কি?
라게즈 부낑 디벤 끼?

짐 무게를 달아 보겠습니다.

লাগেজ ওজন করা যাক।
라게즈 오전 꺼라 작.

가방들을 저울 위에 올려 주세요.

ব্যাগ গুলো স্কেলের উপর তুলে দেন।
백 굴로 스껠레르 우뻐르 뚤레 덴.

15킬로 무게 초과입니다.

১৫ কিলো ওজন অতিরিক্ত হয়েছে।
뻐네로 낄로 오전 어띠릭떠 허에체.

짐에 라벨을 붙이세요.

লাগেজে লেবেল লাগান।
라게제 레벨 라간.

비행기 표를 보여 주십시오.

বিমানের টিকেট দেখান।
비마네르 티께트 데칸

핸드 폰, 열쇠, 동전을 쟁반에 올려 놓으세요. 그리고 검색대로 가세요.

হ্যান্ড ফোন, চাবি, কয়েন ট্রের উপর
핸드폰, 짜비, 꺼엔 트레르 우뻐르

রাখেন। এবং অনুসন্ধান অনুসারে
라켄. 에벙 우누선단 우누사레

যান।
잔.

탑승할 때 বোর্ডিং করার সময়

지금부터 탑승 수속을 시작합니다.

এখন থেকে বোর্ডিং প্রসেস করবো।
에컨 테께 보르딩 쁘러세싱 거르보.

한국행 TG 656편 탑승을 하고 있습니다.

কোরিয়ার উদ্দেশ্যে TG ৬৫৬ নম্বর
꼬리아르 욷데세 TG. 656 넘버르

ফ্লাইটে বোর্ডিং করছি।
플라아테 보르딩 꺼르치.

탑승권과 여권을 부탁드립니다.

বোর্ডিং পাস এবং পাসপোর্ট দেখাতে
보르딩 빠스 에벙 빠스뽀르트 데카떼

অনুরোধ করছি।
어누로드 꺼르치.

좌석을 찾고 있을 때 আসন খোঁজার সুময়

이 좌석번호는 어디쯤 됩니까?

এই সিট নম্বর কোথায় হবে?
에이 시트 넘버르 꼬타에 허베?

따라 오십시오.

আমাকে অনুসরণ করেন।
아마께 어누셔런 꺼렌.

이쪽입니다.

এদিকে।
에디께.

좌석을 바꿀 수 있습니까?

সিট পরিবর্তন করা যায়?
시트 뻐리버르떤 꺼라 자에?

고객님의 좌석은 15A 입니다.

আপনার সিট হলো পনেরো A।
아쁘나르 시트 헐로 뻐네로 A .

짐을 위로 올려 주십시오.

লাগেজ উপরে তুলে রাখেন।
라게즈 우뻐레 뚤레 라켄.

무거운 가방은 발 아래쪽에 놓으십시오.

ভারী ব্যাগ পায়ের নীচের দিকে
바리 백 빠에르 니쩨르 디께

রাখেন।
라켄.

안전벨트를 매어 주십시오.

সিট বেল্ট বাধেন।
시트 벨트 바덴.

화장실은 비행기의 중간과 뒤편에 있습니다.

টয়লেট বিমানের মাঝামাঝি
터엘레트 비마네르 마자마지

ও পিছনের দিকে আছে।.
오 삐처네르 디께 아체.

비행기가 완전히 멈출 때까지 일어나지 마십시오.

বিমান পুরাপুরি না থামা পর্যন্ত
비만 뿌라뿌리 나 타마 뻐르전뚜

উঠবেন না।
우트벤 나.

기내방송을 할 때
বিমানে সম্প্রচারের সময়

저의 비행기를 이용해 주심에 감사드립니다.

আমাদের বিমান ব্যবহার করেছেন
아마데르 비만 배버하르 꺼레첸

বলে ধন্যবাদ।
벌레 던노바드.

비행기가 곧 이륙하겠습니다.

বিমান শীঘ্রই উড্ডয়নের জন্য বন্ধ
비만 식러이 욷더어네르 전노 번더

করা হবে।
꺼라 허베.

안전벨트를 착용해 주세요.

নিরাপত্তার বেল্ট ব্যবহার করেন।
니라뻐따르 벨트 배버하르 꺼렌.

우리의 비행시간은 약 10시간이 될 것입니다.

আমাদের বিমান ভ্রমণ সময়
아마데르 비만 브러머네르 서멈에

আনুমানিক ১০ঘন্টা হবে।
아누마닊 더쉬 건타 허베.

기내 서비스를 받을 때
বিমানের সেবা পাওয়ার সময়

물 한 잔 주세요.

এক গ্লাস পানী দেন।
엑 글라스 빠니 덴.

멀미약이 있습니까?

বমির ওষুধ আছে কি?
버미르 오슈드 아체 끼?

한국 잡지나 신문이 있습니까?

কোরিয়ান পত্রিকা বা নিউজ পেপার
꼬리안 뻣리까 바 니웆 뻬빠르

আছ কি?
아체 끼?

안전벨트를 풀어도 될까요?

নিরাপত্তার বেল্ট খোলা যাবে কি?
니라뻐따르 벨트 콜라 자베 끼?

무슨 음료를 드시겠습니까?

কি পানীয় পান করবেন?
끼 빠니어 빤 꺼르벤?

커피 마실게요.

কফি পান করবো।
꺼피 빤 꺼르보.

2. 공항
বিমান বন্দর

입국 심사를 받을 때
প্রবেশের সময় পর্যবেক্ষণ

방글라데시에 온 동기는 무엇입니까?

বাংলাদেশে আশার উদ্দেশ্য কি?

방글라데세 아샤르 욷데셔 끼?

여행 왔어요.

ভ্রমণে এসেছি।

브러머네 에세치.

출장 왔습니다.

অফিসের কাজে এসেছি।

어피세르 까제 에세치.

며칠동안 머무실 것입니까?

কত দিন থাকবেন?

꺼떠 딘 탁벤?

저는 5일동안 머무를 예정입니다.

আমি ৫দিন থাকার পরিকল্পনা

아미 빠쯔 딘 타까르 뻐리껄뻐나

আছে।

아체.

어디에 투숙하실 겁니까?

কোথায় অবস্থান করবেন?

꼬타에 어버스탄 꺼르벤?

저는 호텔 세라터네 투숙할 것입니다.

আমি হোটেল শেরাটনে থাকবো।

아미 호텔 세라터네 탁보.

이번이 방글라데시 몇 번째 방문입니까?

এবার বাংলাদেশে কত তম ভ্রমণ?

에바르 바글라데세 꺼떠 떠머 브러먼?

이번이 첫 번째 방문입니다.

এবার প্রথম ভ্রমণে এসেছি।

에바르 쁘러텀 브러머네 에세치.

여권을 보여 주세요.

পাসপোর্ট দেখান।

빠스뽀르트 데칸.

짐을 찾을 때 মালামাল খোঁজার সময়

짐을 어디서 찾아야 하나요?

লাগেজ কোথায় খুজতে হবে?

라게즈 꼬타에 쿳떼 허베?

K9번 창구로 가 주세요.

K9 নং গেটে যান।

께 너에 넝 게테 잔.

제 짐을 찾지 못하겠습니다.

আমার লাগেজ খুজে পাইনি।

아마르 나게즈 쿠제 빠이니.

제 짐이 없어졌습니다.

আমার লাগেজ নাই।

아마르 라게즈 나이.

제 짐이 어디에 있는지 확인해 줄 수 있습니까?

আমার লাগেজ কোথায় আছে চেক
아마르 라게즈 꼬타에 아체 쩩

করে দেখতে পারেন?
껄래 덱떼 빠렌.?

여기 수하물표가 있습니다.

এখানে লাগেজ ট্যাগ আছে।
에카네 라게즈 택 아체.

세관을 통과할 때
শুল্ক অতিক্রমের সময়

신고할 것이 있습니까?

রিপোর্ট করার কিছু আছে কি?
리뽀르트 꺼라르 끼추 아체 끼?

아니오, 신고할 것이 없습니다.

না, রিপোর্ট করার কিছু নাই।
나, 리뽀르트 꺼라르 끼추 나이.

이것들은 제 친구를 위한 선물입니다.

এটা আমার বন্ধুর জন্য উপহার।
에타 아마르 번두르 전너 우뻐하르.

액체는 기내로 반입되지 않습니다.

তরল কিছু কেবিনে বহন করা যাবে
떠럴 끼추 께비네 버헌 꺼라 자베

না।
나.

3. 숙박
থাকা খাওয়া

숙박처를 찾을 때
থাকা খাওয়ার জায়গা খোঁজার সময়

세라턴 호텔이 어디에 있습니까?

শেরাটন হোটেল কোথায় আছে?
세라턴 호텔 꼬타에 아체?

더 저렴한 호텔이 있습니까?

আরো সস্তায় হোটেল আছে কি?
아로 서스따에 호텔 아체 끼?

여기서 호텔 예약이 가능합니까?

এখান থেকে হোটেল বুকিং করা
에칸 테께 호텔 부낑 꺼라

যাবে কি?
자베 끼?

숙박을 예약할 때
থাকা খাওয়ার জায়গা বুকিংয়ের সময়

하루 머무는 비용은 얼마입니까?

একদিন থাকার ভাড়া কত?
엑딘 타까르 바라 꺼떠?

하루에 700 타까입니다.

একদিনে ৮০০ টাকা।
엑디네 아트 셔떠 타까.

몇 일 계실거죠?

কত দিন থাকবেন?

꺼떠 딘 타끄벤?

이틀 있을 예정입니다.

দুই দিন থাকার পরিকল্পনা আছে।

두이 딘 타까르 뻐리껄뻐나 아체.

몇 분이시죠?

কত জন যেন?

꺼떠 전 제노?

2명입니다.

দুই জন।

두이 전.

아침식사도 가능합니까?

সকালের নাস্তা করা কি সম্ভব?

서깔레르 나스따 꺼라 끼 섬법?

네, 아침식사도 가능합니다.

হ্যাঁ, সকালের নাস্তা করা সম্ভব।

해, 서깔레르 나스따 꺼라 섬법.

체크인 할 때 চেক ইন করার সময়

예약하셨습니까?

বুকিং করেছেন কি?

부낑 꺼레첸 끼?

예, 예약했습니다.

হ্যাঁ, বুকিং করেছি।

해, 부낑 꺼레치.

어떤 분의 이름으로 예약하셨죠?

কোন লোকের নামে বুকিং করেছেন?

꼰 르께르 나메 부낑 꺼레첸?

여기에 서명해 주세요.

এখানে নাম লিখে সাইন করে দেন।

에카네 남 리케 사인 꺼레 덴.

좀 더 싼 방은 없습니까?

আরো একটু সস্তা রুম আছে কি?

아로 엑투 서스따 룸 아체 끼?

욕실이 있는 방을 원합니다.

গোছলখানা থাকা রুম চাই।

고철카나 타가 룸 짜이.

방을 비워야 되는 시간은 몇 시입니까?

রুম খালি করে দেওয়ার সময় কখন?

룸 칼리 꺼레 데오아르 서머에 꺼컨?

정오까지 체크아웃 하셔야 합니다.

বারোটার মধ্যে রুম ছেড়ে দিতে হবে।

바로타르 먿데 룸 체레 디떼 허베.

하루 더 묵고 싶습니다.

একদিন আরো থাকতে চাই।

엑딘 아로 탁떼 짜이.

방을 확인할 때 রুম চেক করার সময়

비누가 없습니다.

সাবান নাই।

사반 나이.

수건이 없습니다.

তাওয়াল নাই।

따오알 나이.

변기가 고장입니다.

কমোট নষ্ট।

꺼모트 너스터.

청소가 안 되어 있습니다.

পরিস্কার করা নাই।

뻐리스까르 꺼라 나이.

방에서 냄새가 납니다.

রুম থেকে গন্ধ আসে।

룸 테께 건더 아세.

온수가 나오지 않습니다.

গরম পানী আসে না।

거럼 빠니 아세 나.

룸서비스를 이용할 때
রুম সেবা গ্রহণের সময়

내일 아침 7시에 깨워 주세요.

আগামীকাল সকাল ৭টায় ডেকে দেন।

아가미깔 서깔 사뜨타에 데께 덴.

방에서 아침식사를 하고 싶습니다.

রুমে সকালের নাস্তা করতে চাই।

루메 서깔레르 낫따 꺼르떼 짜이.

따뜻한 물 좀 가져다 주세요.

অল্প গরম পানি এনে দেন।

얼뻐 거럼 빠니 에네 덴.

이 옷을 세탁해 주세요.

এই কাপড় ধুয়ে দেন।

에이 까뻐르 두에 덴.

4. 길 안내
পথ নির্দেশনা

길을 물을 때
পথ জিজ্ঞাসা করার সময়

실례지만 여기가 어디입니까?

মাফ করবেন এইটা কোন জায়গা?

마프 꺼르벤 에이타 꼰 자에가?

길 좀 알려줄 수 있습니까?

দয়া করে রাস্তা দেখিয়ে দিতে পারেন?

더야 꺼레 라스따 데키에 디떼 빠렌?

여기에 약도를 그려주시겠습니까?

এখানে দিক নির্দেশনা একে দিতে পারেন?

에카네 딖 니르데셔나 에께 디떼 빠렌?

이 지도에서 제가 있는 곳을 알려 주시겠습니까?

আমি কোথায় আছি এই ম্যাপ থেকে তা জানাবেন?

아미 꼬타에 아치 에이 매쁘 테께 따 자나벤?

다카 대학원은 여기서 멉니까?

ঢাকা বিশ্ববিদ্যালয় এখান থেকে দূরে কি?

다카 비셔비달러에 에칸 테께 두레 끼?

곧장 가면 됩니까?

সোজা গেলে হবে?

소자 겔레 허베?

오른쪽으로 돌면 됩니까?

ডান দিকে ঘুরলে হবে?

단 디께 구를레 허베?

왼쪽으로 돌면 됩니까?

বাম দিকে ঘুরলে হবে?

밤 디께 구를레 허베?

우체국 옆에 있습니다.

ডাক ঘরের পাশে আছে।

닦 거레르 빠세 아체.

죄송합니다. 저도 잘 모릅니다.

দুঃখিত। আমিও ভালো জানিনা।

두키떠. 아미오 발로 자니나.

택시로 가세요.

ট্যাক্সিতে যান।

택시떼 잔.

길을 알려줄 때
পথ জানিয়ে দেওয়ার সময়

곧장 가세요.

সোজাসুজি যান।

소자수지 잔.

좌회전하세요.

বামে ঘুরেন।

바메 구렌.

우회전하세요.

ডানে ঘুরেন।

다네 구렌.

걸어서 10분 걸립니다.

হেটে ১০ মিনিট লাগে।

헤테 더쉬 미니트 라게.

버스로 갈 수 있습니다.

বাসে যাওয়া যায়।

바세 자오아 자이.

5. 관광
দর্শনীয় স্থান

관광안내소에서
দর্শনীয় স্থানের তথ্য কেন্দ্র

지도를 얻을 수 있을까요?

ম্যাপ পেতে পারি কি?

매쁘 뻬데 바리 끼?

저는 다카 대학원에 가고 싶습니다.

আমি ঢাকা বিশ্ববিদ্যালয়ে যেতে চাই।

아미 다카 비셔빋달러에 제떼 짜이.

저는 파탄에 가고 싶습니다.

আমি চিটাগাং যেতে চাই।

아미 찌타강 제떼 짜이.

입장권을 살 때
প্রবেশ টিকিট কেনার সময়

표는 어디서 구입하나요?

টিকেট কোথা থেকে কেনা যায়?

티께트 꼬타 테게 게나 자에?

공연 시각은 몇 시죠?

অনুষ্ঠান শুরু সময় কখন?

우누스탄 슈루 서머에 꺼컨?

관광지에서/ দর্শনীয় স্থান থেকে

입장료는 얼마입니까?

প্রবেশ মূল্য কত?

쁘러베쉬 물러 꺼떠?

일요일에 문을 여나요?

রবিবারে কি দরজা খোলা হয়?

러비바르 끼 더러자 콜라 허이?

기념촬영할 때
স্মৃতি রক্ষার ছবি তোলার সময়

제가 사진을 찍어드릴까요?

আমি ছবি তুলে দিবো কি?

아미 처비 뚤레 디보 끼?

사진 좀 찍어주시겠어요?

দয়া করে ছবি তুলে দিবেন কি?

더야 꺼레 처비 뚤레 디벤 끼?

같이 사진 찍을까요?

একসাথে ছবি তুলবো?

엑사테 처비 뚤보?

웃으세요.

হাসেন।

하센

움직이지 마세요.

নড়াচড়া করবেন না।

너라쩌라 꺼르벤 나.

사진을 보내 드리겠습니다.

ছবি পাঠিয়ে দিবো।

처비 바티에 디보.

이메일 알려 주세요.

ই-মেইল ঠিকানা দেন।

이-메일 티까나 덴.

6. 뻗마 대교
পদ্মা সেতু

파드마 다리에 가보고 싶어요.

আমি পদ্মা সেতু ভ্রমণ করতে চাই।

아미 뻗마 세뚜 브러먼 꺼르떼 짜이.

어떻게 갈 수 있습니까?

কিভাবে যেতে পারি?

끼바베 제떼 빠리?

버스 타고 가거나 차를 빌려서 갈 수 있습니다.

বাসে চড়ে যেতে পারেন বা গাড়ী

바세 쩌레 제떼 빠렌 바 가리

ভাড়া করেও যেতে পারেন।

바라 꺼래오 제떼 빠렌.

아미눌씨 저랑 같이 갈 수 있을까요?

আমিনুল সাহেব কি আমার সংগে
아미눌 샤헵 끼 아마르 성게

যেতে পারেন?
제떼 빠렌?

네, 원하시면 함께 가겠습니다.

হ্যাঁ, আপনি চাইলে এক সাথে যেতে
해, 아쁘니 짜일레 액 샤테 제때

পারি।
빠리.

파드마 다리의 정식 명칭을 아십니까?

পদ্মা সেতুর অফিসিয়াল নাম
뻗마 세뚜르 어피시알 남

জানেন কি?
자넌 끼?

아니요, 모르겠어요, 말해 줄래요?

না, আমি জানিনা, আমাকে বলতে
나, 아미 자니나, 아마께 벌떼

পারেন কি?
빠렌 끼?

파드마 버후무키 세뚜, 영어로 The Padma Multipurpose Bridge라고 합니다.

পদ্মা বহুমুখী সেতু, ইংরেজীতে
뻗마 버후무키 세뚜, 잉라지떼

The Padma Multipurpose Bridge
The Padma Multipurpose Bridge

বলে।
벌레.

파드마 다리를 건설한 회사의 이름은 무엇인지 아시나요?

পদ্মা সেতু নির্মাণকারী প্রতিষ্ঠানের
뻗마 세뚜 니르만까리 쁘띠스타네르

নাম জানেন কি?
남 자넨 끼?

건설한 회사의 이름은 China Major Bridge Engineering Construction Company Ltd입니다.

পদ্মা সেতু নির্মাণকারী প্রতিষ্ঠানের
뻗마 세뚜 니르만까리 쁘띠스타네르

নাম হলো China Major Bridge
남 헐로 China Major Bridge

Engineering Construction
Engineering Construction

Company Ltd.
Company Ltd.

파드마 다리 건설 공사가 시작된 날짜는 언제인지 아시나요?

কত তারিখে পদ্মা সেতু নির্মাণ কাজ
꺼떠 따리케 뻗마 세뚜 니르만 까즈

শুরু হয় জানেন কি?
수루 허의 자넨 끼?

2014년 12월 7일 시작됩니다.

৭ই ডিসেম্বর ২০১৪ ইং তারিখে শুরু
샤뜨이 디셈버르 두이하자르 쫀더 따리케 슈루

হয়।
허의.

PART 9 • 여행 표현

7. 쇼핑
কেনাকাটা

물건을 찾을 때 জিনিস খোঁজার সময়

무엇을 도와드릴까요?
কি সাহায্য করবো?
끼 사하져 꺼르보?

도움이 필요하십니까?
সাহায্যের দরকার আছে কি?
사사하즈제르 더르까르 아체 끼?

무엇을 찾고 계신가요?
কি খুজছেন?
끼 쿶첸?

그냥 구경만 하고 있어요.
এমনি শুধু দেখছি।
엠니 슈두 뎈치.

저 시계 좀 보여 주세요.
দয়া করে ঐ ঘড়িটা দেখান।
더야 꺼레 오이 거리타 데칸.

가방 좀 보여 주세요.
দয়া করে ব্যাগটা দেখান।
더야 꺼레 백타 데칸.

색상을 고를 때 রং নির্বাচন করার সময়

어떤 색을 원하십니까?
কি রংয়েরটা চান?
끼 렁에르타 짠?

노란색으로 주세요.
হলুদ রংয়েরটা দেন।
헐루드 렁에르타 덴.

이 색은 마음에 안 들어요.
এই রংয়েরটা পছন্দ হয়না।
에이 렁에르타 뻐천더 허에나.

다른 색은 없습니까?
অন্য রংয়ের নাই?
언너 렁에르 나이?

이 색이 잘 어울리세요.
এই রংয়েরটা ভালো ম্যাচিং হবে।.
에이 렁에르타 발로 매찡 허베.

사이즈를 고를 때 সাইজ নির্বাচন করার সময়

사이즈는 어떻게 되나요?
সাইজ কেমন হবে?
사이즈 께먼 허베?

조금 헐렁거려요.
একটু ঢিলেঢালা
엑투 딜레달라.

더 큰 사이즈는 없습니까?
এর চেয়ে বড় সাইজ নাই?
에르 쩨에 버러 사이즈 나이?

이 신발은 꽉 끼어요.

এই স্যান্ডেল টাইট হয়।

에이 샌델 타이트 허의.

더 작은 것은 없나요?

আরো ছোটটা নাই?

아로 초터타 나이?

이 치수로 하나 주세요.

এই সাইজের একটা দেন।

에이 사이제르 엑타 덴.

신어 봐도 될까요?

পরে দেখতে পারি?

뻐레 덱떼 빠리?

조금 작네요.

একটু ছোট হয়।

엑투 초터 허에.

조금 크네요.

একটু বড় হয়।

엑투 버러 허에.

디자인을 고를 때
ডিজাইন নির্বাচন করার সময়

다른 디자인 없나요?

অন্য ডিজাইন নাই?

언너 디자인 나이?

디자인이 너무 화려해요.

ডিজাইন বেশী চকমকে।

디자인 베쉬 쩍머께.

디자인이 너무 밋밋해요.

ডিজাইন অতি সাধারণ।

디자인 어띠 사다런.

물건값을 흥정할 때
জিনিসের দাম কষাকষির সময়

이것을 사겠습니다.

এইটা কিনবো।

에이타 긴보.

전부 얼마예요?

মোট কত?

모트 꺼떠?

너무 비싸요. 조금만 깎아 주세요.

অনেক দাম। একটু দাম কমিয়ে দেন।

어넥 담. 엑투 담 꺼미에 덴.

할인해 주세요.

ডিসকাউন্ট করে দেন।

디스까운트 꺼레 덴.

포장 좀 부탁합니다.

প্যাকিংয়ের জন্য অনুরোধ করি।

빼낑에르 전너 어누로드 꺼리.

PART 10

비즈니스 관련 표현

1. 구인과 취직
2. 사무실
3. 회의
4. 상담
5. 납품과 클레임

A 면접관 / B 수험생

A কেন আমাদের কোম্পানিতে আবেদন করেছেন?
께노 아마데르 껌빠니떼 아베던 꺼레첸?
A 왜 우리 회사에 지원했나요?

B কোম্পানির মতাদর্শের সাথে আমার মিল আছে বলে।
껌빠니르 마따더르세르 샤테 아마르 밀 아체 벌레.
B 회사의 이념과 제가 맞기 때문입니다.

A এই ধরনের পেশায় অভিজ্ঞতা আছে কি?
에이 더러네르 뻬샤에 어비거따 아체 끼?
A 이 직종에 경험이 있습니까?

B হ্যাঁ অভিজ্ঞতা আছে।
하, 어비거따 아체.
B 네, 경험이 있습니다.

A কলেজে কোন বিষয়ে ডিগ্রী নিয়েছেন?
껄레제 꼰 비셔에 딕리 니에첸?
A 대학에서 무엇을 전공했습니까?

B পরিসংখ্যানে ডিগ্রী নিয়েছি।
뻐리성카네 딕리 니에치.
B 통계학을 전공했습니다.

A আপনার বিশেষ যোগ্যতা কি?
아쁘나르 비세스 조거따 끼?
A 당신의 장점은 무엇입니까?

B পরিশ্রম করতে পারি।
뻐리스럼 꺼르떼 빠리.
B 부지런합니다.

A বেতন কত চান?
뻬떤 꺼떠 짠?
A 급여는 얼마를 원합니까?

B মাসে ২০লাখ অন চাই।
마세 비스 락 원 짜이.
B 한 달에 200만원을 원합니다.

B মাসে ২০হাজার টাকা চাই।
마세 비스사자르 타까 짜이.
B 한 달에 20 하자르 타까 원합니다.

1. 구인과 취직
চাকুরির স্থান ও চাকুরী

구직 서류를 작성할 때
চাকুরির ডকুমেন্টস লেখার সময়

이름?

নাম?

남?

주소?

ঠিকানা?

티까나?

전화번호?

ফোন নম্বর?

폰 넘버르?

직업?

পেশা?

뻬샤?

종교?

ধর্ম?

더르머?

나이?

বয়স

버여스

인종?

সম্প্রদায়?

섬쁘러다에?

출생지?

জন্মস্থান

전머스탄

일자리를 찾을 때
চাকুরি খোজার সময়

일자리를 찾으세요?

চাকুরী খুজছেন?

짜꾸리 쿠즈첸?

네, 일자리를 찾습니다.

হ্যাঁ, চাকুরী খুজছি।

해, 짜꾸리 쿳치.

일자리 찾기가 쉽지 않아요.

চাকুরী খুজে পাওয়া সহজ নয়।

짜꾸리 쿠제 빠와 서헛 너에.

제게 추천서를 써 주세요.

আমাকে অনুমোদন পত্র লিখে দেন।

아마께 어누모던 뻣러 리케 덴.

저는 일자리를 잃었습니다.

আমি চাকুরী হারিয়েছি।

아미 짜꾸리 하리에치.

취직만 되면 좋겠습니다.

চাকুরীটা শুধু পেলে ভালো হতো।

짜꾸리타 슈두 뻴레 발로 허또.

꼭 취직을 할 겁니다.

অবশ্যই চাকুরী পাবেন।

어버셔이 짜꾸리 빠벤.

면접을 할 때
ইন্টারভিউ দেওয়ার সময়

어디 대학에서 수학했습니까?

কোন কলেজ থেকে গনিতে
꼰 껄렛 테께 거니떼

লেখাপড়া করেছেন?
레카 뻐라 꺼레챈?

대학에서 무엇을 전공했습니까?

কলেজ থেকে কি বিষয়ে ডিগ্রী
껄렛 테께 끼 비셔에 딕리

নিয়েছেন?
니에첸?

대학 때 성적은 어땠습니까?

কলেজে থাকতে ফলাফল কেমন
껄레제 탁떼 펄라펄 께먼

ছিল?
칠로?

왜 우리 회사에 지원했나요?

কেন আমাদের কোম্পানীতে
께노 아마데르 껌빠니떼

আবেদন করেছেন?
아베던 꺼레첸?

왜 이 일에 관심이 있습니까?

কেন এই কাজে আগ্রহ আছে?
께노 에이 까제 아그러허 아체?

어떤 회사에서 일했었나요?

কি ধরনের কোম্পানীতে চাকুরী
끼 더러네르 껌빠니떼 짜꾸리

করেছেন?
꺼레첸?

어떤 자격증을 가지고 있습니까?

যোগ্যতার সনদ পত্র আছে কি?
족고따르 서너드 뻐뜨러 아체 끼?

이 직종에 경험이 있습니까?

এই কাজের অভিজ্ঞতা আছে কি?
에이 까제르 어비거따 아체 끼?

전에 어떤 일을 했습니까?

আগে কি কাজ করেছেন?
아게 끼 깢 꺼레첸?

어떤 일을 하고 싶습니까?

কি ধরনের কাজ করতে মন চায়?
끼 더러네르 깢 꺼르떼 먼 짜에?

당신의 장점은 무엇입니까?

আপনার ভালো দিক কোনটা?
아쁘나르 발로 딕 꼰티?

급여는 얼마를 원하십니까?

বেতন কত চান?
베떤 꺼또 짠?

2. 사무실
অফিস

업무를 시작할 때
কাজ শুরু করার সময়

시작합시다.

শুরু করেন।

슈루 꺼렌.

처음부터 다시 합시다.

প্রথম থেকে আবার করেন।

쁘러텀 테께 아바르 꺼렌.

이 일을 어떻게 시작해야 할지 모르겠어요.

এই কাজ কি ভাবে শুরু করতে হবে জানা নাই।

에이 깢 끼 바베 슈루 꺼르떼 허베 자나 나이.

업무 진행과 확인
কাজের অগ্রগতি ও নিশ্চিতকরণ

그 건은 어떻게 되고 있나요?

ওটা কিভাবে হয়ে আছে?

오타 끼바베 허에 아체?

그게 얼마나 있으면 끝날까요?

ওটা কতক্ষণে শেষ হবে?

오타 꺼떠커네 셰쉬 허베?

그건 이미 처리했어요.

ওটা ইতিমধ্যে সমাধান করেছি।

오타 이띠머데 서마단 꺼레치.

아직 반도 안 끝났어요.

এখনো অর্ধেকও শেষ হয়নি।

에커노 어르뎈오 셰쉬 허에니.

그 일을 어서 끝냅시다.

ঐ কাজটা এসে শেষ করেন।

오이 깢타 에세 셰쉬 꺼렌.

내일까지 이 보고서를 제출하세요.

আগামী কালের মধ্যে এই প্রতিবেদন জমা দেন।

아가미 깔레르 머데 에이 쁘러띠베던 저마 덴.

팩스와 복사 ফ্যাক্স ও ফটোকপি

이 서류를 팩스로 보내 주세요.

এই ডকুমেন্ট ফ্যাক্সের মাধ্যমে পাঠিয়ে দিন।

에이 더꾸멘트 팩세르 마더메 빠티에 딘.

제게 다시 팩스를 보내 주세요.

আমাকে আবার ফ্যাক্স পাঠিয়ে দিন।

아마께 아바르 팩스 빠티에 딘.

가능 한 빨리 팩스로 보내 주세요.

সম্ভব হলে জলদি ফ্যাক্স পাঠিয়ে দিন।

섬법 헐레 절디 팩스 빠티에 딘.

이거 복사 좀 해주실 수 있나요?

এটা দয়া করে ফটোকপি করে দিতে
에타 더이아 까레 퍼토꺼삐 꺼레 디떼

পারেন?
빠렌?

30장만 복사해 주세요.

৩০ কপি মাত্র ফটোকপি করে দিন।
띠리쉬 꺼삐 맛러 퍼토꺼삐 꺼레 딘.

컴퓨터 কম্পিউটার

이 자료를 컴퓨터에 입력해 주세요.

এই ডাটা কম্পিউটরে ইনপুট করে
에이 다타 컴퓨터레 인뿌트 꺼레

দেন।
덴.

자료가 다 없어졌어요.

ডাটা কিছুই নাই।
다타 끼추이 나이.

제 컴퓨터는 고장이 났습니다.

আমার কম্পিউটর নষ্ট হয়ে গেছে।
아마르 컴퓨터 너스터 허에 게체.

3. 회의
মিটিং

회의 준비 মিটিং প্রস্তুত

회의는 언제입니까?

মিটিং কবে হয়?
미팅 꺼베 허에?

몇 시에 회의합니까?

কয়টার সময় মিটিং?
꺼에타르 서머에 미팅?

회의는 내일 오전 9시에 있습니다.

মিটিং আগামীকাল সকাল ৯টার
미팅 아가미깔 서깔 너에타르

সময় আছে।
서머에 아체.

회의 시간이 2시간 늦어졌습니다.

মিটিংয়ের সময় ২ঘন্টা পিছিয়েছে।
미팅에르 서머에 두이건타 삐치에체.

회의에 늦지 말아 주십시오.

মিটিংয়ে দেরী করবেন না।
미팅에 데리 꺼르벤 나.

회의 진행 মিটিংয়র অগ্রগতি

여기를 주목해 주십시오.

এদিকে মনোযোগ দেন।
에디께 머노족 덴.

지금부터 회의를 시작하겠습니다.

এখন থেকে মিটিং শুরু করবো।
에컨 테께 미팅 슈루 꺼르보.

오늘의 의제는 무엇입니까?

আজকের বিষয়বস্তু কি?
앗께르 비서에버스뚜 끼?

찬성하시는 분은 손을 들어 주십시오.

যারা অনুমোদন করেন তারা হাত
자라 어누모던 꺼렌 따라 핫

তুলেন।
뚤렌.

반대하시는 분은 손을 들어 주십시오.

যাঁরা বিরুদ্ধে আছেন তাঁরা হাত
자라 비룯데 아첸 따라 핫

তুলেন।
뚤렌.

회의 종료 মিটিংয়ের সমাপ্তি

회의가 끝났습니다.

মিটিং শেষ হয়েছে।
미팅 셰쉬 허에체.

오늘은 여기까지 하겠습니다.

আজ এই পর্যন্ত করবো।
앗 에이 뻐르전떠 꺼르보.

4. 상담
পরামর্শ

바이어를 맞이할 때
ক্রেতাদের সাথে দেখা করার সময়

처음 뵙겠습니다.

প্রথম দেখা হলো।
쁘러텀 데카 헐로.

만나서 반갑습니다.

দেখা হয়ে খুশী হলাম।
헐카 허에 쿠쉬 헐람.

저희 회사에 와 주셔서 감사합니다.

আমাদের কোম্পানীতে এসেছেন
아마데르 꼼빠니떼 에세천

এই জন্য ধন্যবাদ।
에이 전노 던너바드.

제품을 설명할 때
পণ্যের বর্ণনার সময়

이것이 저희 회사의 신제품입니다.

এটা আমাদের কোম্পানীর নতুন
에타 아마데르 꼼빠니르 너뚠

পণ্য।
뻔너.

지난 주에 발매되었습니다.

গত সপ্তাহে বিক্রি হয়েছে।
거떠 서쁘따헤 빅리 허에체.

구입을 희망할 때
কিনতে চাওয়ার সময়

이 제품의 특징에 대해 설명해 드리겠습니다.

এই পণ্যের সমন্ধে বর্ণনা করে দিবো।

에이 뻔네르 서먼데 버르노나 꺼레 디보.

이 제품은 상당한 수요가 예상됩니다.

এই পণ্যের একটি উল্লেখযোগ্য

에이 뻐네르 엑티 울레크족고

চাহিদা প্রত্যাশিত হয়।

짜히다 쁘따시떠 허에.

다양한 연령층이 사용할 수 있습니다.

বিভিন্ন বয়সের লোকেরা ব্যবহার

비빈노 버여세르 록게라 배버하르

করতে পারেন।.

꺼르떼 바렌.

조작이 간단합니다.

পদ্ধতি সহজ।

뻐더띠 서헛.

분명 만족하실 겁니다.

আপনি পরিতৃপ্ত হবেন।

아쁘니 뻐리뜨리쁘떠 허벤.

협상할 때/ আলোচনার সময়

가격을 얼마 정도로 생각하십니까?

দাম কেমন হবে বলে মনে করেন?

담 께먼 허베 벌레 머네 꺼렌?

귀사의 최저가격을 제시하십시오.

সাধ্যমত কম দামে উপস্থাপন করেন।

샂더머떠 껌 다메 우뻐스타뻔 꺼렌.

단가는 얼마입니까?

দাম কত?

담 꺼떠?

그 가격으로는 받아드릴 수 없습니다.

ঐ দামে গ্রহণ করা যাবে না।

외 다메 그러헌 꺼라 자베 나.

할인을 부탁합니다.

ডিস্কাউন্টের জন্য অনুরোধ করি।

디스까운테르 전노 어누롣 꺼리.

결정을 유보할 때
সিদ্ধান্ত সংরক্ষণের সময়

죄송하지만 결정할 수 없습니다.

দুঃখিত সিদ্ধান্ত নিতে পারছি না।

두키떠 싣단떠 니떼 빠르치 나.

다음 회의에서 다시 얘기하시죠.

পরের মিটিংয়ে কথা বলিয়েন।

뻐레르 미팅에 꺼타 벌리엔.

좀더 검토가 필요합니다.

আরো অনুসন্ধান করা প্রয়োজন।

아로 어누선단 꺼라 쁘러여전.

좀더 시간이 필요합니다.

আরো সময় প্রয়োজন।

아로 서머에 쁘러여전.

조건에 합의할 때
শর্তে রাজি থাকার সময়

좋습니다.

ভালো।
발로.

이 계약은 3년간 유효합니다.

এই চুক্তির মেয়াদ ৩ বছর।
에이 쭉띠르 메얃 딘 버처르.

계약서에 사인해 주시죠.

চুক্তিনামায় সাইন করে দেন।
쭉띠나미에 사인 꺼레 덴.

5. 납품과 클레임
বিতরণ এবং দাবী

납품할 때/ বিতরণ করার সময়

귀사의 제품에 대해 여쭙고 싶습니다.

আপনার কোম্পানীতে উৎপাদিত
아쁘나르 껌빠니떼 웃빠디떠
পন্য সমন্ধে জানতে চাই।
뻔너 서먼데 잔떼 짜이.

제품 납품 받을 수 있나요?

পন্য কি ডেলিভারী পেতে পারি?
뻔너 끼 델리바리 뻬떼 빠리?

금요일까지 납품해 주십시오.

শুক্রবার পর্যন্ত ডেলিভারী করে দেন।
슉러바르 뻐르준떠 델리바리 꺼레 덴.

빨리 납품해 주십시오.

জলদি ডেলিভারী করে দেন।
절디 델리바리 꺼레 덴.

클레임을 제기할 때
দাবী করার সময়

귀사의 제품에 문제가 있습니다.

আপনার কোম্পানীতে উৎপাদিত
아쁘나르 껌빠니떼 웃빠디떠
পন্যে সমস্যা আছে।
뻰네르 서머샤 아체.

책임자와 이야기를 나누고 싶습니다.

পরিচালকের সাথে কথা বলতে চাই।
뻐리짤러께르 사테 꺼타 벌떼 짜이.

왜 이런 일이 일어났는지 설명해 주세요.

কেন এমন ঘটনা ঘটেছে বর্ননা
께너 에먼 거터나 거테체 버르너나
করেন।
꺼렌.

고객들이 불평하고 있습니다.

গ্রাহকেরা অসুবিধা ভোগ করছেন।
그라허께라 어수비다 복 꺼르첸.

클레임에 대응할 때
দাবীর সাড়া দেওয়ার সময়

당장 조치하겠습니다.

এখনই ব্যবস্থা নিবো।

에커니 배버스타 니보.

물건을 바로 보내드리겠습니다.

পণ্য এখনি পাঠিয়ে দিবো।

뻔너 에커니 빠티에 디보.

저희들의 착오였습니다.

আমাদের ভুল হয়েছে।

아마데르 불 허에체.

이것은 저희 잘못이 아닙니다.

এটা আমাদের ভুল নয়।

에타 아마데르 불 너에.

선적이 지연되어 사과드립니다.

চালান বিলম্বিত হওয়ায় জন্য ক্ষমা চাই।

짤란 빌럼비떠 허와르 전너 커마 짜이.

부록

동사 & 부사

벵골어-한국어(동사&부사)

한국어-벵골어(동사&부사)

벵골어 - 한국어

অ

অংশ নেওয়া 참여하다, 참가하다 v. participate

অপকটে, অপকটচিত্তে 솔직히 adv. frankly, honestly

অক্ষত 상처를 입지 않다 v. unwounded

অগোচরে 알려 주지 않게, 보이지 않게 adv. without one's knowledge, unknowingly

অঙ্গীকার করা 약속하다 v. promise

অতঃপর 그 다음에, 그때에, 그러면 adv. then

অতর্কিতে 갑자기, 급작스럽게 adv. suddenly

অতি, অত্যন্ত, অতীব, অত্যধিক 아주, 매우 adv. very, extremely

অতিক্রম করা 지나가다 v. pass on, exceed

অতিবাহিত করা (সময়) 시간을 보내다 v. spend the time

অতিশয় 너무 많은 adv. too much, very

অত্যাচার করা 억압하다, 격분하다 v. oppress, outrage

অধ্যয়ন করা v. 공부하다, 독서하다

অনতিবিলম্বে 곧 adv. shortly, soon

অনশন করা 단식투쟁을 하다, 단식하다 v. fast, hunger-strike

অনায়াসে 쉽게, 용이하게, 평안하게 adv. easily

অনিয়ম করা 규칙을 어기다 v. violate rule

অনির্দিষ্ট কালের জন্য 무기한으로 adv. for an indefinite period.

অনিষ্ট করা 손해하다 v. harm

অনিষ্ট হওয়া 손해를 입히다 v. harm

অনুকরণ করা 모방하다 v. imitate

অনুনয় করা 진지하게 요청하다 v. request earnestly

অনুবাদ করা 번역하다 v. translate into

অনুভব করা 실현하다 v. realize

অনুমতি দেওয়া 승인하다, 허락하다, 허가하다 v. approve, permit

অনুমান করা 알아맞히다, 추측하다 v. guess

অনুমোদন দেওয়া 승인하다, 인가하다 v. approve, give a permit

অনুরূপ ভাবে 그에 따라서, 비슷하게 adv. accordingly, similarly

অনুরোধ করা 부탁하다 v. request

অনুশোচনা করা 후회하다 v. regret

অনুসন্ধান করা 검색하다, 조사하다, 연구하다 v. search, examine, investigate research

অনুসরণ করা 따르다 v. to follow

অনেক 많이 adv. many

অন্ততপক্ষে 적어도 adv. at least

অপকার করা 피해하다, 손해하다 v. harm

অপচেষ্টা করা 부당한 짓을 하기 위해 노력하다 v. endeavour to do a harmful act

অপবাদ দেওয়া 비난하다, 명예 훼손하다 v. blame, defame

অপবিত্র করা 거룩함을 망치다 v. spoil the holiness

অপব্যবহার করা 오용하다 v. misuse

অপমান করা 모욕하다 v. insult, dishonor

অপেক্ষা করা 기다리다 v. await

অবগত করা 알다 v. informed, known

অবগত করানো 알려 주다 v. inform

অবজ্ঞা করা 무시하다 v. neglect

অবতরণ করা 내려가다, 내리다 v. descend

অবলোকন করা 관찰하다 v. look at, see, observe

অবহেলা করা 무시하다, 무려하다
v. neglect; disrespect

অবিচার করা 잘못된 결정하다, 부당한 행동하다, 부당하다, 무리하다 v. to do injustice, unjust, unfair

অভিনন্দন জানানো 축하하다
v. congratulate, celebrate

অর্পণ করা 주다, 내다, 전하다 v. give, offer

অশ্রুপূর্ণ চোখে 눈물을 흘리며
adv. with tearful eyes; tearfully

অস্ত্রোপচার করা 수술하다 v. operate

অস্বীকার করা 거절하다, 부정하다
v. refuse, deny, reject

অহংকার করা 자부하다, 자랑스러워 하다, 자만하다, 자랑하다 v. pride, boast

অহরহ 항상 adv. always

আ

আঁকা 그리다 v. draw
(ছবি আঁকা 그림 그리기 n. act of drawing)

আকর্ষন করা 끌어당기다 v. attract

আকাঙ্ক্ষা করা 욕구하다, 원하다, 열망하다, 소망하다 v. desire

আক্রমণ করা 공격하다 v. attack

আক্ষেপ করা 후회하다 v. regret

আগমন করা 도착하다 v. arrive

আগামীকাল 내일에
adv. tomorrow, on the day after today

আগামীপরশু 모레
adv. day after tomorrow

আঘাত করা 치다, 때리다 v. strike, hit, beat

আঘাত পাওয়া/লাগা 상처 받다
v. hurted, to be strucked or hited

আচকা 갑자기 adv. suddenly

আচরণ করা 행동하다 v. act, move

আচ্ছন্ন করা 덮이다, 덥다, 묻다 v. cover

আচ্ছা 예, 잘 adv. well, yes

আজীবন 평생 동안, 죽을 때까지
adv. throughout the whole of life, till death

আটক করা 체포하다 v. arrest

আড়ভাবে 십자형으로 adv. crosswise

আড়াআড়ি 십자형으로 adv. crosswise

আড্ডা মারা, আড্ডা দেওয়া 놀며 시간을 보내다, 놀며 지내다 v. loaf about, hobnob

আত্মগোপন করা 자신을 숨기다, 자신을 감추다
v. go in hiding

আত্মদান করা 자신을 희생하다
v. sacrifice oneself

আত্মনিয়োগ করা 정진하다, 전념하다
v. apply oneself to, devote oneself to

আত্মসংশোধন করা 고쳐지다
v. rectify oneself

আত্মসমর্পণ 항복하다 v. surrender

আত্মসাৎ করা 움켜잡다 v. grab

আত্মহত্যা করা 자살하다
v. commit suicide

আত্মহারা হওয়া 압도하다
v. be overwhelmed

আত্মোৎসর্গ করা 자기 인생을 바치다
v. dedicate one's own life

আদোতে 정말로, 사실은 adv. really, truly

আদা জল খেয়ে লাগা 확고한 결정을 내리기 위해 노력하다 v. set to work with firm determination

আদান প্রদান করা 물물 교환하다
v. barter

আদাব করা, আদাব দেওয়া 인사하다
v. salute

আদায় করা 받다, 수집하다
v. receive, collect

আদেশ করা, আদেশ দেওয়া 명령하다
v. order, command

আদেশ ক্রমে 명령에 따라
adv. according to order

আদৌ 일호도, 조금도
adv. at all, in the least

আনন্দ করা 기뻐하다 v. rejoice

আনন্দচিত্তে 즐겁게, 기쁘게 adv. joyfully

আনন্দিত করা 즐겁게 하다, 기쁘게 하다, 기분 좋게 하다 , 기쁘게 해주다
v. gladden, please, gratify

আনন্দিত হওয়া 기뻐하다, 기쁘다
v. be delighted, be glad

আনমনে 무관심하게, 생각없이
adv. listlessly, absent-mindedly, unmindfully

আনা 가져오다 v. bring

আনাগোনা করা 자주 방문하다
v. come-and-go frequesntly, often visit

আনানো 가져 오게 하다
v. cause to be brought

আনুকূল্য করা 돕다, 도와주다, 유지하다
v. support, help

তার আনুকূল্যে 그의 도움으로, 그의 은총으로 by dint of his help, in his favour

আনুগত্য স্বীকার করা 순종하다, 복종하다
v. submit to, own allegiance

আন্দাজ করা 알아맞히다, 추측하다 v. guess

আন্দাজে 어림짐작으로 adv. By guess

আন্দোলন করা 행동하다, 주장하다
v. agitate

আপত্তি করা 반대하다 v. object, protest

আপশোস করা 후회하다 v. regret

আপস করা, আপোস করা, আপোষ করা
타협하다, 타협하여 해결하다
v. compromise.

আপোসে 상호로, 공동으로 adv. mutually

আপোস করা 타협하다 v. compromise

আপোস মীমাংসা করা 타협하다
v. compromise

আপাততঃ 현재를 위해, 지금
adv. For the present, now

আপাতদৃষ্টিতে 보기에, 겉으로 보기에
adv. apparently, seemingly

আপাদমস্তক 머리에서 발 까지, 머리 끝부터 발까지 adv. From head to feet, from top to bottom

আপিল করা 항소하다, 호소하다
v. appeal, refer an appeal

আপিলে খালাস হওয়া 호소에 석방하다
v. acquitted or released on appeal

আপ্যায়ন করা 환대를 하다
v. receive and treat hospitably

আপ্রাণ চেষ্টা করা 최후에 노력하다, 최고의 노력하다 suprme and final effort

আবদার করা 불합리한 요구하다
v. unreasonable demand

আবদ্ধ করা 닫다, 잠그다, 감금하다 v. shut

আবাদ করা 경작하다 v. cultivate

আবির্ভাব হওয়া 드러내다, 보이다, 계시하다
v. reveal

আবিস্কার করা 발견하다, 찾아내다
v. discover, find

আবেদন করা 신청하다 v. apply

আমন্ত্রণ করা 초대하다 v. invitate

আমরণ, আমৃত্যু 죽을 때까지 adv. till death

আয় করা 벌다, 수익을 얻다 v. earn

আয়ত্ত করা, আয়ত্তে আনা 제어하다
v. bring under control, control

আয়োজন করা 준비를 하다
v. make preparations

আরজি করা, আর্জি করা 탄원하다, 청원하다 기원하다 v. request; a petition

আরম্ভ করা 시작하다 v. begin, start

আরাধনা করা 예배하다, 숭배하다
v. worship

আরাম করা 위안하다, 편안하다 v. comfort

আরাম দেওয়া 위안을 주다 v. give comfort

আরোগ্য করা 회복하다, 치료하다 병으로부터의 회복, 회복, 치료 v. cure

আরোগ্য লাভ করা 병으로부터의 회복하다, 회복하다, 치료하다 v. recovery from illness, cure

আরোগ্য হওয়া 병으로부터의 회복하다, 회복, 치료 v. recovery from illness, cure

আরোপ করা 배정하다, 할당하다, 일이나 책임을 맡기다 v. assign

আরোহণ করা 타다, 타고 가다, 오르다
v. mount, climb, ride

আর্ট করা 예술하다 v. art

আর্তনাদ করা 외침하다 v. shout, cry

আর্তস্বরে 슬픈 목소리로, 아픈 목소리로
adv. with Painful voice

আর্দ্রকণ্ঠে 눈물 있는 목소리로, 슬픈 목소리로, 아픈 목소리로 adv. voice with tears, with painful voice

আলগোছে 접촉 없이
adv. without contact

আলগোছে খাওয়া 입술을 만지지 않고 먹는다
v. eat without touching the lips

আলতো ভাবে 온화하게, 부드럽게
adv. lightly, softly

আলবৎ, আলবত 확실히, 물론이죠, 그럼은요
adv. certainly, surely

আলাপ করা 대화하다, 말하다, 이야기하다
v. converse, talk

আলাপ আলোচনা করা 협상하다, 교섭하다, 상의하다 v. negotiate

আলিঙ্গন করা 포옹하다 v. embrace, hug

আলো করা 불을 비추다, 밝게 하다, 불을 켜다
v. brighten, light up

আলো দেখানো 빛을 보여주다
v. show light to

আলোকিত করা 밝이다, 밝게 하다, 빛으로 가득하다 v. light, illuminate

আলোচনা করা 토론하다, 상의하다
v. discuss

আশকারা দেওয়া 제멋대로 하게 해주다
v. give undue indulgence

আশঙ্কা করা 걱정하다, 무서워하다, 근심하다
v. fear, dread, fright, suspect, doubt

আশপাশে, আশেপাশে 사방에, 가까이에
adv. On all sides, nearby

আশা করা 기대하다, 희망하다 v. hope

আশানুরূপ 기대대로
adv. up to expectation

আশাভরসা রাখা 의지하다 v. depend on

আশীর্বাদ করা 축복하다 v. bless

আশীর্বাদ গ্রহন করা 축복을 받다
v. accept blessing

আশৈশব 어린 시절부터
adv. From childhood

আশ্চর্য করা 놀라게 하다, 깜짝 놀라게 하다
v. astonish

আশ্চর্য হওয়া 놀랍다 v. be amazed

আশ্বস্ত করা, আশ্বাস দেওয়া 장담하다, 보증하다 v. assure

আশ্বাস দেওয়া 장담하다, 보증하다 v. assure

আশ্রয় করা, আশ্রয় দেওয়া, আশ্রয়দান করা 보호하다, 피난처를 주다
v. protect, give shelter to

আশ্রয়দান করা 피난처 제공하다
v. to give of shelter

আসন গ্রহণ করা n. 좌석에 앉다
v. take a seat

আসবাবপত্র দিয়ে সাজানো 비치하다
v. furnish

আসমুদ্র 바다까지 adv. up to the sea

আসমুদ্রহিমাচল 바다에서 히말라야 까지
adv. extending from the ocean to the Himalaya

আসর জমানো 모임을 유머러스하게 하다
v. keep a party in good humour

আসলে 실제로, 정말로 adv. actually, really

আসা 오다 v. come

আসা-আসি, আসা-যাওয়া করা 자주 방문하다 v. frequent visits

আস্তে 천천히, 서서히 adv. slowly

আস্তে-সুস্থে 천천히 그리고 부드럽게
adv. Slowly and gently

আস্হা রাখা 자신감을 가지다
v. to have confidence,
ধর্মে আস্হা থাকা 종교에 대한 믿음을 가지다 to have faith in religion

আস্ফালন করা 자랑 v. vaunt

আস্বাদন করা 맛보다 v. taste

আহরণ করা 모이다, 징수하다 v. collect

আহার করা 먹다, 식사를 하다
eat, eat a meal

আহার দেওয়া 음식을 제공하다
v. give food, feed

আহ্বান করা 올 것을 부탁하다, 초대하다
v. invite, ask to come

আহ্লাদ করা 기쁨을 표현하다, 기쁘게 하다
v. express delight, rejoice

ই

ইঙ্গিত করা 표시하다, 힌트하다, 암시하다
v. sign, hint

ইচ্ছা করা 유언하다, 의지하다, 갈망하다
v. will, intention, wish, desire

ইজারা দেওয়া, ইজারা নেওয়া 임대하다
v. take on lease

ইজ্জত নষ্ট করা 명성을 상실하다
v. spoil one's prestige

ইতঃপূর্বে 지금까지, 이 전에 adv. before this

ইতরতা করা 편협하게 행동하다
v. behave narrow-mindedly

ইতস্তত করা 주저하다 v. hesitate to do

ইতি করা 끝내다, 마치다, 종료하다
v. end, terminate, conclude

ইতোমধ্যে 한편, 그동안
adv. meanwhile, in the meantime

ইত্যবসরে 간격 동안, 그동안
adv. during the interval, in the meantime

ইত্যাদি 등등, 기타 adv. and so on, et cetera

ইদানীং 현재 adv. at present, nowadays

ইন্তাকাল করা 죽다 v. die

ইন্ধন দেওয়া, ইন্ধন জোগানো 격려하다
v. encourage

ইশারা করা 손짓하다, 몸짓하다, 신호를 만들다
v. gesticulate, make a sign

ইস্তফা দেওয়া 포기하다, 사임하다
v. resign, relinquish, give up

ঈ

ঈপ্সা করা 원하다, 열망하다, 바라다, 소망하다
v. desired

ঈর্ষা করা 질투하다, 부러워하다, 부럽다
v. envy, malice

ঈর্ষাবশে 부러워서, 질투로
adv. directed by envy

উ

উইল করা 물려주다, 유증하다
v. draw up a will, to will, bequeath.

উঁকি মারা v. 훔쳐보다

উঁকি ঝুঁকি মারা v. 들여다보다

উক্তি করা 연설하다 v. make a speech

উগরানো 토하다 v. belch out, vomit

উগ্রভাবে 맹렬하게, 매렬히, 심하게 adv. violently, cruelly

উচ্ছৃংখল আচরণ করা v. 무모한 행위를 하다

উচ্ছেদ করা 축출하다, 쫓아내다, 퇴거시키다 v. evict, eradication, , drive out

উজাগর করা 잠을 못 자다, 잠을 못 이루다 v. be sleepless

উজাড় করা 사람이 살지 않게 하다 v. desolate

উজাড় হওয়া 황폐하다, 비우다 v. be desolate, be emptied

উজানে যাওয়া 반대 방향으로 가다 v. go to opposite direction

উজ্জীবিত করা 새롭게 하다, 소생하다, 의식을 회복시키다 v. regenerate, resuscitate, revive

উজ্জ্বল করা 반짝이게 하다, 밝게하다, 비추다 v. brighten, illumine

উঠা, উঠে দাড়ানো 일어서다, 일어나다 v. rise, get up

উঠানামা করা 오르내리다 v. go up and down

উঠানো 들어올리다, 오르다 v. lift, pick up, raise

উৎকোচ দেওয়া 뇌물을 주다 v. give a bribe

উৎকোচ গ্রহণ করা 뇌물을 받다 v. take a bribe

উৎখাত করা 뿌리 뽑다, 퇴거 당하다, 꺼내다 v. destroyed, cleft, evicted, ejected

উৎপাদন করা 창조하다, 생산하다, 제조하다 v. create, produce, manufacture

উৎপীড়ন করা 박해하다, 압박하다, 고통하다 v. persecute, oppress, distress

উৎফুল্ল হওয়া 매우 기뻐하다, 쾌활하다, 매우 행복하다 v. be cheerful

উৎসব পালন করা 축제를 열다 v. hold a festival

উৎসাহ দেওয়া 격려하다 v. encourage

উত্তম মধ্যম দেওয়া 때리다 v. beat or drub soundly

উত্তীর্ণ হওয়া 통과하다, 승인하다, 합격하다 v. pass over, cross, succeed

উত্তোলন করা 올리다, 들어 올리다 v. raise, lift

উত্ত্যক্ত করা 괴롭다, 짜증나게 하다 v. extremely annoyed, harassed

উত্থাপন করা 제안하다, 언급하다 v. propose, mention

উথালপাথাল করা 빠르게 오르내리다 rising and falling rapidly

উদাস মন হওয়া, মন উদাস হওয়া 마음이 없는 상태 있다 v. be in a listless state of mind

উদাস মনে 무관심하게, 냉담하게 adv. carelessly, apathetically

উদাহরণ দেওয়া 예를 든다 v. cite an example

উদ্ধার করা 구조하다, 구해내다, 회복하다 v. rescue, recover

উদ্ধৃতি দেওয়া 말하다, 인용하다 v. quote, cite, remark

উদ্বুদ্ধ করা 깨우다, 자각하다, 자각시키다 v. awake, awaken

উদ্বোধন করা 열다, 시작하다 v. open, start

উদ্ভাবন করা 발명하다, 창조하다 v. invent, creat

উদ্যত হওয়া 준비하다 v. be ready, be prepared

উদ্যম করা 열심히 하다, 노력하다 v. earnest, effort

উদ্যোগ নেওয়া 준비하다 v. prepare

উধাও হওয়া 사라지다, 있는 것에 없다 v. vanish, passed out of sight

উন্নত করা 발달시키다 v. develop, improve

উন্নয়ন করা 성장하다, 발달하다, 개선되다, 나아지다, 개선하다 v. develop, improve

উন্মাদ হওয়া 정신 이상하다, 미치다 v. become crazy or mad

উন্মুক্ত করা 덮여 있지 않다, 열려 있다 v. uncove, open

উম্মোচন করা 덮개를 벗기다, 뚜껑을 열다, 알아내다 v. uncover, unveil

উপকার করা 선을 행하다, 도와 주다 v. do good to, help

উপচানো 넘치다, 넘쳐 흐르다 v. overflow

উপড়ানো 뿌리 뽑다 v. pull up, to exterminate

উপঢৌকন দেওয়া 존중을 표현하기 위해 선물 주다 v. a gift given to express respect

উপদেশ দেওয়া 조언하다, 상담하다 v. advise

উপদ্রব করা 방해하다, 괴롭히다 v. disturb, trouble

উপবাস করা 금식하다 v. fast

উপবিষ্ট হওয়া 앉다 v. be seated

উপভোগ করা 즐기다, 즐겁게 시간을 보내다 v. enjoy, rejoice

উপমা দেওয়া, উমা করা 비교하다 v. compare, simile

উপলব্ধি করা 느끼다, 인식하다 v. feel, understand, realize

উপশম করা 회복하다 v. relieve

উপশম হওয়া 회복하다 v. be relieved

উপস্থাপন করা 안내하다, 소개하다 v. present, propose, introduce

উপস্থিত হওয়া 도착하다 v. arrive

উপহার দেওা 선물하다 v. present

উপহাস করা 농담하다, 조롱하다 v. ridicule, taunt, laugh at,

উপার্জন করা 적립하다 v. earn

উপুড় হওয়া, উবুড় করা 엎드리다, 엎드리게 하다 v. lying with face on the ground

উপেক্ষা করা 무시하다, 방치하다 disregard; reject, neglect

উপোস করা 금식하다 v. fast

উলঙ্গ করা 벌거벗게 하다, 벗기다, 벌거 벗다 v. bare, peel

উলট পালট করা 엉망이다, 어수선하다 v. put into disorder

উলটানো 거꾸로 돌리다, 엎치다 v. turn upside down

উল্লাস করা 기뻐하다, 즐기다 v. joy, delight, rejoice

উল্লেখ করা 말하다, 언급하다, 암시하다, 참고하다 v. mention, refer to

উষ্ণ হওয়া 가열 되다, 따뜻하다 v. be heated

ঊ

ঊর্ধ্বগতিতে দৌড়ানো 빨리 뛰다 v. run fast

ঊর্ধ্বশ্বাস ফেলা 긴 숨쉬다 v. take long breath

ঊর্ধ্বশ্বাসে 숨 가쁘게 adv. out of breath

ঊর্ধ্বে 높은 곳에, 위에 adv. on high, on the upper portion, above

ঊষাকালীন প্রার্থনা করা, ঊষাকালীন মোনাজত করা 아침 기도하다 morning pray

ঊষাকালে 새벽에 adv. at dawn

ঋ

ঋণ করা, ঋণ নেওয়া 빌다, 차입하다 v. borrow.

ঋণ দেওয়া 빌려주다, 꿔주다 v. lend.

ঋণগ্রস্ত থাকা 빚이 있다 v. to be indebted, owe

ঋণগ্রহণ করা 빌다, 차입하다 v. borrow

ঋণের জালে জড়ানো 부채에 관여하다 v. be enmeshed in debt, involve in debt

ঋণদান করা 빌려주다, 돈을 빌려주다, 기부하다 v. lend

ঋণমুক্ত করা 빚이 없다 v. free from a debt

ঋণ শোধ করা 빚을 갚다 v. pay, repay

ঋণী থাকা 빚이 있다, 은행를 입고 있다 v. to be indebted, owe

ঋণী হওয়া 빚졌다, 빚에 빠졌다 v. to be indebted, run into a debt

ঋতুপরিবর্তন হওয়া 계절의 변화 된다 v. change of season

এ

এই এখনি, এই কেবল 바로 지금, 방금 adv. Just now

এই অজুহাতে 이 변명에 adv. on this excuse

এইক্ষণে 지금, 바로 지금 adv. this instant, now, this very moment

এই প্রকারে 그러므로, 그래서 adv. in this way, thus

এই কেবল, এইতো, এই মাত্র 바로 지금, 방금 adv. just this, just now

এইবার 지금, 이번에 adv. this time, now

এইরূপে, এইমতে 이런 식으로, 그러므로, 그래서 adv. in this way, thus

একক ভাবে 혼자서 adv. solely, by yourself

এক-এক করে 하나씩 adv. singly, one by one

এককথায় 한마디로 adv. in a word

একগুঁয়েমি করা 고집 부리다 v. show stubbornness, show persistence

একঘরে করা 추방하다, 추방하게 하다, 왕따 시키다 v. ostracize

একচোটে 한 번에 adv. at once

একচোটে বলা বা করা 한 번에 치거나 시도하다 v. with one stroke or attempt

একছুটে 한번에 adv. at a single run

একজোটে 화합하여, 결합하여, 연합하여, 협심하여 adv. unitedly

একটু একটু করে 조금씩 adv. little by little,

একত্র 연합하여, 일치하여 adv. unitedly

একদম 완전히, 철저히 adv. at all, in the least, completely, thoroughly, utterly

একদমে 멈추지 않고, 일제히 adv. in one breath; without stop

একদা 옛날에, 어느날에 adv. once upon a time, once a day.

একদৃষ্টে 빤히 바라보며 adv. with a fixed look

একদৌড়ে 구보로, 달려서 adv. at a run

একনাগাড়ে 끊임없이, 중단없이, 연속적으로, 계속해서 adv. at a stretch, continuously

একবারে 한번에, 한숨에 adv. at a time, at a stroke

একভাবে 변하지 않고, 같은 방법으로 adv. in the same way, unchangingly

একমনে 한 마음으로
adv. sincerly, heartly, in one mind

একসঙ্গে 함께, 동시에
adv. in a body, all together

একা-একা 혼자서, 다른 사람 없이
adv. by oneself, single-handed

একান্ত মিনতি করা 진심하게 부탁하다 earnest request

একান্তে adv. in private, confidentially

এখন 지금, 현재
adv. now, presently, at present

এজাহার করা 경찰에게 주어진 범죄에 대한 진술하다, 신고하다 v. to do crime statement to the police

এড়ানো 피하다, 생력하다
v. avoid, shun, pass over, omit

এত, এতগুলি 매우 adv. much, so many

এতক্ষণ 오랫동안, 이 시간 동안
adv. For a long time, by this time.

এতবার 여러 번, 자주
adv. often, many times.

এতরাতে 너무 늦은 밤에
adv. so late at night

এতদিন 며칠 동안, 여러 날 동안
adv. for many days, during many days

এতদিনে 며칠 후에, 너무 오래만에
adv. after so many days, after so long

এতদূর 너무 멀리 adv. so far

এঁটেসেঁটে 매우 단단히 adv. very tightly

এ পর্যন্ত 지금까지 adv. till now, thus far.

এবাদত করা 예배하다 v. wordhip

এভাবে 이렇게 adv. thus, this way

এযাবৎ, এযবৎকাল 지금까지 adv. till now

এলে দেওয়া 넘겨주다, 포기하다 v. give up

এসে যাওয়া 문제가 되다 v. matter,
এতে কিছু এসে যায় না 그것은 중요하지 않다 it doesn't matter

ঐ

ঐক্যমত হওয়া 의견에 함께 동의하다
v. agree in opinion

ঐকান্তিক চেষ্টা করা 진심으로 노력하다
v. absorbedly effort

ঐক্যবদ্ধ হওয়া 결합되다 v. be united

ঐক্যসাধন করা 통일성을 확립하다
v. establish unity

ঐ দেখ 거기 봐 v. see there, look at there

ও

ওকালতি করা 변호사로 연습하다
v. practise as a lawer

ওজন করা 무겁게 하다, 무게를 재다
v. weight, measure

ওজনে 무게로 adv. By weight

ওজর করা 변명하다, 면제하다 v. excuse

ওজু করা 예배 전에 몸을 깨끗이 씻다
v. ablution before a worship (amoung Muslims)

ওজুহাত করা, ওজুহাত দেখানো 변명하다, 면제하다 v. excuse

ওঠবোস করা 반복적으로 앉아서 일어 서다
v. sit down and standing up alternately and repeatedly

ওঠা 일어서다, 일어나다
v. to rise, to get up, ascend

ওড়া 날다, 날리다 v. fly

ওতপ্রোত ভাবে 분리할 수 없이, 떨어질 수 없이
adv. inseparably, inextricably

ওপারে 반대편에
adv. On the opposite side

ওয়াদা 약속하다 v. promise

ওস্তাদি করা 지식을 보여주다
v. prade one's knowledge

ঔ

ঔষধ সেবন করা 약을 먹다
v. take medicine

ঔষধ সেবন করানো 약을 먹이다
v. administer medicine

ক

কই 어디 adv. where

কওয়া 말하다, 얘기하다 v. say, speak

ককানো 고통의 신음 소리를 내다, 기쁨의 신음 소리를 내다 v. groan

কখনো, কক্ষনো 언제나 adv. ever

কখন 언제 adv. what time, when

কখনও না 절대로 않다 adv. never,
আর কখনও না 절대로 다시 않다

কখন কখন, কখনও কখনও 가끔식, 때때로
adv. occasionally, sometimes

কচকচ করে চিবানো 소리 들리도록 씹다
v. chew audible

কচলানো 마찰로 씻다 v. wash by rubbing,
হাত কচলানো 손을 비비다

কটাক্ষ করা 나쁜 의미로 말하다
cast a side-glance

কটূক্তিতে, কটূকথায় 독설로, 악담로
adv. invective, with bitter remark

কটূক্তি করা, কটু কথা বলা 악담하다, 쓰라린 말하다 invective, to bitter remark

কঠিন করা 단단하다, 어렵다, 잔인하게 하다
v. hard, strict, difficult, cruel

কঠোর পরিশ্রম করা 중노동하다
v. to hard labour

কথা বলা, কথা কওয়া 말하다, 얘기하다
speak, talk

কথা প্রসংগে, কথাচ্ছলে 도중에, 그런데, 덧붙이면 adv. By the way, incidentally

কথায় কথায় 도중에, 덧붙이면, 모든 사안에서
adv. By the way, incidentally

কথোপকথন করা 대화하다, 합께 이야기하다
converse

কদম 발, 다리, 걸음 foot, leg, step

কদর 존경, 명예, 관심
respect, honour; regard

কদর করা 주시하다, 존경하다
v. respect, honour, appreciate, regard

কদাচিৎ 드물게, 언젠가
adv. At some time, rarely

কন্দল করা 싸우다, 말다툼하다 quarrel

ক'দিন 며칠
adv. how many days, few days

কবর দেওয়া 묻다 v. bury

কবুল করা 고백하다, 인정하다, 승인하다
v. confess, acknowledge, agree

কবে 무슨 날에, 언제, 몇 시에
adv. on what day, when, at what time

কমসেকম 적어도
adv. at the minimum, at least

কমা, কম পড়া, কম হওয়া 부족하다
v. fall short, lack

কমানো 줄이다 v. shorten, reduce

কম্প করা, কম্পন করা 떨다, 진동하다
v. tremor, quake, vibrate

কম্পোজ করা 작곡하다 v. compose

কয়েদ করা 구속하다, 수감하다 v. imprison

করজোড়ে 접힌 손으로
adv. With folded hands

করতলি দেওয়া 손뼉을 치다, 박수를 치다
v. clap hands

করপুটে 접힌 손으로, 애원하여 adv. with folded hands, imploringly

করমর্দন করা 악수하다 v. shake hands

কর মুক্ত 면세로 adv. tax free

কর মুক্ত করা 면세하다 v. to free from tax, to free from duties

করমুক্ত করা 손에서 플어주다 v. release from hands, unclasp

করা 하다 v. do

করাঘাত করা 손바닥이나 손으로 때리다 v. to blow with the palm, blow with the hands, slap

করানো 하게 하다 v. cause to do

করি 하다 v. do

করিয়া …에 의하여 adv. By means of, ট্রেনে করিয়া 기차로 adv. by train, হাতে করিয়া 손으로 adv. with hands

করুণচিত্তে 부드러운 마음으로, 아픈 마음으로, 불쌍한 마음으로 adv. tender heart, pitful heart

করুণনেত্রে, করুণ-নয়নে, করুণানয়নে 부드러운 눈으로, 한심한 눈으로 adv. with tender eyes, with pitful eyes

করুণ স্বরে 슬픈 목소리로 adv. in a doleful voice, in a sorrowful tone

করুণা করে 불쌍히 여겨서, 동정함으로, 자비롭게 adv. pityingly, mercifully

করুণানয়নে 부드러운 눈으로, 불쌍한 눈으로, 동점심 있는 표정으로 adv. with tender eyes, with compassionate look

করুণার্দ্রচিত্তে 부드러운 마음으로, 인자하게 adv. With soft heart, comoassionately

কর্কশ ব্যবহার করা 무례한 행동하다 v. rude act, impolite deal

কর্জ করা, কর্জ লওয়া 빌다 v. borrow

কর্জ দেওয়া 빌려주다, 꾸어주다 v. lend

কর্ণগোচর করা 알게 하다, 알아차리게 하다, 관심을 갖게 하다 v. bring to notice

কর্ণগোচর হওয়া 알게 되다, 알아차리게 하다, 관심을 갖게 되다 v. be heard, be known

কর্ণপাত করা 들다, 들리다 v. hear, listen to

কর্ণপাত না করা 안 들다, 안 들리다 v. not hear, not listen

কর্তন করা 자르다, 배다 v. cut, chop

কর্তব্য করা 의무를 수행하다, 임무를 다하다 v. do one's duty

কর্তব্য পালন করা 임무를 수행하다 v. perform one's duty

কর্তৃত্ব করা 권위를 수행하다, 지도하다, 지배하다 v. exercise authority, manage, command

কর্তৃত্ব ফলানো, কর্তৃত্ব দেখানো 제압하다 v. domineer over

কর্ম করা 일하다 v. do any work, act

কর্মচ্যুত করা 해고시키다, 해고하다, 면직하다 v. dismiss

কর্মত্যাগ করা 사직하다, 일을 포기하다 v. resign, give up a job

কর্মফল ভোগ করা 자신의 행동으로 고통 받다 v. suffer for own action

কর্মসাধন করা 일을 하다 v. execute a work, perform a work

কর্মানুসারে 일에 따라, 행동에 따라 adv. according to action

কলকলানো 살랑거리다 v. murmur

কলংক ছড়ানো, কলংক রটানো 추문을 퍼뜨리다, 나쁜 소문을 알리다 v. spread scandals

কলংকিত করা 이름을 더럽히다, 망신시키다 v. disgrace, dishonor

কলপ করা (চুল) 머리카락 염색하다 v. hair-dye

কলমা পড়া 이슬람으로 개종하다 v. be converted to Mahommedan

কলস্বরে 음악적인 목소리로, 듣기 좋게 adv. melodiously

কলহ করা, কলহ বাধানো 싸우다, 싸움하다, 말다툼하다 v. quarrel, brawl

কলুর বলদের মত খাটা 기계처럼 일하다 v. work like machine

কলুষিত করা 더럽하다, 망치다 v. defile, pollute

কলে-কৌশলে 어떤 방법 쓰더라도, 어떻게 해서라도 adv. by hook or by crook

কল্পনা করা 마음속에 그리다, 상상하다, 생각하다 v. imagine

কল্যাণ 복지, 좋은 이익 welfare, good, prosperity

কল্যাণ করা 좋은 일하다 v. do good to

কল্যাণ কামনা করা 좋은 것을 원하다, 행복을 기원하다, 축복하다 v. bless, wish one goodness or happiness

কশাঘাত করা 손으로 세게 때리다 v. flog

কশানো 동여매다, 채찍질하다, 끈으로 세게 감다 v. whip, flog

কষ্ট করা 수고하다 v. take trouble

কষ্ট দেওয়া 괴롭히다, 고통스럽게 하다 v. harass, give trouble

কষ্ট পাওয়া 고통을 느끼다, 고통을 받다 v. feel distress,

কষ্ট ভোগ করা 어려움을 겪다 v. suffer

কষ্টেসৃষ্টে 어떻게 해서든지, 큰 어려움과 함께하여 adv. anyhow, with great difficulty

কসম খাওয়া 맹세하다 v. swear, take an oath

কসম দেওয়া 탄원하다, 엄명하다 v. adjure

কসুর করা 거을리하다, 죄책감을 느끼다 v. neglect to do, be guilty

কস্তাকস্তি করা 맞붙어 싸우다 v. scuffle

কহা 말하다, 이야기하다 v. tell, say

কহানো 말하게 하다 v. cause to speak

কাঁদা 울다, 눈물 흘린다 v. cry, weep, to shed tears.

কাঁদিয়া ভাসানো, কেঁদে ভাসানো 눈물을 흘리며 울다 v. weep a flood of tears

কাঁদাকাটি করা 애석하다, 슬퍼하다, 몹시 울다 v. cried a lot, weep bitterly

কাঁদানো 울게하다 v. cause to cry

কাঁধে করা, কাঁধে লওয়া 어깨를 맡다 v. take on one's shoulder

কাঁপা, কেঁপে উঠা 떨다, 흔들다 v. tremble, shake, vibrate, shiver

কাঁপনো 떨게하다 v. cause one to shiver, cause one to tremble

কাকুতি-মিনতি করা 탄원하다, 애원하다, 기원하다, 열렬히 요청하다 v. supplicate, request most earnestly

কাগজে কলমে 필사하여, 서면 또는 인쇄본으로 adv. In black and white, in writing or in print

কাংগালী বিদায় করা 가난한 자에게 자선을 분배하다 v. distribution of alms to the poor

কাংগালী ভোজন করানো 가난한 자를 먹이다 v. feed the poor

কাচা 빨래하다 v. wash

কাচানো 빨래하게 하다 v. cause to wash

কাছাকাছি 서로 가까이에, 가까운, 근처에 거의 adv. near to each other, near, close to, almost

কাছে, কাছে কাছে 가까운, 가까이에 adv. near, close to

কাজ করা 일하다, 행동하다, 작동하다 v. work

কাজ চালানো 계속 일하다 v. continue work, carry on work

কাজ দেখা 일을 감독하다, 일을 관리하다
v. supervise the work

কাজ দেওয়া 고용하다
v. give employment

কাজ হাসিল করা 목표 달성하다
v. to have one's object fulfilled, to have one's object achieved

কাটা 절단하다, 베어 나누다, 베다
v. cut, divide,
কেটে ফেলা 베어내다, 재단하다
v. cut off, cut down

কাটানো 자르게 하다 v. cause to be cut,
পাশ কাটানো 피다다 v. avoid;
সময় কাটানো 시간을 보내다
v. spend time,

কাঠামো করা 틀을 만들다 v. make a frame

কাড়া, কেড়ে নেওয়া, কেড়ে লওয়া 강제로 붙잡다, 낚아채다, 빼앗다 v. seize by force, snatch by force

কাড়ানো 낚아채이게 하다
v. cause to be seized, get snatched

কাতরকণ্ঠে 슬픈 목소리로, 슬프게
adv. With sad voice, Sadly

কাতরচিত্তে 슬픈 마음으로, 슬퍼게
adv. With sorrowful heart

কাতরানো 신음하는 소리를 내다 v. moan

কান কাটা যাওয়া 부끄러움을 당하다
v. suffer humiliation

কান দেওয়া 듣다 v. listen to

কান না দেওয়া 듣기를 거부하다
v. refuse to hear

কান ভারী করা 다른 사람에게 나쁜 감정을 주다
v. give bad sense to another

কান মলা দেওয়া 귀를 잡아 당기다
v. pull one's ear

কানে কম শোনা, কানে খাটো হওয়া
청력의 낮다, 귀가 잘 안 들린다, 멀다
v. be short of hearing, be hard of hearing

কানে কানে বলা 속삭이다, 몰래 말하다
v. whisper, speak privately

কনাঘুষা করা করা 속삭이다, 소문을 퍼 뜨리다
v. whisper, spread rumour

কানামাছি খেলা করা 눈을 감고 술래잡기 하다
v. play the blindman's buff

কান্না করা 울다, 눈물을 흘리다
v. cry, weep

কান্নাকাটি করা 몹시 울다, 슬퍼게 울다
v. weep bitterly, lament

কাপড় ছাড়া, কাপড় চোপড় ছাড়া 옷을 벗다
v. take off clothes

কাপড় পরা, কাপড় চোপড় পরা 옷을 입다
v. put on a cloth

কাপুরুষ 겁쟁이 coward

কাবু করা 약화시키다, 약해지다
v. bring under control

কাবু হওয়া 약화되다
v. bring under control

কামড় দেওয়া 물다 v. bite

কামড়াকামড়ি করা 맞물다
v. bite each other

কামড়ানো 물다, 깨물다 v. bite,
মরণ কামড় দেওয়া 마지막 남은 것을 물다
v. bite one's last bite

কামনা করা 원하다, 열망하다, 바라다
v. desire, wish

কামাই করা 결석하다 v. be absent

কামাই করা 돈을 벌다 v. earn money

কামনো 일하여 얻다 v. earn

কায়দা করা 예속시키다, 통제하다, 제어하다
v. bring under the control

কায়িক শ্রম করা 육체적인 노동하다
v. do physical or manual labour

কায়েম হওয়া 단단히 이루다, 성공하다
v. firmly established

কারচুপি করা 속이다, 사기치다 v. trick

কারবার করা 사업이나 무역에 종사하다
v. engage in a business or trade

কারুকার্য করা 디자인 하다 v. design

কার্পণ্য করা 검소하게 사용하거나 제공하다
v. skimp

কার্য করা 작업하다 v. work, action, duty

কার্যান্তে 일의 끝에서
adv. at the end of work

কালকে 내일, 어제
adv. tomorrow, yesterday

কালক্রমে 얼마 후에, 시간이 지남에
adv. in course of time; after some time

কালক্ষেপ করা, কালক্ষেপণ করা 시간을 보내다 v. spend time, pass time

কালবিলম্ব না করে 지체 없이, 늦지 않게
adv. without delay, without loss of time.

কালে, কালে কালে 시간의 흐름과 함께
adv. in course of time

কালো হওয়া 검게 되다 v. become black

কিঞ্চিত দূরে 조금 떨어져, 조금 멀리에
adv. a little away, at a little distance

কিঞ্চিত পরে 조금 후에 adv. a little after

কিরা করা, কিরে করা 서약하다, 맹세
v. swear

কিরূপে 어떻게, 어떤 방식으로
adv. in what way, how

কিসের জন্য 무엇 때문에,
adv. why, for what reason

কিস্তিমাফিক 규정된 할부에 따라
adv. according to the specific instalment

কীর্তন করা, কীর্তন গাওয়া (힌두교) 찬양을 부르다 v. golrify

কুটকুট করা, কুটকুটানো 짜증나게 하다
v. irritate

কুটিকুটি করে কাটা 작은 조각으로 자르다
v. cut into small pieces

কুড়ানো 모으다, 수집하다 v. pick up, collect

কুণ্ঠা বোধ করা 진미를 느끼다, 망설이다
v. feel delicacy, hesitate

কুৎসা করা, কুৎসা গাওয়া 모략하다
v. slander

কুৎসা রটনা করা 추문을 퍼뜨리다
v. spread scandals

কুপরামর্শ দেওয়া 나쁜 조언하다
v. bad advise

কুপানো, কোপানো 일구다, 잘게 썰다
v. dig up, chop up

কুপোকাত হওয়া 무너지다, 실패하다
v. collapse

কুবাক্য বলা 악용하다, 욕하다, 악담하다
n. abuse, speak in bad language

কুবুদ্ধি দেওয়া 해로운 조언을 제공하다
v. give harmful counsel

কুমতলব করা 사악한 디자인하다
v. design evil

কুমন্ত্রণা দেওয়া 사악한 조언을 하다
v. give evil counsel

কুরানো 문지르다 v. scrape

কুর্নিশ করা 경례, 인사 하다 v. salute

কুলে কালি দেওয়া 자기 가족에게 수치를 당하다, 가족을 모욕하다 v. bring disgrace upon own family, bring dishonor on a family

কুলকুচা করা 양치질하다 v. gargle

কুলত্যাগ করা 눈이 맞아 가족을 버리고 달라나다 v. elope

কুলমর্যাদা বজায় রাখা 가족의 명예를 지키다
v. uphold family prestige

কেন 왜 adv. & conj. why.

কেনাকাটা করা 사다, 구입하다
v. buy, purchase

부록

কেনা-বেচা করা 사고 팔다, 장사하다
v. to buy and sell, trade

কেবল 오직 adv. just, only

কেবল মাত্র 방금, 바로 지금 adv. just now

কেমন 어떻게, adv. how

কেরানি গিরি করা 사무관으로 근무하다, 서기로 근무하다 v. clerk

কলানো 보여주다 v. display

দাঁত কলানো 이를 드러내고 웃다 v. grin

কৈফিয়ত করা 무엇에 대해 설명하기 위해 말하게 하다, 원인에 대한 설명하게 하다 v. to make the cause shown

কৈফিয়ত দেওয়া 무엇에 대해 설명하기 위해 말하다, 원인에 대한 설명하다 v. explain the reason to support own's self

কেশাকেশি করা 서로 머리카락을 잡아 당겨서 싸우다 v. fight by pulling at each other by the hair

কোপানো 일구다, 잘게 썰다
v. dig up, chop up

কোলে ওঠা, কোলে তোলা 무릎에 앉다
v. take up in one's arms, take up one's lap

কোলাকুলি করা 포옹하다, 껴안다
v. embrace, hug

কোলাহল করা 소문을 퍼뜨리다
v. make noise

কৌতুক করা 농담하다, 재담하다
v. make fun or joke

ক্রন্দন করা 울다 v. weep

ক্রমশ, ক্রমে ক্রমে 차츰차츰 adv. gradually

ক্রমাগত 계속해서, 끊임없이
adv. continuously; always

ক্রমানুযায়ী 연속적으로 adv. serially

ক্রমানুসারে 잇따라서, 연속적으로, 순서에 따라
adv. gradually, successively according to the serial order, gradually; successively

ক্রমান্বয়ে 하나씩, 여속적으로
adv. serially, seriatim; one after another; gradually

ক্রমোন্নতি করা 점등하다
v. make gradual rise

ক্রয়করা 구입하다, 구매하다, 사다
v. buy, purchase

ক্রীড়া করা 놀다, 놀이에 참여하다 v. play

ক্রীড়াকৌতুক করা 농담하며 놀다
v. sport and jest

ক্রীড়াচ্ছলে 놀며, 즐겁게
adv. playfully, sportingly

ক্রোড়ে ওঠা, ক্রোড়ে তোলা 무릎에 앉다, 들어 앉다 v. take up in one's arms, take up one's lap

ক্রোধভরে 화나서, 노하여 adv. angrily

ক্লেশ করা 수고하다, 고생하다, 슬퍼하다, 아프다
v. trouble; sorrow; misery; pain

খ

খচাখচ 계속해서 adv. again and again

খচিত করা 섞어 짜다 v. interweave

খটকা লাগা 수상하다 v. be suspicious

খটকা লাগা 의심 하다 v. doubt

খণ্ড খণ্ড করা 혹평하다 v. cut to pieces

খন্ডন করা 논박하다, 취소하다
v. refute, cancel

খণ্ডানো 취소하다, 어기다
v. break, infringe, cause to refute

খন্ডিত করা 자르다, 썰다 v. cut, slice

খতম করা 끝마치다, 죽이다, 끝내다
v. finish, murder, conclude

খতম হওয়া 마치다 v. be finished

খনন করা 발굴하다, 굴착하다
v. dig, excavate

খপ্পরে পড়া 덫에 빠지다
v. get into the clutches .

খবর করা, খবর নেওয়া 문의하다
v. inquire about

খবর জানা 뉴스를 얻다 v. get news

খবর দেওয়া 알리다, 알려주다 v. inform

খরচ করা 쓰다 v. spend

খরিদ করা 사다, 구입하다 v. purchase, buy

খর্ব করা 줄이다 v. reduce, decrease

খসড়া করা 초안을 만들다, 기안하다
v. make a draft

খসা 분리되다, 떨어지다 v. to become detached, to come off

খাই 먹는다 v. eat.

খাওয়া 먹다 v. eat

খাওয়ানো 먹이를 주다, 제공하다 v. feed

খাটা 애쓰다, 수고하다 v. labour

খাটানো 사람들을 일하게 하다
v. set people to work

খাড়া করা 세우다 v. cause to stand

খাড়া হওয়া 일어서다 v. stand up

খাতির রাখা 좋아하다 v. care for

খাপ খাওয়ানো 적용시키다 v. adapt

খামকা 쓸데 없이, 아무런 이유없이
adv. for nothing, with out any cause

খারিজ করা 배제하다 v. exclude

খালাস করা 짐을 내리다 v. unload

খালাস দেওয়া 해방하다 discharge, acquit

খালাস পাওয়া 석방되다
v. get released, be released

খিচিমিচি করা, খিটমিট করা 부식하다
v. fret

খিদমত করা 섬기다 v. serve

খিদা পাওয়া, খিদে পাওয়া 배고프다
v. feel hungry

খিমচি কাটা 꼬집다 v. pinch

খিল দেওয়া 잠그다 v. bolt

খিলখিল করে হাসা 낄낄거리다, 킥킥 웃다
v. giggle

খুচানো 찌르다 v. prick

খুন করা 살인하다 v. murder, kill

খুব 매우, 너무 많은
adv. very, very much, too much

খুলা, খোলা 열다 open, unfold

খুশি হওয়া 행복하다, 즐겁다, 기뻐하다
v. delight, joy

খুশি মনে 기분좋게 adv. cheerfully gladly

খেউরি করা, খেউরি হওয়া 면도하다
v. shave

খেঁচা 단단히 당기다 v.pull tight
হাত পা খেচা 경련에 빠지다 go into spasms

খেদ করা 슬퍼하다, 마음을 아파하다
v. grieve, lament

খেদ নিবারণ করা 슬픔을 덜어주다
v. relieve sorrow

খেদ উক্তি (খেদোক্তি)করা 후회하다
v. regret

খেদানো 몰아내다 v. turn out, drive away

খেপানো 화나게 하다, 놀리다
v. madden, tease

খেয়াল করা 숙고하다, 생각하다
v. consider, think

খেয়াল হওয়া 갑자기 생각 나오다
v. come to think suddenly

খেলা করা 놀이에 참여하다 v. play

খেলানো 놀게하다 v. cause to play

খেলাপ করা (কথার খেলাপ করা) 약속을 어기다 v. break a promise

খেসারত দাবি করা 손해배상 청구하다
v. claim damages

খেসারত দেওয়া 손해 배상하다
v. pay for damages

খোঁচা মারা 찌르다 v. prick

খোঁজ করা 찾다, 조사하다
v. search, investigate

খোঁজ পাওয়া 정보를 얻다, 흔적을 찾다
v. find a trace of

খোঁজ লওয়া 조사하다 v. inquire for

খোঁজ খবর লওয়া 연락하다
v. keep in touch with

খোজা 찾다, 구하다 v. search, seek

খোঁজাখুজি করা 계속해서 찾다
v. search continuously

খোয়া যাওয়া 분실하다, 잃다 v. be lost

খোয়ানো 잃다, 분실하다 v. lose

খোলসা করে বলা 또렷하게 말하다, 명확하게 말하다 v. speak clearly, speak clear

খোলা 열리다 v. open

খোলাখোলি 술직히 adv. openly

খোলাখুলি কথা বলা 솔직히 말하다
v. frankly speak

খোলানো 열리게 한다 v. cause to open

খোলা মনে 열린 마음으로
adv. with open mind

খোশামোদ করা 아첨하다 v. flatter

গ

গচ্চা দেওয়া, গচ্ছা দেওয়া 상실하다, 의미 없는 보상하다 v. compensate, loss for nothing

গচ্চা দেওয়া, গচ্ছা যাওয়া 보상으로 지불하다
be paid by way of compensation

গচ্ছিত করা, গচ্ছিত রাখা 담부를 주다, 맡기다 diposit, entrust to another's care

গজরানো 큰소리 지르다 v. roar

গজানো 봉오리가 열리다, 자라다
v. grow, sprout

গঠন করা 만들다, 구성하다, 조직하다, 연합하다
v. make, form, organize

গড় করা, গড় কষা 평균하다
v. find the average, average

গড় করানো, গড় কষানো 평균하게 하다
v. cause to average

গড়ে 평균적으로 adv. on an average

গড় গড় করে পড়া 신속히 읽다
v. read swiftly

গড় গড় করে পড়া 급속하게 말하다
v. say rapidly

গড়া 만들다, 건축하다, 설립하다
v. make, build, found

গড়াগড়ি দেওয়া 구르다 v. roll about

গড়ানো 말려 들게하다 v. cause to roll

গড়িমসি করা 천천히 움직이다, 늦어지다
v. delay

গড়ে 평균적으로 adv. on an average

গণনা করা 세다, 계산하다
v. count, calculate

গণাগনি করা 반복해서 계산하다
v. count repeatedly

গণানো, গনানো 계산하게 하다
v. cause to be calculated

গণ্ডগোল করা 소음을 내다 v. make a noise

গন্তব্যে পৌছানো 목적지에 도달하다, 목적지에 도착하다 v. reach the destination

গন্তব্যে পৌছিয়ে দেওয়া, গন্তব্যে পৌছে দেয়া 목적지까지 동행하다 v. escort to the destination

গন্ধ আসা 냄새가 나다 v. smell

গন্ধ নেওয়া, গন্ধ পাওয়া 냄새를 맡다
v. get smell

গপাগপ 빨리, 신속하게 adv. Swftly

গবেষণা করা 연구하다 v. research.

গমন করা 가다, 출발하다, 떠나다 v. go, depart

গমনাগমন করা 자주 방문하다 v. go and come

গম্ভীরস্বরে 진지하게, 정중하게 adv. seriously, gravely

গরজ করা 활동적인 행동하다, 절망하다 v. desire earnestly, act actively

গরম করা 따뜻하게 하다, 가열시키다 v. heat, warm

গররাজি হওয়া 일치하지 않다, 의견이 맞지 않다 v. unwilling, disagree.

গর্ব করা 자만하다, 자랑하다, 자랑스러워 하다 v. pride, boast

গর্ভধারণ করা 임신하다 v. conceive, to become pregnant

গর্ভপাত করা, গর্ভপাত হওয়া 유산하다 v. abort

গর্হিত কার্য করা 비난 받을 수 있는 행동하다 v. reprehensible conduct

গলদ থাকা 맞지 않다 v. be faulty

গলা 녹다, 녹이다 v. melt

গলা টিপে মারা 목을 졸라 죽이다 v. kill by strangling, throttle to death

গলানো 녹이게 하다 v. cause to melt

গলাধ:করণ করা 삼키다, 빨아들이다 v. swallow

গলাধাক্কা দেওয়া 목을 밀다 v. push by the neck

গলাবাজি করা 큰소리로 떠들다, 큰소리로 고함치다 v. vociferate

গা এলিয়ে দেওয়া 부주의하다, 무관심하다 v. be careless

গা করা, গা দেওয়া 뭔가 심각하게 생각하다, 관심을 갖다, 주목하다 v. be serious about something, take interest, pay attention to

গা ঘামা 땀을 흘리다 v. perspire

গা জুড়ানো 안심하다 v. be relieved

গা জ্বালা পুড়া করা 몸에 타는 듯한 감각을 느끼다 v. feel a burning sensation in the body

গা ঝিমঝিম করা 어지러워하다 v. feel dizzy

গা ঢাকা দেওয়া 비밀스럽게 떠나서 숨다 v. abscond

গায়ে পড়ে ঝগড়া করা 말다툼을 하다 v. pick a quarrel

গায়ে হাত তোলা 때리다 v. beat

গায়ের জোরে 투명한 물리적 힘으로 adv. by sheer physical force

গাওয়া 노래를 부르다, 노래하다 v. sing

গাওয়ানো 노래하게 하다 v. make one sing

গাঢ় করা 압축하다, 줄이다 v. condense

গান গাওয়া 노래를 부르다, 노래하다 v. sing a song

গাদাগাদি করা, গাদাগাদি করে থাকা 군집하다, 함께 가까이 모이다 v. hunddle together

গাফিলতি করা, গাফিলি করা 태만하다, 무시하다, 느릿느릿하다 v. have a soft spot on

গায়ে হলুদ দেওয়া 얼굴이나 몸에 심황 뿌리 분말 반죽을 바르다

গুছানো, গোছানো 정리하다 v. set in due order, arrange properly

গুজব ছড়ানো, গুজব রটানো 소문를 퍼뜨리다 v. spread rumour

গোসা করা 화가 나다, 성내다 v. get angry, to be in a huff

গ্রাস করা 삼키다 v. swallow

ঘ

ঘটকালি করা 결혼 중매하다 v. serve as a match-maker

ঘটনাক্রমে 우연히, 상황에 따라
adv. accidentally, by chance, under circumstance

ঘটা করা 보여주기 위해 행동하다, 나타내다, 드러내다, 우대한 화려 힘을 표시하다
v. make a show, display great pomp

ঘটা করে 보여주기 위해 행동하며, 우대한 화려 힘과 함께 adv. With act to show, with great pomp

ঘটানো 원인이 생기다 v. cause to happen

ঘন্টা বাজানো 종을 울리다 v. ring a bell

ঘন করা 두껍게 하다, 진하게 하다 v. thinken

ঘন ঘন 자꾸, 계속해서, 자주 adv. repeated-ly, again and again, often,

ঘনানো 가까이 다가가다 v. draw close

ঘনিষ্ঠ সম্পর্ক করা 가까운 관계를 맺다
v. make close relation

ঘর করা, ঘর তোলা, ঘর বাধা 집을 짓다
v. build a house

ঘর করা, ঘর বাধা 남편과 함께 살다
v. come to live with one's husband

ঘর খোঁজা 좋은 가정을 구하다
v. seek a good family

ঘর ভাংগা 집을 파괴하다
v. demolish a house

ঘর ভাংগা 가족을 해산시키다
v. demolish a family

ঘরে ঘরে 모든 가정에, 모든 집에
adv. in every famly

ঘর্ষণ করা 마찰하다 v. rub

ঘষা মাজা করা 광택을 내다, 광나게 하다
v. polish

ঘা মারা, ঘা দেওয়া 치다, 때리다
v. hit, beat, strike

ঘাটতি পড়া, ঘাটতি হওয়া 부족하다, 감소되다, 모자라다 v. fall short, be deficien

ঘাঁটাঘাটি করা 약동하다, 참견하다
v. make a stir about, intermeddle

ঘাড় ধরে করানো 강제로 일하게 하다
v. force one to do a thing

ঘাড় ধাক্কা দেওয়া 어깨에 밀어 넣다
v. push one out by the shoulder

ঘাড় পাতা 책임감을 가지다, 책임을 지다, 책임에 동의하다 v. take responsibility, agree to responsible

ঘাড়ে পড়া 띠다 v. be charged with

ঘাবড়ানো 혼란스러워하다, 긴장하다
v. be confused, get nervous

ঘামা 땀 흘리다 v. sweat, perspire

ঘায়েল করা 패배시키다 v. defeat

ঘাস কাটা 풀 깎다, 풀 베다 v. mow grass

ঘুড়ি উড়ানো 연극화하다 v. kite playact

ঘুচা, ঘুচানো 끝내다 v. come to an end

ঘুণ ধরা 곤충에 감염되다 v. be infested by insects

ঘুমানো 잠자다 v. sleep

ঘুম ভাঙা 깨어나다, 일어나다 v. wake up, to awake

ঘুষ, ঘুস দেওয়া 뇌물을 주다
v. bribe, offer a bribe

ঘুষা মারা, ঘুষি মারা, ঘুষি দেওয়া 주먹으로 치다 v. strike with the clenched fist

ঘৃণা করা 싫어하다, 미워하다 v. hate, dislike

ঘৃণা হওয়া 증오를 느끼다
v. have a feeling of hate

ঘেউ, ঘেউ ঘেউ করা 짖는 소리내다
v. make barking noise

ঘেরা, ঘেরাও করা 둘러막다, 둘러싸다
v. enclose, surround

ঘেঁষ দেওয়া 기대다 v. lean against

ঘেঁষা 면밀하다 v. to stay touching

ঘেঁষাঘেঁষি করা 함께 군림하다, 서로 가깝게 밀다 v. throng together, press close to one another

ঘেংগানো, ঘেঙ্গানো 구걸하다, 뭔가 부탁하다
v. beg for anything

ঘোমটা খোলা 베일을 벗다
v. take off the veil

ঘোমটা দেওয়া 베일을 쓰다
v. let down a veil

ঘোরাফেরা করা 여기저기 왔다 갔다 하다
v. going and coming here and there

ঘোলানো, ঘোলা করা 흐리다
v. make muddy, be cloudy

ঘ্রাণ নেওয়া 냄새 맡다 v. to smell

চ

চই চই করা 이동, 걷기
v. go, to move, to walk

চষা 경작하다 v. plough, cultivate

চা খাওয়া 차를 마시다 take tea, drink tea

চাওয়া 원하다, 바라다 v. want

চাটা 핥다 v. lick

চাপ দেওয়া 압력을 가하다 v. pressure

চাবুক মারা 채찍질하다, 채찍으로 치다
v. whip. a lash

চালানো 수행하다, 관리하다, 실행하다
v. conduct, to manage, to run, to carry on

চালু করা 시작하다 v. start

চাষ করা 쟁기질하다 v. plough

চাহিদা 필요하다, 필요가 있다 v. need

চিকিৎসা করা 치료하다 v. treat, cure

চিঠি পড়া 편지를 읽다 v. read a letter

চিঠি লেখা 편지를 쓰다 v. write a letter

চিৎকার করা 외치다, 소리 치르다 v. shout

চিত্রাংকন করা 그림 그리다 v. draw

চিনা, চেনা 알다, 확인하다, 인정하다
v. recognize, know, identify

চিন্তা করা 생각하다 v. think

চুক্তি করা 계약하다, 규정하다
v. contract, create a agreement

চুপিচুপি, চুপিসারে, চুপেচুপে 조용하게, 남몰래
adv. noiselessly, secretly

চুম্বন করা 키스하다 v. kiss

চুরি করা 도둑질하다 v. steal

চুষা, চোষা 빨다 v. suck

চেষ্টা 노력하다 v. try, attempt, effort

চোট করা, চোটপাট করা 괴롭히는 소리를 내며 협박하다, 시끄럽게 위협하다
v. bully, to bluster, to threaten

ছ

ছককাটা 사각형으로 표시하다 v. marked with squares, draft.

ছত্রভংগ করা 우르르 도망치게 하다
v. stampede

ছলেবলে 무슨 수를 쓰더라도, 어떻게든
adv. by hook or by crook

ছি-ছি করা 비난하다 v. reproach

জ

জং-ধরা 녹이다 v. rust.

জড়ানো 포옹, 껴안다, 참여하다
v. embrace; to hug, involve

জড়ো করা 함께 모이게 하다
v. bring together, assemble

জড়ো হওয়া 함께 모이다
v. to meet together, to assemble, to gather

জবাই করা 도살하다 v. slaughter

জবান দেওয়া 약속하다 v. give a word, promise

জবাব দেওয়া 응답하다, 대답하다, 답장하다 v. answer, a reply, a response

জমা করা 저금, 예금하다 v. deposit

জরিপ করা 조사하다, 점검하다 v. to measure, land-survey

জাগা 잠에서 떠오르다, 깨우다 v. rise from sleep, to wake

জানা 알다, 배우다 v. know, come to know, learn

জানান দেওয়া 알리다, 발표하다, 선언하다 v. announce or proclaim or notify beforehand, to announce

জানানো 알려주다, 통지하다 v. inform, make known

জাবর কাটা 새김질 하다 v. chew the cud, to ruminate

জামিন দেওয়া 부석을 허가하다 v. grant bail

জাল করা 위조하다 v. forge, counterfeit, fake

দলিল বা টাকা জাল করা 거짓으로 가장하다 v. dissimulate, impersonate falsely

জালাতন করা 괴롭히다 v. harass

জালয়াতি করা 위조하다, 위조를 연습하다 v. forge, practice forgery

জিজ্ঞাসা করা 물어보다, 질문하다, 묻다 v. ask

জিতা 이기다, 성공하다, 얻다 v. win

জিদ করা, জেদ করা, জিদ ধরা 고집하다, 강력하게 요구하다 v. insist, persist

জিরানো 휴식을 취하다, 멈추다 v. rest

জুড়ানো, জোড়ানো 추가하게 하다 v. cause to join or add

জোগাড় করা 마련하다, 수집하다, 준비하다 v. collect, arrange for

জোগান দেওয়া 공급하다, 거들다, 보조하다 v. supply, assist, support

জোড়াতালি দেওয়া 서투르게 고치다, 하기 힘들 일 방법 찾아서 하다 v. mend clumsily

ঝ

ঝকঝক করা, ঝকমক করা, ঝলমলানো, ঝলমল করা 반짝반짝 빛나다 v. glister, spark

ঝগড়া করা 말 싸우다 v. quarrel, brawl

ঝরা 떨어지다, 방울이 떨어지다 v. fall in drops

ঝলসানো 태우다 v. burn off, আগুনে ঝলসানো 불에 태우다

ঝাঁকানো, ঝাঁকি দেওয়া, ঝাঁকুনি দেওয়া 흔들리다, 떨리다 v. shake

ঝাঁপ দেওয়া 도약하다 v. jump

ঝাপসা হওয়া 흐릿하다, 어두운, 희미하다 v. obscure, hazy, murky, blurred

ঝামেলা করা 방해하다, 문제 만들다 v. trouble, disturb, make a problem

ঝিলিক দেওয়া, ঝিলিক মারা 갑작스럽게 플래시하다 v. flash lightly

ঝুঁকা, ঝোঁকা 앞으로 굽히다 v. bend, bow, curve

ট

টক্কর দেওয়া 부딪치다, 충돌하다 v. collide with, clash with,

টহল দেওয়া 돌아다니다 v. patrol

টিকা দেওয়া 예방 접종을 하다, 백신 접종을 하다, v. vaccine, inoculate

টিকেট লাগানো 딱지를 붙이다 v. ticketing

টিপা, টেপা 프레스, 꼬집다 v. press, pinch

ঠ

ঠেস দেওয়া 기대어 서다 v. lean against

ড

ডর করা, ডরানো 걱정하다, 두려워하다, 무서워하다 v. fear, dread.

ডাকা 부르다, 초대하다 v. call

ডাকাডাকি করা 큰 소리로 계속해서 부르다 v. call again and again

ডুবা 가라앉다 v. sink

ঢ

ঢলে পড়া 붕괴하다 v. droop, collapse

ঢাকা 덮다 v. cover

ঢিল মারা 돌 덩어리 던지다 v. throw stones or brickbats

ঢেকুর তোলা 트림하다 v. belch, to eructate

ঢোক গেলা 꿀꺽 삼키다 v. gulp

ঢোকা 들어가다, 들어오다 v. go or come in, enter

ঢোল পেটানো 시끄러운 큰소리 내다 v. beat a tom-tom, to make a loud noise

ত

তছনছ করা 파괴하다 v. destroy

তড়িঘড়ি করা 매우 빠르게 하다 v. very quickly

তত্ত্বাবধান করা 돌보는 일하다 v. take care of, look after

তথ্যানুসন্ধান করা 정보 검색하다, 조사하다, 연구하다 v. search for information, investigation, research

তদনুযায়ী, তদুরুপ, তদানুসারে 그에 알맞게, 그러므로, 따라서 adv. therefore, accordingly

তদন্ত করা 조사하다 v. investigate.

তদবধি 그때부터 adv. from then, onwards since then, till then

তদবির করা 로비 활동하다 v. lobby

তদারক করা 관리하다, 조치하다 v. look after, take care of, manage

তন্নতন্ন করে খোজাঁ 철저히 수색하다 v. search thoroughly

তফসিল করা 시간표를 만들다, 일정을 잡다 v. schedule

তর্ক করা 토론하다, 논하다 v. debate, argue

তলে তলে 남몰래, 비밀히 adv. secretly

তলব করা 오라고 명령하다, 부르다 v. order to come, order to appear, call

তলানো 가라앉다 v. sink

তল্লাশি করা 수색하다, 조사하다 v. search; investigation

তা দেওয়া 품다, 알을 품다 v. to sit upon eggs, to hatch, to incubate

তাক করা 목표하다, 매복하다 v. aim at, ambush

তাকানো 보다, 쳐다 보다 v. look

তাগাদা করা, তাগাদা দেওয়া 더 다시 빨리 하라고 하다 v. reminder

তাড়াতাড়ি করা 빨리하다, 서두르다 v. quick, hurry

তাড়াতাড়ি 서두르게, 급하게 adv. with an excessive haste, much too hastily

তাড়ানো 쫓아 버리게 하다, 멀리 몰아 내다 v. chase away, drive away

তাড়াহুড়া করা 서두르다 v. excessive hurry

তামাশা করা 농담하다, 장난치다 v. make fun a fun, joke

তালা লাগা 일시적으로 청력을 잃는다 v. to be deafened temporarily

তালি দেওয়া 박수를 치다 v. clap

তির ছোড়া 화살을 쏘다 v. shoot an arrow.

তিরস্কার করা 모욕하다, 무시하다 v. reprove, rebuke, neglect

তিলকে তাল করা 과장하다 v. exaggerate beyond measure, to make a mountain of a mole-hill.

তিল তিল করে 조끔씩 adv. little by little

তুঙ্গে ওঠা 가장 높은 지점에 도달하다 v. reach the highest point

তুচ্ছ করা, তুচ্ছ জ্ঞান করা 무시하다, 경멸하다, 방치하다 v. treat with neglect, despise, disregard, ignore

তুচ্ছতাচ্ছিল্য করা 무시하다 v. disregard, ignore

তুমল কান্ড করা 끔찍한 싸움하다 v. make terrible brawl

তুলনা করা 비교하다 v. compare

তুষ্ট করা, তুষ্ট হওয়া 만족하다, 만족시키다 v. gratify

তৃপ্ত করা, তৃপ্ত হওয়া 만족하다, 만족시키다 v. gratify, to satisfy

তৃপ্তি পাওয়া 만족을 얻다, 기쁨을 얻다, 만족했다 v. derive pleasure or satisfaction, to be satisfied

তোড়জোড় করা 준비를 위한 조치하다, 준비하기 위한 행동하다 v. action for getting ready, action for making ready

তোতলানো, তোতলামি করা, তোতলামি 말을 더듬다 v. stammer, stutter

তোয়াক্কা করা, তোয়াক্কা রাখা 배려하다, 복종하다 treat with deference, depend upon

তোলপাড় করা 말다툼하다, 언쟁하다, 폭력적인 운동하다 v. quarrel, violent movement

তোলা 올리다, 들어올리다 v. raise, lift

তোষামোদ করা 아첨하다 v. flatter

ত্যাগ করা 포기하다 v. give up

পদত্যাগ, কর্মত্যাগ 사직하다 v. resign

ত্রাণ 구해내다, 구조하다, 구하다 v. rescue

থ

থ হওয়া 혼란스럽다, 깜짝 놀리게 하다 v. confounded, flabbergasted

থতমত খাওয়া 당황스럽다 v. to be embarrassed, stammer with perplexity

থমকানো 갑자기 멈추다 v. come to a stop suddenly; to be taken aback

থরথর করা 떨리다, 흔들다 v. tremble, shake

থাকা 머무르다, 남다 v. stay

থাপড় মারা, থাপড়ানো, থাবড়ানো 철썩 때리다 v. slap

থামা 중지하다, 정지하다 v. stop, come to a stop

থুতু দেওয়া 침을 뱉다 v. spit (upon or at)

থুতু ফেলা 뱉다 v. spit

দ

দংশন করা 깨물다 v. bite

দখল করা 차지하다, 지배하다 v. occupy, control

দগ্ধ করা 타다, 불에 타다 v. burnt

দগ্ধ হওয়া 태우다 v. be burnt

দণ্ড দেওয়া 벌하다, 처벌하다 v. punish

দমন করা 정복하다, 억제하다 v. subdue, quell, restrain, repress

দয়া করা 친절하다 v. to be kind

দয়া করে 친절하게 adv. Kindly

দরকষাকষি করা, দরদাম করা 협상하다, 교섭하다 v. bargain ,negotiate, chaffer, haggle

দরকার হওয়া 필요하다 v. need

দরখাস্ত করা 신청하다 v. to put an application, apply

দরদ করা 동정하다, 동감하다 v. sympathize, sympathize with, feel compassion

দরবার করা 회의하다 v. canvass

দর্শন করা 보이다, 보다, 만나다, 방문하다 v. see, look at; observe; meet, visit

দলাদলি করা 의견을 달리하다 v. dissent

দলিল করা, দলিলপত্র সম্পাদন করা 공증하다, 공증인이 인증하다 v. notarize

দশ 십, 열 n. ten;

দস্তখত করা 서명하다 v. sign

দস্যুতা করা 약탈하다, 강도하다 v. plunder, commit robbery

দহন করা 불타다, 타다 v. burn

দাওয়াত দেওয়া 초대하다, 초청하다 v. invite.

দাঁড়ানো 서다, 일어서다 v. stand;

দাখিল করা 제출하다 v. submit, present

দান করা 주다, 분배하다, 기부하다, v. give; distribute, donate

দাবা, দাবানো 내리누르다 v. press down

দাবি করা 청구하다, 요구하다 v. to charge, requested

দামাদামি করা 거래하다, 교섭하다 v. bargain, negotiate

দায়ে ঠেকা, দায়ে পড়া 어려움이나 위험에 빠지다 v. to be in a difficulty or danger

দায়গ্রস্ত করা 덫에 걸리게하다, 책임을 가지게 하다 v. entrap

দায়গ্রস্ত হওয়া 책임감을 가지다 v. be responsible, bound to be responsible

দায়বদ্ধ করা 계약 체결하게 하다, 저당에 넣다, 저당 잡히다 v. hypothecate, mortgage

দালালি করা 중개하다, 다른 사람을 위해 사고팔고 수익을 얻다, 대리인 v. broker, agent, earn

দিশা না পাওয়া 알아 내지 못하다 v. fail to find out

দুঃখ করা 슬퍼하다, 고통스럽다 v. sorrow, grief

দুর্ব্যবহার করা 나쁜 행동을 하다, 실행하다 v. to treat rudely, misbehave

দুরভাগ্যক্রমে, দুরভাগ্যবশত 운수 나쁘게 adv. unfortunately, unluckily

দুর্ভাবনা করা 걱정하다 v. anxiety

দূষিত করা 더럽히다, 불결하게 하다 v. make dirty, corrupt, pollute

দেওয়া 주다 v. give

দেখভাল করা, দেখাশোনা করা 보살피다, 돌보 주다, 관리하다 v. supervise, take care

দেখা 보다 v. see

দেমাক করা 자랑하다, 교만하다 v. to be proud

দেরি করা 늦다, 늦게 하다 v. to be late, to delay

দৌড়ানো 달리다, 경주하다 v. run, race

দ্বিধা করা 망설이다, 주저하다, 의심하다 v. hesitate

দ্রুত ভাবে 빨리 adv. quickly, swiftly, speedily

ধ.

ধকধক করা 두근거리다, 떨리다
v. palpitate, throb

ধরপাকড় করা 체포하다
v. arrests

ধর্ষণ করা 강간하다 v. to rape

ধাওয়া, ধাওয়া করা 뛰다, 따라가다
to run, to run after

ধাক্কা মারা, ধাক্কা দেওয়া 밀다 v. push

ধারণা করা 생각하다, 사상하다, 의견하다
v. concept, realize, make a idea

ধীরে 느리게 adv. Slowly

ধূমপান করা 담배 피우다 v. to smoke

ধৈর্য্য ধরা 인내하다
v. be patient, persevere

ধ্বংস করা 파괴하다 v. destruct

ন

নইলে, নাহলে 그밖에, 그렇지 않으면
adv. otherwise, else.

নড়াচড়া করা 움직하다, 동작하다 v. move

নড়ানো 움직이다, 행동하다, 흔들다, 떨리다
v. move, shake, stir or shift

নত হওয়া 구부리다, 굽히다,
v. to stoop, to bend, to bow down

না 아니, 아니다 adv. not, no

নাই 아니, 아니다 adv. Not

নাওয়া 씻다 v. bathe

নাগাল পাওয়া 목적 따위를 달성하다, 뒤따라 잡다 v. to reach; to overtake

নাচা 춤추다 v. to dance

নাজেহাল করা 학대하다, 괴롭히다
v. to persecute; to pester; to harass

নামঞ্জুর করা 거절하다, 받지 않다
v. to disallow, to turn down, to reject

নামানো 내리다 v. get down

নালিশ 불평하다 불만족을 표현하다
v. complain

নিশ্বাস ছাড়া, নিঃশ্বাস ফেলা, নিঃশ্বাস নেওয়া
호흡하다, 숨을 쉬다, 숨을 돌리게 하다
v. exhale, breathe

নিকা করা 미망인이나 이혼한 여자와 결혼하다
v. to marry a widow or a divorced woman

নিক্ষেপ করা 던지다 v. throw, cast

নিদ্রা যাওয়া 자다, 잠자다 v. sleep

নিধন করা 죽이다, 망치다, 파괴하다
v. to destroy; to kill

নিন্দা করা 꾸짖다, 중상하다
v. reproach, blame, slander

নিবেদন করা 청원하다, 진정하다
v. submit a petition politely,

নিমন্ত্রণ করা 초대하다, 초청하다 v. invite

নিযুক্ত করা 고용하다, 임명하다
v. to employ, to engage, to devote, to appoint

নিয়ন্ত্রণ করা 지배하다, 규정하다
v. to regulate, control

নিয়োগ করা 고용하다, 임명하다 v. employ

নির্ভর করা 의지하다 v. to depend (upon)

নির্মল করানো 청결한, 깨끗하게 하다 v. clean

নির্মাণ করা 만들다 v. make, build

নির্যাতন করা 괴롭하다, 압박하다
v. to oppress, to persecute

নিলাম করা 경매하다 v. auction

নিশ্চিত 확실히, 틀림없이
adv. certainly, surely

নিষেধ করা 금하다, 방해하다, 금지하다
v. to forbid, to prohibit;

নিষ্কাশন করা 추방하다, 쫓아내다, 제거하다 v. expel, remove

নিহত করা 살해하다, 죽이다 v. kill, slay

নৃত্য করা 춤추다 v. dance

নেওয়া 받 n. take

নোঙর করা, নোঙর ফেলা 닻으로 고정시키다 v. to anchor

নোটিস দেওয়া 통지하다 v. to notify

প

পক্ষান্তরে 반대편, 반대로 adv. on the other side, on the other hand

পছন্দ করা 좋아하다 v. like

পড়া 읽다 v. read

পরদিন 내일, 다음 날 adv. next day

পরহিংসা করা 부러워하다 v. envy

পরামর্শ করা, পরামর্শ দেওয়া 상담하다 v. consult, advise

পরিকল্পনা করা 계획하다, 계획 세우다 v. to plan, to devise

পরিচর্যা করা 섬기다, 봉사하다 v. to serve

পরিচালনা করা 관리하다, 지시하다, 인도하다 v. conduct, manage, direct

পরিতাপ করা 슬퍼하다 v. to lament

পরিতৃপ্ত করা 철저하게 만족시키다 v. thoroughly satisfied

পরিতৃপ্ত হওয়া 철저하게 만족하다 v. thoroughly satisfied

পরিত্রাণ করা 구조하다, 구해내다 v. rescue, relieve

পরিবর্তন করা 바꾸다, 변경하다 v. change

পরিবেশন করা, পরিবেষণ করা 분배하다, 배분하다, 서브하다 v. distribute, deal out, serve

পরিশেষে 결국에 마침내 adv. at last, in the end

পরিশোধ করা 갚다, 되갚다 v. repay, pay back

পরিশোধন করা 정제하다, 소독하다, 정화하다 v. refine, purify

পরিশ্রম করা 수고하다, 노력하다, 노동하다 v. work hard, labor

পরিস্কার করা 청결하게 하다, 씻어 깨끗이 하다, 청소하다 씻다, 설명하다 v. cleanse, clean, clear

পরিহার করা 그만두다, 포기하다, 피하다, 버리다 v. give up, avoid, abandon

পরিহাস 농담, 재담, 장난 n. joke, fun

পরিহাস করা 농담하다, 재담하다, 장난하다, 비웃다 v. to joke, laugh

পরীক্ষামূলকভাবে 실험적으로 adv. Experimentally

পর্যটন করা 여행하다, 관광하다 n. travel, tour

পর্যায়ক্রমে 연속적으로 adv. serially, successively

পর্যালোচনা করা 철저하게 토론하다, 철저하게 연구하다 v. discuss thoroughly, study thoroughly

পলক পড়া, পলক ফেলা 눈을 깜박거리다 v. wink, blink

পলাতক হওয়া, পলায়ন করা, পালানো 도망하다, 도망치다, 몰래 떠나서 숨다 v. abscond

পাকা 익다, 익히다 v. ripe, ripen

পাঠ করা 읽다, 독서하다, 배우다 v. read, study

পান করা 마시다, v. drink

পাপ করা 죄를 범하다 v. commit a sin

পারাপার করা 나룻배로 건너다 v. to ferry

পালানো 도망가다, 도망하다, 사라지다 v. flee, to run away

পাহারা দেওয়া 경계하다, 순찰하다, 안전을 지키다 v. guard, patrol

পিপাসা পাওয়া 목마르다 v. be thirsty

পীড়া দেওয়া 괴롭게 하다 v. distress

পূজা করা 예배하다, 존경하다(힌두교) v. worship, adore;

প্রণাম করা 경의를 표하며 구부려서 발을 접촉하다, (큰절하다) v. touch one's feet in obeisance

প্রতারণা করা 속이다, 사기치다 기만하다 v. cheat, deceive

প্রতিকার করা 예방하다, 방지하다, 방해하다 v. redress, remedy; to avenge, prevent

প্রতিকূলতা করা v. 반대하다, 대조하다

প্রতিজ্ঞা করা 약속하다 v. promise

প্রতিজ্ঞাপালন করা 약속을 지키다 v. keep a promise

প্রতিজ্ঞাভঙ্গ করা 약속을 어기다 v. to break a promise

প্রতিদান দেওয়া 보답하다 v. give in return, requite,

প্রতিদ্বন্দ্বীতা করা 경쟁하다, 상대하다, 경기하다 v. rival, compete, contest

প্রতিধ্বনি করা 반향하다, 반양시키다, 메아리 치다 v. echo, reverberate

প্রতিপালন করা 양육하다, 돌보다, 관리하다, 보호하다 v. rear, foster, to maintain

প্রতিবাদ করা 반대하여 말하다, 단언하다, 반론하다 v. counter-argument, protest.

প্রতিশোধ নেওয়া 복수하다 v. requite, take revenge

প্রতিষ্ঠা করা 설립하다, 세우다, 주조하다 v. to set up, to establish, to found

প্রতিহত করা 예방하다, 방지하다, 방해하다, 거절하다, 반박하다 v. prevent, to repel, to repulse

ফ

ফাঁস করা 누설하다, 비밀을 누설하다, v. to divulge

ফাঁস হওয়া 누출된다 v. to leak out

ফাঁসি দেওয়া 교수대에 매달다 v. death or kill or by hanging

ফাটল ধরা 갈라지다 v. crack

ফিট হওয়া 기절하다, 일시적 의식을 잃다 v. to faint

ফিরে আসা 돌아오다 v. come back

ফিরে যাওয়া v. 돌아가다 v. go back

ফুটা 피다 v. bloom

ফুটানো 꽃을 피게 하다 번영하다 v. bloom

ফুটানো 끓다, 끓이다 v. boil

ফেরত দেওয়া 돌려 주다, 반환하다 v. giving back, sending back

ব

বংশানুক্রমে 세대에서 세대, 유전으로, 세습으로, 대대로 adv. from generation to generation, hereditarily

বকাবকি করা 야단치다, 비판하다, 욕설하다 v. debate, argue, altercate, bandy words

বক্তৃতা করা, বক্তৃতা দেওয়া 연설을 하다 v. deliver a speech. speak. Lecture, prattle

বন্টন করা 분배하다, 나누다, 분리하다 v. distribute, divide

বদনাম করা 비방하다, 중상하다
v. calumniate, slander

বদ্ধপরিকর হওয়া 단호하게 해결하다
v. to be firmly resolved,

বদল করা, বদলি করা 교역하다
v. exchange;

বদলা নেওয়া 보복하다
v. requite, retaliate

বদলানো 바꾸다, 변경하다, 변화하다
v. change

বদলে যাওয়া 달라지다 v. change

বদলে 대신에
adv. in exchange of, in lieu of, instead of.

বধ করা 살해하다, 죽이다, 살인하다, 도살하다
v. kill, slay, slaughter

বনবাসে দেওয়া, বনবাসে পাঠানো 숲으로 추방하다, 숲으로 망명하다 v. banish to the forest, exile to the forest.

বনবাসে যাওয়া 숲에 추방되다, 숲에 처벌로 살다 v. to go to live in a forest as a punishment; to be exiled to the forest.

বন্দি করা 감금하다 수감하다, 사로 잡다
v. imprison, capture

বন্ধকরা 닫다, 닫히다, 종료하다, 정지하다, 정지시키다, v. shut, close, stop

বন্ধক দেওয়া 저당 잡히다, 보증하다, 담보 잡히다 v. pawn, to pledge, mortgage

বন্ধক রাখা 저당 잡히다, 담보로 돈을 빌려주다, 담보로 돈을 빌려받다 v. to lend money taking something in pawn or mortgage

বরখাস্ত করা 해고시키다, 떠나가 하다, 석방하다
v. remove from service, dismiss

বরদাস্ত করা 견디다, 참다, 버티다
v. bear, endure, tolerate

বরাদ্ধ করা 할당하다, 판단하다
v. allot, estimate

বর্জন করা 그만두다, 포기하다, 금지하다
v. give up, abandon, boycott.

বর্ণনা করা 묘사하다, 설명하다, 이야기하다
v. describe, explain, narrate

বর্ণানুক্রমে 순서대로, 알파벳 순으로
adv. in order, alphabetically

বর্ণেবর্ণে 철저히, 한마디 한마디, 정확히
adv. completely, verbatim, accurately

বর্তমান থাকা 나타내다, 현존하다
v. to be present; to be existing

বর্তমানে 요즈음에는, 현재 adv. at present

বলা 말하다, 표현하다 v. say

বলাবলি করা 대화하다, 토론하다, 상의하다
v. converse, discuss

বলিদান করা 희생하다, 신에게 희생물을 바치다
v. immolate, sacrifice

বশ করা, বশে আনা 통제하게 하다
v. to bring under control

বসবাস করা 거주하다, 살다
v. to reside, dwell

বসা 앉다, 앉히다 v. sit

বহন করা 전달하다, 운반하다
v. convey, carry, bear

বা 혹시나, 아마도 adv. perhaps

বাঁকানো 굽히다, 구부리다 v. bend

বাঁকা হওয়া 구부러지다 v. curve, bend

বাগানো 통제하게 하다
v. to bring under control

বাঁচা 살다
v. live, to keep alive; to subsist

বেঁচে থাকা 살아남다 v. keep alive

বাঁচানো 소생하다, 소생시키다, 구출하다, 구조하다, 인생을 되찾게 하다
v. resuscitate, revive, to save, to rescue, to give back life

বাঁধা 묶다, 매다 v. bind, tie

বেঁধে রাখা 묶어 놓다 v. bind

বাঁশিবাজানো 플룻을 연주하다, 플룻을 불다 v. play on a flute, to pipe

বাতিল করা 취소하다 v. cancel

বাদ দেওয়া 빠뜨리다, 배제하다, 제외하다 v. omit, exclude

বানান করা 단어를 만들다, 철자하다 v. spell

বানানো 창조하다 v. create, make

বায়না করা 계약금을 주다, 보증금을 주다 v. deposit, advance earnest money

বাষ্পাকুল নয়নে 눈물이 흘러 넘치는 눈으로 adv. With eyes streaming with tears

বাস করা 거주하다, 살다 v. to reside, dwell

বাসনা করা 소망하다, 원하다, 기원하다, 바라다, 희망하다 v. wish, desire

বাসা নেওয়া 숙박을 얻다 v. take a lodging

বাহবা দেওয়া 칭송하다, 박수를 치다, 성원하다 v. eulogize, applaud

বাহাদুরি করা 허풍떨다, 자랑하다 v. vaunt

বাহানা করা 핑계하다 v. make an excuse

বাহির করা 밖에 나가다, 발견하다, 발표하다, 찾아내다 v. turn out, find out, bring out, discover

বাহির হওয়া 밖으로 나오다 v. come out, issue

বাইরে, বাহিরে 밖에, 밖으로 adv. outside

বিঁধ করা 구멍을 뚫다 v. drill, make a hole

বিঁধা, বেঁধা 찌르다, 내뚫다, 구멍을 내다 v. pierce, prick

কাঁটা বিঁধা 찌르다 v. prick

বিঁধানো 찌르게 하다 v. cause to prick, stab

বিকশিত করা 보여주다, 나타내다, 펴다, 펼치다, 열다 v. exhibit, expand, open

বকানো 팔다, 팔리다, 판매하다 v. sell

বিকিরণ করা, বাকীর্ণ করা 빛나다, 빛을 발하다 v. radiate

বিকৃত করা 보기 흉하게 하다, 망가뜨리다, 보기 이상하게 하다 v. disfigure

বিক্ষিপ্ত করা 혼란시키다, 흐트러뜨리다 v. distract, diffuse

বিক্ষেপ করা 던지다, 퍼뜨리다 v. throw, scatter

বিক্ষোভ প্রদর্শন করা 흥분시키다, 데모를하다 v. agitate, make a demonstration

বিখ্যাত হওয়া 유명해지다 v. be famous

বিগড়ানো 빗나가다, 빗나가게 하다, 본론에서 벗어나다 v. deviate

বিগড়ে যাওয়া 망가지다, 병나다 v. go out of order, be spoiled

বিঘোষিত করা 선언하다, 알리다 v. proclaim, announce

বিঘ্ন করা 방해하다 v. obstruct

বিচরণ করা 돌아다니다 v. wander

বিচলিত করা 흥분시키다, 감동시키다, 마음을 흔들다 v. move, shake

বিচলিত হওয়া 마음이 흔들리다 v. be moved, be shaken

বিচার করা 재판하다, 판결하다 v. judge

বিচ্ছিন্ন করা 분리하다, 떼어놓다 v. separate

বিচ্যুত হওয়া 분리되다 v. be separated, be detached

বিছানা করা 잠자리를 준비하다 v. make a bed

বিছানো 활짝 퍼지다 v. spread out

বিজয়োৎসব করা 승리를 축하하다 v. celebrate a victory

বিড়বিড় করা, বিড়বিড় করে বকা 투덜거리다 v. mutter grumble

বিড়বিড়ানো 중얼거리다, 속삭이다 v. mutter, murmur

বিড়ম্বনা করা 괴롭히다 v. harass

বিড়ম্বনায় পড়া 곤경에 빠지다 v. put into trouble

বিড়ম্বিত করা 기만하다, 사기치다 v. deceive

বিড়ম্বিত হওয়া 기만 당하다 v. be deceived

বিতরণ করা 분류하다, 부배하다 v. distribute

বিদায় করা 떠나게 하다, 해산시키다 v. permit to go, dismiss

বিদায় দেওয়া 이별하다, 작별인사를 하다 v. farewell

বিদায় লওয়া 떠나다 v. depart, take leave of

বিদিত করা 알리다, 통지하다 v. make known, inform

বিদিত থাকা 알다 v. be acquainted

বিদিত হওয়া 알게되다 v. come to know

বিদীর্ণ করা 찢어지다 v. rend

বিদ্ধ করা 찌르다, 내뚫다, 구멍을 내다 v. pierce, prick

বিদ্বেষ করা 질투하다, 부러워하다 v. envy

বিধিমতে 법적으로 adv. legally lawfully

বিধ্বস্ত করা 완전히 파괴하다 v. destroy completely

বিনয় করা 복종하다, 순종하다, 애원하다 v. submit, supplicate

বিনয় করে 겸손하게 adv. modestly

বিনয়পূর্বক 겸손하게, 얌전하게 adv. humbly

বিনা কাজে 쓸데 없이 adv. for nothing

বিনা কাজে ঘোরাফেরা করা 빈둥거리다 v. loiter

বিনা করণে 원인 없이 বিনা কারণে adv. Without cause

বিনা সূদে 이자 없이 adv. Without interest

বিনা ব্যয়ে 비용 없이 adv. Without cost

বিনাশ করা 파괴하다 v. destry

বিনিময় করা 교환하다, 주고받다 v. exchange

বিনিময়ে দেওয়া 보복하다, 보상하다, 교환하다 v. give in exchange

বিনিময়ে প্রদান করা 대가로 주고 받다 v. give in return for

বিনিয়োগ করা 투자하다 v. invest

বিনির্গত হওয়া 나오다, 밖으로 나오다, 유출하다 v. come out, flow out

বিন্দু বিন্দু করে 조금씩 adv. Little by little

বিন্যস্ত করা 배치하다 v. arrange

বিপক্ষতা করা 반대하다 v. go against, oppose

বিপক্ষতাচরণ করা 반대 운동하다 v. act in opposition to

বিপক্ষে 반대하여 adv. against

বিপথে 못된 길에 빠져 adv. Astray

বিপথে যাওয়া, বিপথে চলা 헤매다 v. wander

বিপথে চালনা করা 잘못하게 하다, 잘못 인도하다, 그릇되게 인도하다 v. mislead

বিপদে ধৈর্য্য ধরা 불행한 가운데서 참다 v. bear up under misfortune

বিপদে পড়া 위험에 빠지다 v. fall into danger

বিপদগ্রস্ত করা 위험하게 하다 v. endanger, imperil

বিপদগ্রস্ত হওয়া 위험에 빠뜨리다 v. jeopardize

বিপরীত ভাবে 역순으로, 거꾸로 adv. in reverse order

বিপরীতে 반대로 adv. contrary

বিপর্যয় করা, বিপর্যয় ঘটানো 파기하다, 파멸하다 v. ruin, reverse

বিপর্যস্ত করা 망치다, 당황케하다 v. upset

বিপাকে পড়া 곤경에 빠지다 v. run into trouble

বিপ্লব ঘটানো 혁명을 일으키다 v. bring about a revolution, revolutionize

বিফল করা 실망시키다, 좌절시키다
v. frustrate

বিফল হওয়া 실패하다, 통과하지 못하다
v. fail

বিফলে 무익하게, 결실없이
adv. in vain, fruitlessly

বিবরণ দেওয়া 묘사하다 v. describe

বিবর্ণমুখে 창백한 얼굴로
adv. with a pale face

বিবর্ধিত করা 확대하다 magnify

বিবাদ করা 싸우다 v. quarrel

বিবাহ করা 결혼하다 v. wed, marry

বিবাহ বিচ্ছেদ করা 이혼하다, 이혼시키다
v. divorce

বিবাহ বিচ্ছেদ করানো 이혼하게 하다
v. cause to divorce

বিবেচনাপূর্বক 구별하여
adv. Discriminately

বিবেচনা করা 숙고하다, 생각하다
v. consider, think

বিব্রত করা 괴롭히다, 당황시키다
v. harass, embarrass

বিব্রত হওয়া 창피하다 v. be embarrassed

বিভক্ত করা 분리하다, 나누다 v. divide

বিভেদ করা 구별하다
v.distinguish, separate

বিভ্রান্ত করা 혼란시키다, v.distract, delude

বিমর্ষমুখে 슬픈 얼굴로 adv. with sad face

বিমলচিত্তে 순수한 마음으로
adv. with apure heart

বিমুখ করা 거절하다, 거부하다, 피하다
v. refuse, avert

বিমোচন করা 방면하다 v. release

বিমোহিত করা 매혹하다, 마음을 끌다
v. fascinate, bewitch

বিয়া করা, বিয়া দেওয়া 결혼하다 v. marry

বিযুক্ত করা 분류하다, 격리시키다
v. separate

বিয়োগ করা 공제하다, 빼다 v. subtract

বিরক্ত করা 화나게 하다, 짜증나게 하다, 방해하다 v. vex, disturb

বিরলে 외로움으로 adv. in loneliness

বিরহে ...이 없을 때에
adv. in the absence of

বিরাজ করা 존재하다 v. exist

বিরুদ্ধে 반대하여 adv. Against

বিরোধ করা 말다툼하다, 언쟁하다 v. quarrel

বিল করা 청구서를 작성하다
v. make out a bill

বিলম্ব করা 늦추다, 늦게하다, 늦어지다
v. delay

বিলম্ব করানো 늦게하게 하다, 지연하다
v. retard

বিলম্বে 늦게 adv. Late

বিলানো 분배하다, 분류하다 v. distribute

বিলাপ করা 슬퍼하다 v. lament

বিলি করা 분배하다, 분류하다 v. distribute

বিলীন হওয়া 사라지다 v. vanish

বিলুপ্ত হওয়া 소멸하다, 사라지다
v. disappear, vanish

বিলেপন করা 바르다, 칠하다
v. anoint, smear

বিলোড়িত করা 흔들다, 진동하다 v. shake

বিলোপন করা 취소하다, 파괴하다
v. cancel, destroy

বিলোপসাধন করা 파괴하다 v. destroy

বিশদভাবে 상세하게, 전체적으로
adv. In detail

বিশৃঙ্খল করা 엉망으로 만들다, 어지럽게 하다, 어지럽다 v. disarrange, disorder

বিশৃঙ্খল ভাবে 어지럽게, 어긋나게
adv. in disarrange

বিশেষপ্রকারে 특히, 특별히 adv. specially, particularly

বিশেষভাবে 특별한 방식으로 adv. specially, particularly

বিশেষরূপে, বিশেষ করে 특히, 특별히 adv. specially, particularly

বিশ্বস্তসূত্রে 믿을수 있는 곳에서, 믿을 수 있게 adv. From a reliable source, reliably

বিশ্বাস করা 신용하다, 믿다 v. trust, believe

বিশ্বাস জন্মানো 자신감을 갖다 v. create confidence

বিশ্বাসঘাতকতা করা 배반하다, 배신하다 v. betray

বিশ্রাম করা 휴식을 취하다, 멈추다 v. take rest

বিশ্রাম 휴식을 주다 v. give rest

বিশ্লেষণ করা 정밀하게 검사하다, 분석하다 v. analise

বিষন্নচিত্তে, বিষন্নমনে, বিষন্নহৃদয়ে 무거운 마음으로, 우울한 마음으로 adv. With a heavy heart, with a depressed heart

বিষদাঁত ভাংগা 자존심을 상하게 하다, 독니를 부수다 v. break the poison fang

বিষদৃষ্টিতে পড়া, বিষনয়নে পড়া 탐탁치 않게 여기다 v. fall into disfavor

বিষ পান করা 독을 마시다 v. take poison

বিষ প্রয়োগ করা 독을 투여하다 v. administer poison

বিষম বিপদে পড়া 큰 위험에 처하다 v. be in great danger

বিষানো 유독하게 하다 v. make poisonous

বিসর্জন করা, বিসর্জন দেওয়া 포기하다, 버리다 v. abandon

বিস্তার করা 펴다, 펼치다 v. spread

বিস্তৃত করা 넓히다, 펴다, 확장하다, 크게하다 v. extend, enlarge

বিস্ফোরণ করা 폭발시키다 v. detonate

বিস্ফোরণ হওয়া 폭발하다 v. explode

বিস্ময়ান্বিত করা 놀라게 하다 v. surprise

বিহিত করা 명령하다, 지시하다, 고치다 v. prescribe, right

বীণা বদন করা, বীণা বাজানো 류트를 연주하다 v. lute, play on a lute

বীতশ্রদ্ধ করা 정떨어지게 하다, 역겹게 하다 v. disgust

বীতশ্রদ্ধ হওয়া 혐오스럽게 되다 v. be disgusted

বীরত্ব প্রকাশ করা, বীরত্ব দেখানো 영웅적 행위를 수행하다 v. perform heroic deeds

বুক দুরদুর করা 긴장을 느끼다 feel nervous

বুক চাপড়ানো 견딜 수 없는 슬픔을 표현하다 v. express unbearable grief

বুক ফুলানো 가슴을 넓히다, 자부심을 보이다, 용기를 보이다 v. expand the chest, show pride, show courage

বুক ফুলিয়ে 자부심을 가지고 with pride

বুক ভাংগা 마음을 아프게 하다 v. break one's heart

বুকে হাত দিয়ে বলা 진심으로 말하다 v. say sincerely

বুজা 막다, 메꾸다 v. shut, fill in

বুজানো 막다, 메꾸다 v. shut, fill in

বুঝা 이해하다, 파악하다, 알다 v. understand, know

বুঝানো 이해하게 하다, 알게 하다, 설명하다 v. make one understand

বুঝাপড়া করা 타협하다 v. make a compromise, come to an understanding

বুড়ানো, বুড়ো হওয়া 늙어지다, 낡아지다 v. grow old

বুদ্ধি দেওয়া 상담하다, 조언하다 v. counsel

বুদ্ধি লওয়া 충고하다 v. take advice

বুদ্ধি হারানো 감각을 잃다, 정신을 잃다 v. lose one's senses

বুনা 짜다, 뜨다, 씨를 심다 v. knit, sow

বুনানো 짜다, 뜨다, 씨를 심다 v. knit, sow

বুলানো 가볍게 만지다, 어루만지다 v. softly touch, caress

চোখ বুলানো 살펴보다 v. look over

বুলি আওড়ানো 재잘거리다 v. prattle

বৃক্ষ রোপণ করা 나무를 심다 v. plant a tree

বৃক্ষতলে 나무 밑에 adv. under a tree

বৃথা ব্যয় করা 쓸데없이 쓰다 v. spend uselessly

বৃদ্ধি করা, বৃদ্ধি পাওয়া 증가하다 v. increase

বৃষ্টি পড়া, বৃষ্টি হওয়া 비가 내리다 v. rain

বেইজ্জত করা 모욕하다 v. insulf

বেইমানি করা 배신하다, 배반하다 v. betray

বেওজর 아무런 이유없이 adv. without any cause

বেকসুর খালাস দেওয়া 석방하다 v. acquit

বেকসুর খালাস পাওয়া 석방받다 v. be released

বেকার থাকা 직업이 없다 v. be without a job

বেগার খাটা, বেগার দেওয়া 임금 없이 일하다 v. work with out wage

বেঘোরে ঘুমানো 깊이 잠을 자다 v. sleep a deep

বেচাকেনা করা, বেচাকিনা করা 사고 팔다 v. buy and sell

বেড় দেওয়া 둘러싸다 v. encircle

বেড়ানো 여행하다, 옮겨다니다 v. travel

বেড়াতে যাওয়া 산책 나가다 v. go out for a walk

বেড়ি দেওয়া, বেড়ি পরানো 사슬에 넣다, 족쇄를 채우다 v. put into chain, fetter

বেতানো 채찍질하다, 후려치다 v. whip, lash

বেত্রাঘাত করা 채찍질하다, 후려치다 v. whip, lash

বেদখল করা, বেদখল হওয়া 재산을 빼앗다, 쭈아내다 v. dispossess

বেদনা করা 아프다 v. ache

বেদনা দেওয়া 상처를 주다, 고통을 주다 v. pain

বেদম মারা, বেদম প্রহার করা 마구 때리다, 세게 치다 v. thrash

বেনামে করা 다른 사람의 이름으로 행동하다 v. do under another person's name

বেনামে লেখা (ছদ্ম নামে লেখা) 가명으로 쓰다 v. write under a pseudonym

বেপরোয়া থাকা, বেপরোয়া বাস করা 위험하게 살다, 희망없이 살다 v. live desperately

বের হওয়া, বাহির হওয়া 외출하다, 나가다 v. go out

বেরনো, বেরুনো 나가다, 외출하다 v. go out

বেলা করা 아침 시간에 늦다 v. be late in the morning

বেলা করে উঠা 늦게 일어나다 v. rise late

বেলা হওয়া 아침에 늦다 grow late in the morning

বেলাবেলি 주간에 adv. In the daytime

বেশ করা 옷을 입다 v. dress

বেশ করা 잘하다 v. do well

বেশ করে 친절하게, 좋게, 정밀하게, 철저히 adv. nicely, thoroughly

বেষ্টন করা 둘러싸다 v. enclose

বেসামাল হওয়া 불균형하다 v. be unbalanced

বেহালা বাজানো 바이올린을 연주하다 v. play on a violin

বৈষম্যমুলক আচরণ করা 차별대우하다 v. discriminate

বোকা বানানো, বোকা সাজানো 속여먹다, 바보처럼 만들다
v. Bamboozle, make a fool of

বোকা বোঝানো 바보짓을 하다, 놀리다
v. befool, deceive

বোজা 막다, 메꾸다 v. shut, fill in

বোজানো 막다, 메꾸다 v. shut, fill in

বোঝাই করা 짐을 싣다, 무거운 짐을 싣다
v. load

বোঝাপড়া করা 타협하다
v. make a compromise, come to an understanding

বোতাম লাগানো 단추를 잠그다
v. sew a button into

বোধ করা 느끼다, 생각하다 v. feel, think

বোধ হওয়া 파악하다, 이해하다

বোধগম্য করা 알기 쉽게하다
v. make intelligible

বোনা 짜다, 뜨다, 씨를 심다 v. knit, sow

বোনানো 짜다, 뜨다, 씨를 심다 v. knit, sow

বোলানো 가볍게 만지다, 어루만지다
v. softly touch, caress

বোলানো 부르다 v. call

ব্যক্ত করা 표현하다, 드러내다
v. express, reveal

ব্যক্ত হওয়া 표현되다, 드러내다
v. be expressed, be revealed

ব্যঙ্গ করা 비웃다 v. ridicule

ব্যতিক্রম করা 제외하다
v. except, make an exception

ব্যতিব্যস্ত করা 비정상적으로 바쁘게 하다
v. make unusually busy

ব্যতিব্যস্ত হওয়া 매우 바쁘다

ব্যতীত 밖에, 없이 adv. without

ব্যথা করা 아프다 v. ache, pain

ব্যথা দেওয়া 상처를 주다, 고통을 주다 v. pain

ব্যথা পাওয়া 고통스러워하다 v. feel pain

ব্যবচ্ছেদ করা 분류하다 v. separate

ব্যবসা করা 무역하다 v. trade

ব্যবস্থা করা 마련하다, 준비하다, 해결하다
v. provide, arrange

ব্যবস্থা দেওয়া 상담하다, 조언하다, 처방하다
v. counsel, prescribe

ব্যবহার করা 사용하다, 이용하다, 적용하다
v. use, utilize apply

ব্যয় করা 쓰다, 소비하다 v. spend

ব্যয় নির্বাহ করা 비용을 부담하다
v. bear the cost

ব্যর্থ করা 효과가 없게 하다
v. make fruitless

ব্যর্থ হওয়া 실패하다

ব্যস্ত থাকা, ব্যস্ত হওয়া 바쁘다, 걱정하다
v. be busy

ব্যস্ত ভাবে 서둘러, 급히 adv. In a hurry

ব্যাকুল করা 걱정하게 하다, 혼란시키다
v. perturb, make anxious

ব্যাকুল চিত্তে 불안한 마음으로
adv. With anxiety

ব্যাধিমুক্ত করা 유착하다, 합창하다 v. heal up

ব্যাধিমুক্ত হওয়া 완치되다 v. be cured

ব্যায়াম করা 운동하다 take exercise

ব্রত পালন করা 서원을 지키다
v. observe a vow

ভ

ভক্তি করা 헌신하다, 충실히 따르다
v. be devoted to, follow faithfully

ভক্ষণ করা 먹다 v. eat

ভয় করা 무서워하다, 두려워하다, 걱정하다, 근심하다 v. fear

ভাঁজ করা 접다, 접이다, 주름지다
v. to fold, to crease

ভাগ করা 나누다, 분배하다
v. share, apportion, partition

ভাগ দেওয়া 부분을 주다, 부분을 나누다
v. give a portion, share

ভাগ পাওয়া 부분을 받다, 공유를 받다
v. get a share

ভাগ নেওয়া 공유를 갖다, 부분을 가지다
v. take a share

ভাগ্য ক্রমে 다행히, 운 좋게
adv. fortunately, luckily

ভাংগা 깨뜨리다, 파괴하다, 부서뜨리다
v. break, broken

ভাড়া করা 임대하다, 임차하다
v. lease, hire

ভার দেওয়া 짐을 싣다, 무게를 가중하다
v. load, burden

ভালোবাসা 사랑하다 v. love

ভাষণ দেওয়া 대화하다, 연설하다, 대화 연구하다 v. make a speech

ভাসা 뜨다 v. float

ভাসানো 뜨게 하다, 떠오르다, 뜨다 v. float

ভিক্ষা করা 구걸하다, 애걸하다, 간청하다
v. beg, appeal

ভিজানো 물에 담그다, 축축하게 하다, 물에 담기다, 습기차다 v. moisten

ভিড় করা 군집하다, 떠밀어대다, 많은 사람들 함께 모이다 v. crowd

ভিতরে 내부에, 안에
adv. prep. in, inside, middle, in, inner

ভুল করা 잘못하다, 실수하다
v. misdo error, a mistake

ভুল চিন্তা করা 잘못 생각하다, 오해하다
v. misapprehend

ভুল বুঝা 오해하다, 잘못 이해하다, 착각하다
v. misunderstand, fail to understand

ভোগ করা (কষ্ট) 고생하다 어려움을 겪다
v. suffer

ভোগ করা (শাস্তি) 벌받다 v. punish, suffer

ভোগ করা (ক্ষতি) 피해를 입다
v. suffer, suffer damage

ভোগ করা (যন্ত্রণা) 고통받다, 고통 겪다
v. suffer

ভোগ করা 향유하다, 즐겁게 시간을 보내다
v. enjoy, rejoice

ভোগ করা 성교하다
v. have sexual intercourse

ভোগানো 괴롭하다, 괴롭게 하다 v. harass

ভোজন করা 먹다 v. eat

ভোট দেওয়া 투표하다
v. cast a ballot, cast a vote

ভোর হওয়া 아침이 되다
v. become morning

ভ্রম হওয়া 잘못하다, 틀리다, 실수하다, 오류하다
n. error, go wrong, mistake

ভ্রমণ করা 여행하다 v. travel, journey

ভ্রান্ত হওয়া 실수하다, 잘못하다
v. error, mistak

ম

মগজ ধোলাই করা 세뇌하다 v. brainwash

মজা করা 놀리다 v. make fun

মজুদ করা, মজুত করা 비축하다, 저장하다
v. reserve

মঞ্জুর করা 재가하다, 인가하다, 승인하다, 인정하다, 허가하다
v. sanction, approve, grant, permit

মত করা, মত দেওয়া 동의하다, 인정하다
v. agree

মতলব করা 작정하다, 생각하다, 계획하다
v. intend

মতলব আঁটা 계획하다, 꾸려 나가다 v. contrive

মনোনয়ন করা 후보로 추천하다, 임명하다 선택하다 v. nominate, select

মনোনিবেশ করা 주목하다 v. pay close attention

মনোনীত করা 후보로 추천하다, 임명하다 선택하다 v. nominate, select

মনোযোগ দেওয়া 집중하다, 주목하다 v. to pay attention to

মরচে ধরা, মরচে পড়া 녹슬다 v. rust

মরা 죽다 v. die

মাঝেমধ্যে, মাঝেমাঝে 때때로, 가끔 adv. Sometimes, now and again

মাটি করা 망치다, 손상시키다 v. ruin, damage

মাটি করা v. to spoil, to ruin

মাটি দেওয়া 파묻다, 묻다 v. bury

মানহানি করা 중상하다 v. to defame, to libel

মান্য করা 존경하다, 존중하다 v. honour, respect

মাপ করা 용서하다, 면제하다 v. pardon, forgive, excuse

মাপা 무게를 재다, 측정하다 v. measure

মারফত 통해 adv. through, by

মারা 때리다, 공격하다, 치다, 맞히다 v. strike, to hit

মারামারি করা 싸우다 v. fight

মার্কেটিং করা 시장에서 사다 v. visit a market for shopping

মালক্রোক করা 압류하다 v. to distrain

মাসে-মাসে 매월, 매달 adv. every month

মিছিল করা 행진하다 v. process, march

মিটমিট করা 깜박거리다, 깜박이다 v. to flicker dimly; to blink

মিথ্যা কথা বলা 거짓말하다 v. tell a lie

মিনতি করা 열렬한 요청하다, 애원하다, 탄원하다, 청원하다 v. supplicate, earnest request

মিনিটে মিনিটে 매순간 adv. every minute, every moment

মীমাংসা করা 해결하다 v. solution

মুক্ত করা 석방하다, 풀다 released, freed

মুখস্ত করা 기억하다, 암기하다 v. memorize

মুদ্রণ করা 인쇄하다, 출판하다 v. to print

মেঘ করা 구름끼다, 흐리게 하다 v. be clouded

মেরামত করা 수선하다, 수리하다 v. repair

মেহনত করা 노동하다, 힘들게 일하다 v. labour, toil

মেহেরবানি করে 친절하게 , 예의바르게 adv. kindly, please; graciously.

মোকাবেলা করা 우연히 만나다, 맞닥 뜨리다 v. confronting, encountering

মোতায়েন করা বা রাখা 부서를 맡게 하다, 임명되다 v. to station, to post

য

যখন 언제 adv. pron. When

যখন তখন 자주, 정기적으로, 언제든지 adv. frequently, at any time

যত্ন করা 돌보다, 보호하다, 간호하다, 수유하다 v. care, care about

যথাক্রমে 순서대로, 규칙에 맞도록 adv. in regular or due order

যথেষ্ট ভাবে 충분히 adv. Sufficiently

যাওয়া 가다 v. go

যাতায়াত 왔다갔다 adv. coming and going

যুক্তি দেখানো 논의하다, 원인을 보여주다
v. to show cause; to argue

যুদ্ধ করা 전쟁하다, 싸우다, 전투하다
n. war, a battle, a fight

যে কোনো স্হানে 어디든지, 어디라도
adv. Anywhere

যে কোনো স্হানে 어디든지, 어디라도, 어디에나, 모든 곳에
adv. anywhere, everywhere.

যে দিন 어느 날 adv. the day which or when; which day, one of that day

যোগ করা 연결하다, 결합하다 합치다, 보충하다, 추가하다, 합하다 v. unite, add.

যোগ দেওয়া 참가하다, 참여하다, 연결하다, 붙이다 v. participate, join, add

যোগাযোগ করা 연락하다, 접촉하다, 의사소통하다 n. communicate, contact

যোদ্ধা 전사, 군인
n. fighter, warrior, soldier

র

রওনা করা, রওনা দওয়া, রওনা হওয়া
출발하다 v. set out

রং করা 색칠하다

রক্ত দান 헌혈하다 v. donate blood

রক্ত পড়া, রক্তপাত করা, রক্তঝরা 피를 흘리다, 출혈하다 v. bleed

রক্ষণাবেক্ষণ করা 관리하다, 감독하다
v. look after, supervise

রক্ষা করা 보호하다, 방어하다, 구조하다, 구원하다 v. protect, rescue, to save, preserve

রচনা করা 만들다, 창작하다, 작문하다, 작곡하다
v. form, create, make, compose, write

রটানো 퍼뜨리다, 알리다
v. circulate, make public

রপ্তানি 수출하다 v. export.

রহস্য করা 농담하다, 재담하다, 비웃다 장난치다
v. make fun, joke

রাখা 유지하다 v. keep

রাজি হওয়া 동의하다, 인정하다 v. agree

রান্না করা 요리하다, 식사를 준비하다
v. to cook

রায় দেওয়া 판결하다, 심판하다
v. pronounce a judgment, judge

রিপোর্ট করা 보고하다, 알리다
v. report

রুজি রোজগার করা 생활비를 벌다
v. earn a living

রেজিস্ট্রি করা 명부에 등록하다, 공식적으로 가입하다 v. to register

রেডি করা 준비하다 v. ready

রেষারেষি করা 서로 부러워하다
v. mutual envy or malice

রোপণ করা 씨를 뿌리다, 씨를 심다
v. plant, sow

ল

লক্ষ্য করা, লক্ষ্য রাখা 감시하다, 관찰하다, 지키다, 지켜보다
v. observe, keep watch

লঙ্ঘন করা 위반하다 v. violate

লাগা 접촉하다 v. touch

লাগানো 연결하다, 연결하게 하다, 첨부하다
v. attach

লাগাম 말 굴레를 씌우다 v. bridle

লাঙল চষা, লাঙল দেওয়া 쟁기질 하다, 땅을 일구다 v. to plough

লাঞ্ছনা করা 모욕하다 v. reproach, insult

লাফ দেওয়া, লাফ মারা 도약하다 v. jump

লিপিবদ্ধ বা লিপিভুক্ত করা 기록하다
v. record

লিপ্সা করা 열망하다, 갈망하다 v. to yearn

লুকানো 숨기다, 감추다 v. hide

লেখা 쓰다, 작성하다, 작문하다
v. write, compose

লেখাপড়া করা 공부하다, 배우다 v. study

লেনদেন করা 거래하다, 주고받다
v. transaction, exchange

লোকান্তরিত হওয়া 죽다, 사라지다 v. die

শ

শনাক্ত করা 확인하다 v. identify

শপথ করা 서약하다, 맹세하다
v. take an oath, swear

শব্দ করা 소리내다 v. sound

শরম করা 부끄럽게 하다, 창피를 주다
v. shame

শাদি করা 결혼하다 v. marry

শাসন করা 운영하다, 지배하다, 수행하다, 관리하다
v. rule, govern, manage, administer

শিক্ষা করা 배우다, 교육 받다, 공부하다
v. learn, studied

শিক্ষা দেওয়া 가르치다, 훈련하다, 교육시키다
v. teach, educate, instruct

শিরচ্ছেদ করা 목을 베다 v. behead

শিরোপা অর্জন করা 보상을 얻다
v. get a reward

শিস দেওয়া 휘파람을 불다 v. whistle

শিহরন জাগানো 흥분시키다, 감동시키다
v. thrill

শুকানো 말리다, 마르다 v. dry

শুচি করা 순수하게 하다, 깨끗하게 하다
v. clean, sanctify

শুধু হাতে 맨손으로, 아무것도 가지지 않은
adv. empty handed

শুধু শুধু 쓸데 없이 adv. for nothing

শুনানো 들려주다 v. to make one hear

শুভেচ্ছা জানানো 인사하다, 환영하다, 맞이하다 v. greet, well-wishes to

শুরু করা বা হওয়া 시작하다, 착수하다
v. commence, begin, start.

শেখা 배우다, 공부하다, 연습하다
v. learn, study, practice

শিখানো 가르치다, 교육시키다 v. teach

শোক করা 슬퍼하다 v. mourn, grieve

শোধ করা 갚다 v. to repay, to pay

শোয়া, শুয়ে পড়া 눕다 v. lie down

শোষণ করা 흡수하다, 빨다
v. absorb, suck in

শ্বাস ছাড়া 숨을 내쉬다
v. breathe out, exhale

শ্বাস নেওয়া 숨을 들이쉬다
v. breathe in, inhale

শ্রদ্ধা করা 존경하다, 감탄하다
v. admire, revere

শ্রবণ করা 듣다, 경청하다
v. hear, listen

শ্রম করা 노동하다, 일하다
v. labour, work

ষ

ষড়যন্ত্র করা 음모하다, 몰래 나쁜 짓 꾸미다
v. conspire

ষোলো আনা পূর্ণ হওয়া 완료되다
v. come to completion

স

সই করা, সই দেওয়া 서명하다 v. sign

সংকলন করা সংকলন করা 수집하다
v. collect, compile

সংকল্প করা 결정하다, 결론을 내다
v. to resolve, to determine

সংকুলান হওয়া 충분하다
v. to be sufficient

সংকেত দেওয়া 신호를 보내다
v. give a signal

সংক্ষেপ করা 요약하다, 짧게 하다, 줄이다
v. summarize, condense, shorten

সংগম করা 성교하다 v. copulate

সংগীত পরিবেশন করা 노래하다
v. sing a song

সংগ্রহ করা 모이다, 수집하다 v. collection

সংবর্ধনা করা 축하하다, 축원하다
v. felicitate; to pay (one) a tribute of respect

সংযুক্ত করা 부착하다, 첨부하다
v. link, attach

সংযোগ করা 부착하다, 연결하다
v. link, attach

সংলাপ করা 대화하다 v. converse

সংশোধন করা 수정하다, 개선하다, 개정하다
v. reform, rectify, amend, to correct, revise

সংস্কার করা 정화하다 v. purify

সংস্থাপন করা 설립하다, 청립하다
v. establish, found, set up.

সংস্পর্শে থাকা 연결되다, 연결하다
v. associate with, have connection with

সচেষ্ট হওয়া 노력하다
v. effortful, endeavor

সজীব করা 살아 있게 하다 v. animate

সজ্জিত করা 아름답게 하다 v. decorate

সজ্ঞানে 의식하여, 의식적으로
adv. consciously; knowingly

সঞ্চয় করা 절약하다
v. gather, collect, save

সঠিক ভাবে 정확히, 틀림없이
adv. correctly, properly; exactly, accurately

সত্য বলা 진실을 말하다
v. speak the truth

সদয় ভাবে 친절하게, 다정하게, 인정많게
adv. kindly, favourably

সন্তুষ্ট করা 만족하다, 만족시키다
v. to satisfy

সন্দেহ করা 의심하다 믿지않다
v. doubt, suspect

সন্দেহজনক ভাবে 의심쩍게, 수상스럽게
adv. Suspiciously

সন্ধান করা 발견하다, 찾아내다, 검색하다, 찾다
v. discover, search

সপক্ষে 대신하여, 대표하여
adv. in favour of

সপত্নীক 아내화 함께 adv. with wife

সপরিবারে 가족이 다함께
adv. with one's family, en famille

সপ্রমাণ করা 증명하다, 실험하다, 정당화 하다
v. prove, justify

সফর করা 여행하다, 관광하다
v. to travel, journey, tour

সফল করা 성공하다 v. make successful

সফল হওয়া 성공하다, 달성하다
v. be successful, succeed

সবলে 강하게, 힘있게 adv. Forcefully

সবিনয় প্রার্থনা 겸손하게 부탁하다, 복종하게 부탁하다 v. humble request

সবুর করা 인내하다, 기다리다
v. have patience; to wait or tarry

সবুরে মেওয়া ফলে 인내심은 성공한다
v. patience has its reward, patience succeeds

সবে 바로 지금, 방금 adv. just now

সভয়ে 무섭게 adv. with fear; fearfully

সভাপতিত্ব করা 의장으로 일하다, 지도하다
v. preside

সমগ্র ভাবে 완전히
adv. on the whole, entirely, thoroughly

সমন জারি করা, সমন দেওয়া, সমন পাঠানো
소환하다, 소환장을 내다
v. serve or issue a summons

সমন্বয় করা 수정하다, 조절하다
v. bring into agreement, adjust

সমবেত হওয়া 합치다
v. come together, gather.

সমবেত ভাবে 협동하여 adv. unitedly

সময় নষ্ট করা 허송하다
v. to waste time, to kill time,
(কাজের সময় 근무 시간 working hours)

সমর্থন করা 지지하다,
v. to second; to support

সমর্পণ করা 항복하다, 굴복하다
v. surrender

সমস্বরে 한 목소리로 adv. in one voice

সমস্যা সমাধান করা 문제 해결하다
v. solve a problem;

সমাধা করা, সমাধান করা 해결하다, 설명하다
v. solve, settle

সমাপন করা 완성하다, 완료하다, 끝내다
v. complete, conclude, finish

সমালোচনা করা 비평하다, 비난하다
v. criticize

সমাহিত করা 묻다, 땅에 묻다, 파묻다
v. bury

সম্পূর্ণ করা 완성하다, 완료하다, 끝내다
v. complete, finish

সম্পৃক্ত করা 관계하다, 연결하다
v. relate, connect

সম্বোধন করা 말을 걸다, 연설하다
v. accost, address, call

সম্ভবত 아마도, 거의
adv. Probably

সম্মত হওয়া 동의하다, 인정하다
v. agree, consent

সম্মতি দেওয়া 동의하다, 인정하다, 허가하다
v. give consent, permit, allow

সম্মতি পাওয়া 허가받다, 인정받다
v. get consent, get permission

সম্মান করা, সম্মান দেওয়া, সম্মান দেখানো
존경하다, 숭배하다, 존중하다
v. receive cordially and with respect, revere, honour, respect

সম্মান নষ্ট করা, সম্মান হানি করা 명예를 손상시키다, 망신시키다, 이름을 더럽게하다, 불신하다
v. dishonour, disgrace, discredit

সম্মান পাওয়া 존경을 받다, 숭배를 받다
v. be honoured

সম্মান হারানো 명예를 잃다
v. lose honour, lose prestige.

সম্মিলিত ভাবে 결합하여 adv. Unitedly

সম্মুখ যুদ্ধ করা 얼굴을 맞대고 싸우다
v. a face-to-face fight; an open fight

সম্মুখীন হওয়া 직면하다, 대명하다, 맞서다, 우연히 만나다
v. come face to face with, confront, encounter

সম্মুখে 앞에, 앞서, 이미, 앞으로
adv. in front of, before, in presence of

সরবরাহ করা 공급하다 v. supply

সরল চিত্তে 단순한 마음으로, 순진한 마음으로
adv. With simple-heart

সরানো 이동시키다, 옮기다, 제거하다
v. remove, withdraw, transfer

সরাসরি 직접적으로, 똑바로, 바로
adv. directly

সরেজমিনে 그 자리에서 바로
adv. right on the spot

সর্দি লাগা বা হওয়া 감기에 걸리다
v. catch cold

সর্বকালে 언제나, 항상, 전시간에
adv. in all times, ever

সর্বক্ষণে 전 기간에, 언제나, 항상
adv. In all time, in the whole time, in every moment, always

সর্বতোভাবে 어떤 점으로 보아도, 아무쪼록
adv. in every way or manner, by all means

সর্বনাশ করা 완전히 파괴하다, 큰 해를 입히다
v. destroy completely, ruin utterly

সর্বনাশ হওয়া 완전히 파괴되다
v. to be destroyed completely

সর্ব প্রকারে 모든 면에서
adv. in every way, in all respects

সর্ব বিষয়ে 모든 사안에서, 모든 것에, 모든 면에서 adv. in all matters, in everything, in all respects, in all subjects

সর্ব শেষে 결국에 adv. last of all, at last

সর্ব সমক্ষে 모두 앞에, 모두 존재에서
adv. before everybody, in presence of all

সর্ব সময়, সর্ব সময়ে 항상, 언제나, 계속하여
adv. all times, always, ever

সর্ব সম্মতিক্রমে 만장일치로
adv. unanimously, with unanimous approval

সর্ব সাকুল্যে 합계, 집합적으로, 전체적으로
adv. in all, in the aggregate, as a whole

সর্বাংশে 모든 부분에서, 모든 면에서
adv. in every part, in all respects

সর্বাধিক 대부분, adv.. most of all, most

সর্বান্তঃকরণে 진심으로, 마음과 영혼으로
adv. whole-heartedly, heart and soul

সর্বেসর্বা 대체로, 도무지 adv. all in all

সর্বোপরি 맨 위에, 최상에, 최고 위에, 최초로
adv. on the topmost place, uppermost

সশব্দে 시끄럽게, 소란스럽게
adv. with a loud noise, noisily

সশরীরে 신체에, 스스로
adv. in person, bodily

সশস্ত্র 무기로 adv. armed, in arms

সসম্মানে 영광스럽게, 명예스럽게
adv. with respect, with honour, honourably

সস্ত্রীক 아내와 with wife

সস্নেহে 다정하게, 사랑스럽게
adv. affectionately, tenderly, lovingly

সহবাস করা 함께 살다, 함께 거주하다, 동거하다, 부부가 되어 함께 살다 v. live together, dwell together, cohabit

সহযোগিতা করা 협력하다, 서로 돕다
v. to associate (with); to co-operate (with)

সহজে 쉽게, 편하게 adv. easily

সহসা 갑자기
adv. suddenly, unexpectedly

সহস্রবার 무수한 adv. countless times

সহাস্য বদনে, সহাস্যমুখে 웃는 얼굴로
adv. with a smiling face

সহ্য করা 참다, 견디다, 인내하다
v. endure, suffer, bear

সাঁতরানো 수영하다 v. swim

সাঁতার কাটা, সাঁতার দেওয়া 수영하다
v. swim

সাক্ষাত করা 방문하다, 만나다
v. visit, meet, interview

সাক্ষাতে 마주 보고, 얼굴을 마주 보고
adv. in one’s presence, face to face

সাক্ষী দেওয়া 목격하다, 증언하다 v. to give evidence, to bear witness, to depose.

সাক্ষ্য দেওয়া 목격하다, 증언하다, 고백하다, 증명하다 v. give evidence, bear witness

সাগর পারে 해변에 adv. on the seashore

সাগ্রহে 정열적으로, 열성적으로, 진지하게, 의도적으로, adv. eagerly, earnestly, intently

সাজা 자신을 입히고 꾸미다 v. dress and embellish oneself; to be decorated

সাজা দেওয়া 벌하다, 처벌하다 v. punish

সাজানো 아름답게 하다, 장식하다, 꾸미다 v. dress and embellish; to decorate

সাড়া দেওয়া 응답하다, 대답하다, 답하다 v. respond, answer,

তাড়াতাড়ি 서두르게, 급하게 adv. with an excessive haste, much too hastily

সাদরে 다정하게 adv. Cordially

সাধ করা 원하다, 열마하다, 소망하다 v. desire

সাধন করা, সাধনা করা 묵상하다, 경배하다 v. meditate

সাধারণত 보통, 일상적으로 adv. ordinarily, usually, generally

সাধাসাধি করা 여러 번 부탁하다 v. importunate, make repeated requests

সাধুবাদ দেওয়া 칭찬하다, 친송하다 v. applaud, praise, thank

সাধ্যমতো, সাধ্যানুরূপ, সাধ্যানুযায়ী 능력의 범위 내에서 adv. within the range of one's capability

সানন্দে 즐겁게, 기쁘게, 명랑하게 adv. joyfully, cheerfully

সান্ত্বনা দেওয়া 위로하다, 위안하다 v. console, solace

সাপ্তাহিক 주 마다 adv. Weekly

সাফ করা 청결하게 하다, 씻어 깨끗이 하다, 청소하다, 씻다 v. cleanse, clean,

পকেট সাফ করা 소매치기 pick one's pocket

সাফ জবাব দেওয়া 똑바로 대답하다 v. straight answer

সাফাই গাওয়া 무죄를 주장하다, 무죄를 알리다 v. to plead innocence, to plead not guilty

সাবধান করা 주의를 주다, 경고하다, 미리 알리다 v. caution, warn

সাবধানে 주의하여, 조심스럽게, 꼼꼼히 adv. carefully, cautiously

সাবাড় করা 끝마치다, 끝마무리 하다, 파괴하다 v. finish

সাবালিকা হওয়া 성인이 되다 v. to come of age; to attain adulthood, to reach majority

সাব্যস্ত করা 선고하다, 판단하다, 결심하다 v. adjudge, decide, settle

সামঞ্জস্য করা, সামঞ্জস্যবিধান করা 조화시키다, 화합하다 v. harmonize, adjust

সামনা সামনি 서로 마주 보는 adv. facing each other, face-to-face with

সামর্থ্যানুয়ায়ী 능력에 따라 adv. according to one's ability, according to one's capability

সামলানো 제지하다 v. restrain

সামাল করা, সামাল দেওয়া 조심하다, 처리하다, 수행하다 v. check, manage, take care

সায় দেওয়া 도의하다, 승인하다, 인정하다 v. consent, assent

সারা 숨다, 숨기다, 비밀로 하다, 감추다 v. hide, conceal

কাজ সারা 끄내다, 승리하다, 마무리 하다 v. finish, accomplish

রোগ সারা 회복하다, 복원하다
v. be cured to restore

সারাক্ষণ 항상, 언제나
adv. all the time all day long

সারানো 수리하다, 고치다, 수정하다
v. mend, repair, rectify, cure, heal
(রোগ সারানো 병을 치료하다)

সারি বন্দি করা 줄을 서다
v. arranged in a row, arranged in a line

সারি-সারি 연속적으로, 줄로
adv. in rows, in lines, serially.

সার্টিফিকেট দেওয়া 사실임을 증명하다, 인증하다 v. certify

সাহস করা 모험하다, 어려움을 무릅쓰다
v. to dare, to venture, make bold

সাহায্য করা 지지하다, 돕다
v. help, support

সিংহাসন ত্যাগ করা 사임하다, 퇴위하다, 왕좌를 포기하다
v. abdicate the throne, abdicate

সিংহাসনে বসা 왕위에 오른다
v. ascend the throne

সিংহাসনচ্যুত করা 왕위에서 물거나게 하다, 퇴위시키다
v. dethrone

সিক্ত করা 물에 담기다, 축축하게 하다
v. to wet; to moisten

সিগারেট খাওয়া 담배를 피우다
v. smoke a cigarette

সিদ্ধান্ত করা 결정하다, 판결을 내리다
v. to decide; to conclude

সিদ্ধান্তে উপনীত হওয়া 결론에 도달하다
v. come to a conclusion

সিল করা 도장을 찍다 v. put a seal

সিলমোহর করা 이름을 담은 도장찍다
v. seal containing a name or any other sign.

সুখেস্বাচ্ছন্দ্যে 편안함과 행복하게
adv. in comfort and happiness

সুখানুভব করা 편안하고 행복하게 느끼다
v. feel comfortable or happy

সুখে 행복하게, 기쁘게, 즐겁게
adv. happily, gladly

সুখ্যাতি করা 칭찬하다, v. praise

সুচারু রূপে 탁월하게, 깔끔하게, 친절하게, 완벽하게 adv. beautifully, nicely, perfectly

সুড়সুড়ি দেওয়া 간지럽히다, 자극하다
v. tickle, titillate

সুতরাং 그러므로, 그렇기 때문에, 이렇게, 그래서
adv, therefore, so, hence

সুদ হওয়া 이자를 얻다
v. to accrue interest.

সুদ কষা 이자를 찾다, 이자를 계산하다
v. find out interest, calculate interest

সুদে খাটানো 이자에 투자하다
v. invest on interest

সুদে ধার দেওয়া 이자에 빌려주다
v. lend on interest.

সুদূর 아주 멀리
adv. far-off, very far, very distantly

সুদূর ব্যবধান 아주 먼 거리에
adv. in very great distance, in a far cry

সুদ্ধ 포함하여
adv. together with, including
(সবসুদ্ধ 모두 포함)

সুন্নত করা 할례하다, 성기의 거죽 끝을 자르다
v. to circumcise.

সুপারিশ করা 추천하다 v. recommendn

সুরা পান করা 포도주를 마시다, 술을 마시다
v. drink wine, drink alcohol

সুরাহা করা 해결하다, 잘 정리하다
v. solve, make good arrangement

সুলভে 싸게, 값싸게 adv. cheaply

সেখানে 거기에, 거기에서
adv. at that place, there

সেবা করা 봉사하다, 공헌하다, 제공하다, 간호사로 일하다 v. serve, nurse

সেলাই করা 바느질하다 v. sew, stitch

সেলাম করা 인사하다, 경례하다 v. salute

সোহাগ করা 애정으로 대우하다
v. treat with affection, treat with love

সৌভাগ্যক্রমে, সৌভাগ্য বশত 행운을 빌어, 운 좋게 adv. by good luck,

স্তুপ করা, স্তুপাকার করা 쌓아 올리다
v. heap

স্নান করা 목욕하다, 목욕시키다
v. take a bath, bathe

স্পর্শ করা 접촉하다, 만지다 v. touch

স্পষ্ট ভাবে 밝게, 명료하게, 확실하게
adv. clearly

স্ফূর্তি করা 기쁘게 하다, 즐겁게 하다, 기쁘다, 즐겁다 v. rejoice;

স্বধর্মত্যাগ করা 변절하다, 신앙을 버리다
v. apostatize

স্বল্পব্যয়ে 싸게, 값싸게
adv. at a low cost, cheaply

স্বাক্ষর করা 서명하다, 이름을 쓰다 v. sign

স্বাগত জানানো 환영하다, 손님을 응접하다
v. welcome

স্বাধীনভাবে 자유롭게, 독립적으로
adv. independently; freely.

স্বীকার করা 인정하다, 자백하다, 고백하다, 인지하다 v. acknowledge, confess, recognize

স্মরণ করা 기억하다, 회상하다
v. remember, recollect, memorize

হ

হইচই করা 소동을 일으키다
v. to raise an uproar

হওয়া 존재하다, 발생하다, 일어나다
v. being, happening

হজম করা 소화시키다, 소화하다 v. digest

হটানো 패배시키다, 거절하다, 거부하다
v. repel, withdraw, defeat

হতাশ করা 실망시키다, 실망하다, 만족시키지 못하다, 거절하다 v. disappoint, reject.

হত্যা করা 살해하다, 죽이다 v. kill, slay;

হয়তো 아마도, 혹시나
adv. perhaps, probably

হয়রান করা 괴롭히다 v. to harass

হলফ করা 맹세하다, v. swear

হস্তক্ষেপ করা 사이에 끼다, 중재하다, 끼어들다
v. intervene, to interfere

হাই তোলা 하품하다 v. yawn.

হওয়া 되다, 하게 되다 v. be, come

হাঁচি দেওয়া 재채기하다 v. sneeze

হাঁটা 걷다 v. walk

হাঁটু গাড়া, হাঁটু পাতা, হাঁটু পাতে বসা 무릎을 꿇다, 무릎을 꿇고 앉다 v. to kneel down

হাঁপ ছাড়া 한숨 쉬다
v. expel a deep breath

হাজির হওয়া, হাজির থাকা 참석하다, 출석하다 v. attend, to be present

হাত জোড় করা 사과하다, 용서를 빌다
v. fold one's hands, apologize

হাত পাতা 진지하게 요청하다
v. to earnestly request, beg

হাতছানি দেওয়া 손짓하여 부르다
v. to beckon with the hand

হাত তালি দেওয়া 박수를 치다
v. clap one's hands

হাত মোজা পরা 장갑을 끼다
v. wearing gloves

হানা দেওয়া 공습하다, 기습하다
v. raid, haunt

হামলা করা 공격하다, 습격하다 v. attack

হামাগুড়ি দেওয়া 기어다니다 v. to crawl

হামেশা 늘, 항상, 언제나, 자주
adv. always, often

হারা 좌절시키다, 쳐부수다 v. defeated

হারানো 좌절시키다, 쳐부수다, 패배시키다, 잃다, 분실하다 v. defeat, lost

হাসা 웃다, 미소짓다 v. laugh, smile

হাসিল করা 완수하다, 이루다,
v. to perform, to accomplish

হা-হুতাশ করা 후회하다, 유감스럽게 느끼다, 유감하다 v. regret or repent deeply

হিংসা করা 질투하다, 부러워하다
v. envy, to be jealous of.

হিজিবিজি লেখা 갈겨 쓰다, 흘려 쓰다, 알아보기 힘들게 쓰다 v. scribble, scrawl

হিমায়িত করা 냉동시키다, 냉장하다
v. refrigerate

হিমশিম খাওয়া 당황하게 하다, 혼란스럽게하다
v. bewilder

হীন করা 떨어뜨리다, 손상시키다, 감소시키다, 타락시키다 v. debase, lower, degrade

হুকুম করা 지시하다, 명령하다
v. order, command

হুকুম জারি করা 명령을 내린다
v. issue an order, issue a command

হুঙ্কার দেওয়া 사자소리를 내다, 큰소리를 내다
v. roar

হুবহু 동일하게, 똑같이
adv. exactly, exactly similar

হুমকি দেওয়া 위협하다, 협박하다
v. to give a threatening, to threaten

হৃষ্টচিত্তে 즐겁게, 명랑하게, 기쁘게, 행복하게
adv. gladly, cheerfully, joyfully, happily

হেথা, হেথায় 여기에, 여기로 adv. here

হেফাজত করা 보호하다, 돌보다, 주의하다
v. care

হেয় জ্ঞান করা 무시하다, 방치하다
v. neglect

হেলান দেওয়া 경사지다, 기울다 v. slant

হ্রাস করা, হ্রাস পাওয়া, হ্রাস হওয়া 감소하다, 줄이다 v. decrease, shorten, reduce

ক্ষ

ক্ষণকাল পরে 조금 후에 adv. a little after

ক্ষণপূর্বে 직전에 adv. shortly before

ক্ষণেক্ষণে 자주, 자꾸, 짧은 간격으로
adv. frequently, repeatedly, at short intervals, every now and then

ক্ষতি করা 손해하다 v. harm

ক্ষতি হওয়া 손해를 입히다 v. be harmed

ক্ষতি পূরণ করা 부상하다 v. compensate

ক্ষতি পূরণ দেওয়া 손해 배상을 청구하다
v. pay for damage

ক্ষতি পূরণ হওয়া 보수를 받다
v. be compensated

ক্ষমতার প্রভবে 영향령을 통해
adv. through influence

ক্ষমা করা 용서하다, 변명하다
v. forgive, excuse

ক্ষমা চাওয়া 용서를 구하다
v. ask for pardon

ক্ষমা দেওয়া 억제하다, 삼가다 v. forbear

ক্ষমা প্রার্থনা করা 용서를 구하다, 죄송하다
v. ask for forgiveness, beg pardon, apologize

ক্ষয় করা 닳아 빠지게 하다 v. wear out

ক্ষান্ত করা 멈추게 하다, 멈추다 v. stop

ক্ষান্ত দেওয়া, ক্ষান্ত হওয়া 그만두다, 중지하다 v. cease

ক্ষিপ্ত করা 화나게 하다 v. madden

ক্ষিপ্ত হওয়া 미치다 v. go mad, go crazy

ক্ষিপ্রবেগে 신속하게, 재빨리, 빠르게 adv. swiftly, rapidly

ক্ষীণকণ্ঠে, ক্ষীণস্বরে 미약한 목소리로, 낮은 목소리로, adv. In a weak voice, in a low voice

ক্ষুন্ন হওয়া 실망하다 v. be disappointed

ক্ষুধা বোধ করা, ক্ষুধা হওয়া, ক্ষুধা লাগা 배고프다 v. feel hungry, desire for food

ক্ষুব্ধ করা 흥분시키다 v. agitated

ক্ষুব্ধ হওয়া 불만을 품다 v. be aggrieved

ক্ষেপানো 화나게 하다, 짜증나게 하다, 놀리다 v. provoke, tease

ক্ষৌরি করা 면도하다 v. shave

한국어 - 벵골어

ㄱ

가게 দোকান [도깐]

가격, 가치 মূল্য [물러]

가까운 কাছের [까체르]

가끔 মাঝে মাঝে [마제 마제]

가다 যাওয়া [자오아]

가방 ব্যাগ [백]

가수 গায়ক [가에웍]

가정주부 গৃহিণী [그리히니]

가족 পরিবার [뻐리바르]

간지럽다 সুড়সুড়ি [수르수리]

갈색 কালো রং [깔로 렁]

감기 কাশি [까쉬]

값싼 সস্তা [서스따]

같은 মত [머떠]

걱정 দুশ্চিন্তা [두쉬찐따]

건강 স্বাস্থ্য [사스터]

건물 ভবন [버번]

걷다 হাটা [하타]

겨울, 추운 শীতকাল. ঠান্ডা [시뜨깔, 탄다]

결과 ফলাফল [펄라펄]

결혼 বিবাহ [비바허]

경영학 ব্যবসা প্রশাসন [배버사 쁘러샨]

경찰 পুলিশ [뿔리쉬]

경험 অভিজ্ঞতা [어비거따]

계단 সিঁড়ি [시리]

계산서 বিল [빌]

계약 চুক্তি [쭉띠]

계좌 একাউন্ট [에까운트]

고객 গ্রাহক [그라헉]

고기 মাংস [망서]
고장나다 নষ্ট হওয়া [너스터 허오아]
공부하다 অধ্যয়ন করা [어더원 꺼라]
공연 অভিনয় [어비너에]
공항세 বিমানবন্দর কর [비만번더르 꺼르]
관점 দৃষ্টিভঙ্গি [드리스티 벙기]
구토 বমি [버미]
군대 সেনা [세나]
굵게 গভীর ভাবে [거비르 바베]
귀 কান [깐]
급여 বেতন [베떤]
기다리다 অপেক্ষা করা [어뻬카 꺼라]
기쁨 খুশি [쿠쉬]
기억 স্মৃতি [스리띠]
기억이 좋은 মনে থাকার মত ভালো [머네 타까르 머떠 발로]
기운이 없는 শক্তি নাই [셕띠 나이]
기침 কশি [까쉬]
긴 লম্বা [럼바]
긴장 চাপা উত্তেজনা [짜빠 우떼저나]
길 রাস্তা [라스따]
깎다 কমানো [꺼마노]
깔끔한 পরিষ্কার [뻐리스까르]
깨끗한 পরিষ্কার [뻐리스까르]
꿰매다 সেলাই করা [셀라이 꺼라]
꿰매다 মেরামত করা [메라머뜨 거라]
끝나다 শেষ করা [세쉬 꺼라]

ㄴ

나라 দেশ [데스]
나이 বয়স [버에어스]
날 দিবস [디버쉬]
덜 익은 কম পাকা [껌 빠까]
날씨 আবহাওয়া [아버하오아]
남동생 ছোট ভাই [초터 바이]
남은 অবশিষ্ট [어버시스터]
남자 পুরুষ [뿌루쉬]
남편 স্বামী [샤미]
내리다 নামানো [나마노]
내일 আগামীকাল [아가미깔]
냄새나다 গন্ধ লাগা [건더 라가]
넘어지다 পড়ে যাওয়া [뻐레 자오아]
노란색 হলুদ রং [헐룯 렁]
노래 গান [간]
놀다 বেড়ানো [베라노]
운동하다 ব্যায়াম করা [배암 꺼라]
높은 উঁচু [우쭈]
놓다 রাখা [라카]
놓다 শোয়া [쇼아]
눈 চোখ [쪼크]
눈 তুষার [뚜샤르]
눈물 চোখের পানি [쪼케르 빠니]
느끼다 অনুভব করা [어누법 꺼라]
늦은 দেরী [데리]

ㄷ

다르다 ভিন্ন [빈너]
다른 অন্য [언너]
다리 সেতু [세뚜]
다림질하다 আয়রণ করা [아이런 꺼라]
다시 পুনরায় [뿌너라에]
다양한 বিবিধ [비비드]
달콤한 মিষ্টি [미스티]
닫다 বন্ধ করা [번더 꺼라]
담배 সিগারেট [시가레트]
당신 আপনি [아쁘니]

당장 অবিলম্বে [어비럼베]
곧 শীঘ্রই [쉬러이]
대답 উত্তর [우떠르]
대여 ভাড়া [바라]
대학교 বিশ্ববিদ্যালয় [비쇼빋달러에]
더 많은 আরো বেশী [아로 베쉬]
더 적은 আরো কম [아로 껌]
더운 গরম [거럼]
도둑 চোর [쪼르]
도움 সাহায্য [사하저]
도착하다 পৌছানো [뽀우차노]
돈 টাকা [타까]
돈을 내다 টাকা দেওয়া [타가 데오아]
돌다 বেড়ানো [베라노]
동물 পশু [뻐슈]
동의 রাজি [라지]
동전 খুচরা পয়সা [쿠쯔라 뻐에사]
두뇌 মগজ [머거즈]
둘째 দ্বিতীয়ত [디띠어떠]
뒤 পিছন [삐천]
뒤에 পিছনে [삐처네]
듣다 শুনা [슈나]
들다 রাখা [라카]
등급 শ্রেনী [스레니]
등록 নিবন্ধন [니번던]
디자인 নকশা [넉샤]
따갑다 বেশী গরম[베쉬 거럼]
따뜻한 উষ্ণ [우스너]
딸 মেয়ে [메에]
때 মুহূর্তে [무후르떼]
떨리다 কাঁপা [까빠]
떨어지다 পড়ে যাওয়া [뻐레 자오아]
뜨거워지다 গরম হওয়া [거럼 허오아]

ㅁ

마다 প্রতিটা [쁘러띠타]
마시다 পান করা [빤 꺼라]
마음 মন [먼]
마지막 শেষে [셰셰]
막내딸 ছোট মেয়ে [초터 메에]
만나다 দেখা হওয়া [데카 허오아]
만들다 তৈরী করা [또이리 꺼라]
많이 অনেক [어넥]
말 কথা [꺼타], 언어 ভাষা [바샤]
말하다 কথা বলা [꺼타 벌라]
맛 স্বাদ [샤드]
맛있는 মজাদার [머자다르]
맞다 সঠিক [서틱]
매운 ঝাল [잘]
맹세 শপথ [셔뻍]
머리 মাথা [마타]
머리를 감다 মাথা ধোয়া [마타 도아]
머리카락 চুল [쭐]
멀리 দূরে [두레]
멋진 সুদর্শন [수더르션]
좋은 ভালো [발로]
면허증 লাইসেন্স [라이센스]
모두 সবাই [서바이]
모으다 সংগ্রহ করা [성그러허 꺼라]
목 গলা [걸라]
목욕하다 গোসল করা [고철 꺼라]
몸 ফ্রেম [프렘]
몸 শরীর [셔리르]
무게를 달다 ওজন করা [오전 꺼라]
무슨 কি [끼]
무엇 কোনটি [꼰티]
문 দরজা [더러자]

묻다 জিজ্ঞাসা করা [지가샤 꺼라]
미국 আমেরিকা [아메리까]
미치광이 পাগল [빠걸]
믿다 বিশ্বাস করা [비샤스 꺼라]
믿음 বিশ্বাস [비샤스]
밋밋한 মশৃণ [머스린]

ㅂ

바꾸다 পরিবর্তন করা [뻐리버르떤 꺼라]
바람 বাতাস [바따스]
바쁘다 ব্যস্ত [베스떠]
박수 করতালি [꺼러딸리]
반 (half) অর্ধেক [어르덱]
반찬 তরকারী [떠르까리]
받다 গ্রহণ করা [그러헌 꺼라]
발매 বিক্রয় [빅러에]
발목 পায়ের কব্জি [빠에르 껍지]
밤 রাত [라뜨]
방 রুম [룸]
방법 উপায় [우빠에]
배 পেট [뻬트] (신체)
배드민턴 ব্যাডমিন্টন [배드민턴]
버스 বাস [바스]
번(횟수) নম্বর [넘버르]
변경 পরিবর্তন [뻐리버르턴]
병 বোতল [보떨]
보고서 রিপোর্ট [리뽀르트]
보다 দেখা [데카]
보다 অধিকতর [어딕떠러]
보다 চেষ্টা করা{ [쩨스타 꺼라]
보증금 সিকিউরিটি মানি [시끼우리티 마니]
보험 বীমা [비마]
복사 ফটোকপি [포토꺼피]

ㅅ

신다 জুতা পরা [주따 뻐라]
심장 হৃদয় [히더에]
쓰다 লেখা [레카]

ㅇ

아기 বাচ্চা [밧짜]
아들 ছেলে [첼레]
아래 নীচে [니쩨]
아마도 সম্ভবত [썸버버떠]
아버지 আব্বা [압바]
아침 সকাল [셔깔]
아프다 ব্যথা [배타]
안개 কুয়াশা [꾸아샤]
안에 ভিতরে [비떠레]
안전벨트 নিরাপত্তা বেল্ট [니라뻿따 벨]
앞 সদর [서더르]
앞에 সামনে [삼네]
액션 영화 অ্যাকশন মুভি [액션 무비]
야윈 চিকন [찌껀]
약 ঔষধ [어우샤드]
약국 ফার্মেসী [파르메시]
약도 দিকনির্দেশ [딖 니르데션]
어두운 অন্ধকার [언더까르]
어디 কোথায় [꼬타에]
어머니 মা [마]
얼굴 মুখ [뭌]
얼룩 দাগ [닥]
얼마나 কত [꺼떠]
없애다 অপসরণ [어뻐서런]
여권 পাসপোর্ট [빠스뽀릍]
여동생 ছোট বোন [초터 본]

여자 মহিলা [머힐라]

여행자 수표 ট্রাভেলার চেক [뜨라벨라르 첵]

여행하다 ভ্রমণ করা [브러먼 꺼라]

열 দশ [더쉬]

열 জ্বর [저르]

열다 খোলা [콜라]

열쇠 চাবি [사쯔]

염색 চুল রং করা [쭐 렁 꺼라]

영화 সিনেমা [시네마]

옆 পাশে [빠쉐]

예쁜 সুন্দর [순더르]

예약 বুকিং [부낑]

오늘 আজ [앚]

오다 আসা [아사]

오른쪽 ডান দিক [단딖]

오이 শসা [셔사]

오후 দুপুর ১২-৬টার আগ নাগাদ [두뿌르 바로타 테께 최타르 악 나가드]

온도 তাপমাত্রা [따뻐맛라]

온수 গরম পানি [거럼 빠니]

옷 পোষাক [뽀샥]

와인 ওয়াইন [와인]

왜 কেনো [께노]

외국인 বিদেশী [비데시]

왼쪽 বাম দিক [밤딖]

요금 ভাড়া [바라]

요일 বাব [바르]

용서 ক্ষমা [커마]

사과 অনুতাপ [어누따쁘]

우울한 মনমরা [먼머라]

우체국 ডাকঘর [닦거르]

우표 ডাক টিকেট [닦띠게트]

운동 ব্যায়াম [배얌]

운전하다 গাড়ী চালানো [가리 짤라노]

움직이다 নড়াচড়া করা [너라쩌라 꺼라]

웃다 হাসা [하사]

원하다 চাওয়া [짜오아]

위 উপরে [우뻐레]

위험 বিপদজনক [비뻐드 저넊]

유명한 বিখ্যাত [비카떠]

은행 ব্যাংক [뱅크]

음악 সঙ্গীত [성기뜨]

의미 অর্থ [어르터]

의사 ডাক্তার [닦따르]

이, 치아 দাঁত [닷]

이기적인 স্বার্থপর [사르터뻐르]

이름 নাম [남]

이야기 গল্প [걸뻐]

이용 ব্যবহার [배버하르]

이유 কারণ [까럴]

이해하다 বুঝতে পারা [붖떼 빠라]

인도 হস্তান্তর [허스딴떠르]

인생 জীবন [지븐]

인종 জাতি [자띠]

일 কাজ [깢]

일, 날 দিন [딘]

일요일 রবিবার [러비바르]

잃어버리다 হারানো [하라노]

입 মুখ [뭌]

입다 কাপড় পরা [까뻐르 뻐라]

입장 অবস্থা [어버스타]

입장권 প্রবেশ টিকেট [쁘러베스 티껱]

ㅈ

자격증 সনদ পত্র [서너드 뻐뜨러]

자다 ঘুমানো [구마노]

자료 উপাদান [우빠단]

자르다 কাটা [까타]
자리 আসন [아선]
자유시간 মুক্ত সময় [묶떠 서머에]
작은 ছোট [초터]
잔돈 খুচরা পয়সা [쿠쯔라 뻐에사]
잠깐 অল্প সময় [얼뻐 서머에]
장소 জায়গা [자에가]
장점 ভালো দিক [발로 딖]
재다 পরিমাপ [뻐리맢]
재미있는 আনন্দদায়ক [아넌더다웎]
쟁반 ট্রে [트레]
저녁 সন্ধ্যা [선대]
저울 দাঁড়িপাল্লা [다리빨라]
적당한 উপযুক্ত [우뻐쥮떠]
전공 বিশিষ্ট [비시스터]
전기 বিদ্যুৎ [버드두뜨]
절박 জরুরী [저루리]
급박 অত্যাবশ্যক [어따버셖]
접시 থালা [탈라]
정류장 বাস স্টপেজ [바스 스터뻬즈]
정오 দুপুর [두뿌르]
제출하다 দাখিল করা [다킬 꺼라]
제품 উৎপাদন দ্রব্য [웃빠던 드럽버]
조금 অল্প [얼뻐]
조금 নিম্ন [닌머]
조금 더 আরেকটু [아렉투]
조용한 নীরব [니럽]
조용히 하다 নীরবে করা [니러베 꺼라]
조작 নিয়ন্ত্রণ [니언뜨런]
졸업 ডিগ্রী লাভ [딕리 랍]
종교 ধর্ম [더르머]
종이 কাগজ [까거즈]
주 সপ্তাহ [서쁘따허]
주다 দেওয়া [데오아]
주문 আদেশ [아데쉬]
주사 ইনজেকশন [인젝션]
주소 ঠিকানা [티까나]
주의 সতর্কতা [서떠르꺼따]
주인공 নায়ক [나역]
죽 সোজাসুজি [소자수지]
곧장 সরাসরি [서라서리]
죽다 মরা [머라]
중간 মধ্যম [머덤]
증상 লক্ষণ [러컨]
지갑 মানিব্যাগ [마니백]
지금 এখন [에컨]
지도 মানচিত্র [만찌뜨러]
직업 পেশা [뻬샤]
진실 সৎ [셧]
진심으로 আন্তরিকভাবে [안떠맄 바베]
진짜, 정말 সত্যি [섯띠]
질문 প্রশ্ন [쁘러스너]
짐 লাগেজ [라게즈]
짐 মালামাল [말라말]
집 ঘর [거르]
집중 একাগ্রতা [에까그러따]
짠 লুনতা [룬따]
짧게 সংক্ষেপে [성케뻬]
찢어지다 দ্বিখণ্ডিত হওয়া, ছেড়া
[디컨디떠 허오아, 체라]

ㅊ

차 চা [짜]
차 গাড়ী [가리]
참다 ধৈর্য্য ধরা [더이르저 더라]
참다 অপেক্ষা করা [어뻬카 꺼라]
창문 জানালা [지날라]

찾다 অনুসন্ধান করা [어누선단 꺼라]
책 বই [버이]
책임자 পরিচালক [뻐리짤럮]
처방전 ব্যবস্থা পত্র [배버스타 뻐떠]
처음 প্রথম [쁘러텀]
천천히 ধীরে ধীরে [디레 디레]
초대 আমন্ত্রণ [아먼뜨런]
초등학교 প্রাথমিক বিদ্যালয় [쁘라터믺 비달에]
추천 সুপারিশ [슈빠리스]
축하 অভিনন্দন [어비넌던]
출생지 জন্মস্থান [전머스탄]
취미 শখ [셖]
취소 বাতিল [바띨]
친구 বন্ধু [번두]
친척 আত্মীয় [아띠어]

ㅋ

카드 কার্ড [까르드/card]
코 নাক [낚]
콜라 কোকোকোলা [꼬꼬 꼴라]
콧물 নাকের পানী [나께르 빠니]
콩 মটরশুটি [머터르슈티]
크기 আয়তন [아에떤]
치수 পরিমাপ [뻐리마쁘]
큰 বড় [버러]
클래식 সর্বোত্তম [서르버떰]

ㅌ

타다 চড়া [쩌라]
탑 টাওয়ার [타와르]
토요일 শনিবার [써니바르]
팀 দল [덜]

ㅍ

파마 ঢেউ তোলা [데우 똘라]
팔 হাত [하뜨]
팩스 ফ্যাক্স [팩스]
편지 চিঠি [찌티]
포장 প্যাকিং [빼낑]
포크 কাঁটাচামচ [까타 짜머쯔]
풀다 জট খোলা [저트 콜라]
피 রক্ত [럮떠]
피곤한 ক্লান্ত [끌란떠]
피부 ত্বক [떢]

ㅎ

하나 একটা [엑타]
하다 করা [꺼라]
학생 ছাত্র [차뜨러]
한국 কোরিয়া [꼬리아]
할머니 দাদী/নানী [다디/나니]
할아버지 দাদা/নানা [다다/나나]
항공 বিমান [비만]
항상 সর্বদা [서르버다]
해, 년 বছর [버처르]
햇볕 রোদ [로드]
행복 সুখী [수키]
행운 সৌভাগ্য [소우박고]
허락 অনুমতি [어누머띠]
혀 জিহবা [집하]
현금 নগদ অর্থ[너거드 어르터]

형, 오빠 ভাইয়া [바이아]

호수 লেক [렉]

혼자 একা [에까]

후에 পরে [뻐레]

화내다 অভিমান করা [어비만 꺼라]

화려한 রঙিন [렁긴]

화장실 টয়লেট [터엘레트]

확인 নিশ্চিত [니스찌뜨]

환승 ট্রানজিট [트란지트]

환영 স্বাগতম [사거떰]

환자 রোগী [로기]

환전 মানি এক্সচেঞ্জ [마니 엑쩬즈]

환전하다 মানি এক্সচেঞ্জ করা
[마니 엑쩬즈 꺼라]